マッキンダーの地政学

デモクラシーの理想と現実

Democratic Ideals and Reality

Sir Halford John Mackinder

【著】H・J・マッキンダー
【訳】曽村保信

マッキンダーの地政学

デモクラシーの理想と現実

◉

目次

付録

本書は、小社刊『デモクラシーの理想と現実』（一九八五年刊）を、現代地政学の祖マッキンダーの主著であることを判然とするよう書名を『マッキンダーの地政学』と改題して新装復刊したものです。本文中で本書題名を『デモクラシーの理想と現実』としている部分があるのは右記の理由からです。

原書房編集部

マッキンダーの地政学

デモクラシーの理想と現実

第一章　われわれの前途によせて（訳者注）

目下われわれの頭の中は、いまだに一切を巻き込んだ戦争のなまなましい記憶でいっぱいである。そのために、われわれ自身がかつて体験した時代と現在とのあいだでは、なにか完全な断絶ができてしまったような気がしないでもない。しかしながら今は、大局的に物を考えるには、ちょうど良い潮時である。そして長かった戦争もまた結局は一連の大事件であり、たかだか歴史の流れの中の滝の一つに過ぎなかったと考える習性を、そろそろ身につけるべきだろう。これまでの四年間が重大だったのは、それがひとつの世紀の結論をしめすと同時に、さらに新しい世紀への序曲だったからにほかならない。国家間の緊張は、長い間かかって蓄積されてきた。が、今はともかくも外交の用語でいう、いわゆる緊張緩和《デタント》の時期をむかえた。こういう時には、疲れ切った人達がもう戦争はごめんだとおもう単純な理由から、えてして永久的な平和が訪れるかのように錯覚する誘惑におちいりやすい。けれども国際的な緊張は、最初はゆっくりでも、どのみちまた増加の一途をたどるだろう。ワーテルローの会戦後にも、ほぼ数十年の平和な時代があったが、一八一四年のウィーン会議に参集した各国外交官のなかで、プロイセンが将来世界の脅威になることを、いったい誰が予測できただろう。われわれ自身にしても、これからの歴史の河床にもう大きな瀑布はないと断定するわけにはいかないだろう。

もしもわれわれが後世から、ナポレオン戦争の後始末のためにウィーンに集まった外交官達と比較されてよほど馬鹿であると思われたくなかったら、まずは以上のことをよく心得ておかなければなるまい。

　歴史上の大戦争――われわれは過去四世紀間に、ほぼ百年に一度の割で国際的な戦争を体験してきた――は、ことごとく直接または間接的に国家間における成長の度合の不均衡から端を発している。が、その成長の不均衡の理由は、必ずしもある国民が他の国民にくらべて、より天分やエネルギーに恵まれていた、ということだけではなかった。その多くの原因は、この地球上における資源の賦存状況や戦略上の利不利に、かなりのむらがあることに求められる。言葉をかえれば、およそ自然のなかには、はじめから諸国家にとって機会の均等というようなことはありえないはずだ。もし私が地理的な要素の解読のしかたを完全にまちがえていないとしたら、さらに進んで次のようにいうこともできる。つまり陸地や海の配置、それに天然資源および自然の交通路などの利用によって、優に大帝国の建設が可能になるばかりでなく、結果的には単一な世界帝国の出現までも考えられる、ということである。したがって、もしわれわれが将来戦争のない世界をつくろうという国際連盟《リーグ・オブ・ネーションズ》（第一次大戦後にうまれた平和維持の国際機構で、現在の国連の前身）の理想を貫徹したいならば、こうした地理的な事実をよくわきまえた上で、これらの影響に対処する方策を考える必要があるだろう。

　一九世紀以降ダーウィンの生物進化論のおかげで、とかく人類は、その自然環境に最もよく適応した有機体なり組織が生き残れる、という考えかたに馴らされてきた。しかし人間的な知性は、まさにこのたぐいの単純な宿命論をこえる何物かを発明しなければならないところまできている。これが最近に鉄火の試練をくぐりぬけたばかりの、われわれが得た知恵である。

文明とは、とどのつまりわれわれがおたがいに他人のために役にたつように、社会を組織することにほかならない。それで文明が高度化するにしたがって、ますます労働の分業が細分化し、社会機構がよりいっそう複雑になることは自然の勢いである。その結果として、進化した大規模な社会は、また当然強烈な惰性をおびることになる。つまり、その社会自身を滅ぼさなければ、突然にそのあゆみを止めたり、またその方向を変えたりすることができないようになってしまうわけだ。だから冷静に観察していさえすれば、同じような発展の方向をたどっている社会どうしが、いつかは必ず衝突することをかなり前から予測できるようになる。

専門の歴史家達が戦史を書くとき、たいていその序文のなかで歴史の警告を無視した時の指導者の無知を指摘するのが、従来のしきたりになっている。しかしながら事実をいえば、およそあらゆる企業組織と同じように、国家社会がまだ未熟なあいだは、あるていどそのおもう方向に進路をむけることができる。けれども、いったん老境にはいると性格がすっかり固定化してしまって、そのやりかたに大きな変化を加えることができないようになるというのが、およその真相である。

現在は、世界中の国民が、また新たにスタートしなおそうとしている矢先である。その意味で、さらにわれわれの孫の時代になって、ふたたび地理的な誘惑に駆られておたがいに衝突を繰り返すことのないように、国際社会のコースを設定するということは、はたして人類の予見の能力を越えた期待だろうか？

今のところ、われわれは歴史的に勢力均衡につながる物の考えかたを排除しようとして、躍起になっている。が、そのために国際連盟の行きかたを考えるに際して、とかく法的な手続き万能の思想が支配する危険性がありはしないだろうか。もとより国家の大小にかかわらず、そのあいだの関係が公正に処理されることは、われわれの理想である。それはちょうど、個人のあいだの関係が、それぞれの社会的な地位に関係なく、公平に律せられなければならないというわれわれの理想と同じだ。

ところで、個人のあいだに公正な関係を維持するのは、むろん国家権力の作用である。その類推でわれわれは、世界大戦を回避できなかった在来の国際法の欠点をかえりみて、国家と国家のあいだに正義の関係を維持するために、なんらかの権力――もしくは法律家の表現にしたがえば制裁の規定――がなければならぬと考えている。けれども市民のあいだに法の支配をたもつに必要な権力は、容易に専制政治に転化することができる。大国と小国とのあいだに合法的な関係を維持した上で、しかもなお世界的な専制支配に発展する危険性のない国際的な権力をつくることが、われわれにはたして可能だろうか？

そのような世界的な専制支配にいたる筋道としては、およそ二つの順序が考えられる。その一つは、一国家が他のすべての国家を征服することであり、いま一つは、無法な国家に強制的な処置をくわえるためにつくられた国際的な権力そのものが悪用されることである。

われわれの社会改造を計画するにあたって、さしあたり知っておくべきことは、まず強盗を取り締まる法規に先立って、熟練した強盗の活躍する余地が存在しているという事実である。また別のことばでいえば、われわれが複雑多岐な問題に対処するときの心がけは、いわばビジネスマンが企業の発達とチャンスの利用に取り組むばあいのそれと同じであり、単に法律家が権利の定義をしたり、また事後対策を講じたりするようなものとは、いきおいわけがちがうと考えなければならない。
以下のページで、私はさしあたり最近四年間の大戦時代をふくむ歴史の跡をふりかえり、あまたの歴史的な事件をつうじて検証される世界地理のきわだった特徴と、それらがもつところの相対的な意味を推しはかることからはじめて、次いでわれわれの自由という理想をこの地球というホームの日常不断の現実に適合させるための、最善可能な方法を考えてみたいとおもう。しかし、それに先立ってまずわれわれは、さまざまな政治組織のなかに現れた人間の基本的特性のなかから、とりあえずいくつかの傾向を指摘することをこころみたいとおもう。

訳者注

いうまでもないことだが、この本が出版された年代からいって、ここで前途といっているのは、第一次世界大戦の末期からみた戦後時代のことである。が、多くの歴史家達が指摘しているように、第二次世界大戦はいわば第一次大戦の戦後処理をめぐって発生したとみることも可能なので、読者は、そのつもりで本書を通読されることを希望する。

第二章　社会の大勢

「持っている人は与えられて、いよいよ豊かになる」（マタイ伝、第二五章）

一七八九年に明晰なフランスの人びとは、その頭脳の街であるパリにおいて、壮大な幻影をみた。それは、自由、平等、博愛といわれた。が、やがてフランス人の理想主義は現実への足がかりを失い、ずるずるとナポレオンという人格によって体現される運命のとりこになっていった。ナポレオンは、その軍事的な手腕によっていったん秩序を取り戻しはしたが、しかしながら、その過程において、まさに自由の否定をその基本原理とするようなフランスの国家権力をつくりあげてしまった。そしてフランス大革命とフランス帝国の歴史は、以後、一切の政治思想にその影を落とすようになった。それは、革命的な理想主義の性格そのもののなかにすでに予示された災厄であったという点で、なにやら古代ギリシャ悲劇的な性格をおもわせるものがあった。

そのためか、一八四八年にヨーロッパの大衆がもういちど夢を見るような気分になったとき、彼らの理想主義は、より複雑な性格をおびることになった。国家的または民族的な独立という原則(the Principle of Nationality)が自由の原則につけくわえられたのは、独立の気概をもった諸民族が、ともすれば権力を乱用しがちな組織者に対抗して、自由を守りぬこうとする決意に出たものにほかならない。ただ不幸にして一八四八年という革命の当たり年——この年にフランスの二月革命やドイツの三月革命をはじめヨーロッパの各地で革命が頻発した——に、名船〝理想主義〟号は錨を引きずって漂流をはじめ、ビスマルクという人物に体現された運命の手で、しだいしだいにあらぬ方向に押し流されていった。

そのプロイセン一流の能率主義によってビスマルクがドイツ民族の新しい理想をゆがめてしまったことは、ある意味でナポレオンがフランス人の自由と平等という、より単純明快な理想を倒錯的に利用したのとよく似ている。最近の戦争で極点に達した国家的理想主義の悲劇は、しかしながら自由が生んだ混乱というよりも、むしろビスマルクが愛用したドイツ的〝文化《クルツーア》〟という言葉で表現される徹底した実利主義のなかに根ざしていた。フランス人の悲劇は、単なる理想主義崩壊の悲劇だった。しかしながらドイツの悲劇は実のところ、ただ名を変えた現実主義の悲劇にほかならなかったともいえるだろう。

一九一七年にロシアの帝政が倒れ、そしてアメリカ合衆国が参戦したとき、世界中のデモクラシーの諸国は、やっと大きな港の燈台の明かりを望み見たような気がした。少なくともこれまでのところロシアの革命は、あらゆる革命に共通した途のりをあゆんできている。が、われわれは今のところ、まだ普遍的なデモクラシーの理念にたいする希望を棄てていない。一八世紀生まれの自由の理想と一九世紀の産物である民族的独立の理想とにたいして、われわれはさらに国際連盟という二〇世紀の理想を追加した。

もしさらに第三の悲劇がこれにつづくならば、それはたぶん非常に大規模なものになるだろう。現在デモクラシーの理念は、人類の大半がその日常生活において信奉する教条になってしまっているからだ。いわゆる現実政策《レアルリポリテイーク》——これは、単に実用一点張りの政策とはやや意味がちがう——の観点に立つドイツ人達は、遅かれ早かれこのような破局が不可避だとみている。プロイセン軍閥の領袖や高級官僚達は、あるいはただ彼らの地位保全のために戦っただけだといえるかもしれない。しかしその半面、ドイツ社会の重要な部分を構成する多くの聡明な市民達は、明らかに一種独特な政治哲学をともなう信念にもとづいて行動したのであって、たとえわれわれがそれをまちがいだとおもっても、彼ら自身の執念には、ほとんど変化の跡がみられない。

今回の戦争で、ドイツ人達の期待は多くの点で誤っていることが証明された。が、それは、われわれが若干の賢明な政治の原則にのっとってそうしむけたから、そうなっただけの話である。それに、われわれにも政策上のミスがあったが、それにもかかわらず非常な努力をかたむけたからだった。今後ずっとつづけて世界をデモクラシーのために安全な場所にしたいと思ったら、いったいどの程度の国際的再建の努力が必要になるだろうか。また、これらのデモクラシー諸国の内政問題に関していえば、今回の戦争における英雄的な努力をささえたもろもろの理想を今後の社会再建という重い課題にむすびつけ、さらにまたそれに成功するようにするためには、いったいどのような条件が満たされるべきであろうか。

およそこれ以上重大な問題はなかろう。われわれは、われわれの新たな理想を現実に適応させるという地味な仕事に、はたしてずっと耐えていけるだろうか？

＊＊＊

本当の意味の理想家は、この世の中でかけがえのない存在である。これらの人びとがわれわれに刺激をあたえてくれなければ、社会はやがて停滞し、文明は衰亡の一途をたどるだろう。しかしながらこれまでの理想主義は、二種類のまったく次元を異にする気質と結びついてきた。たとえば仏教とかストア派ないしは中世のキリスト教などは、自己否定にその基本をおいたものだった。フランシスカン派の修道僧達は、清純と貧苦と奉仕とにその身を置く誓いを立てた。これにたいして近代デモクラシーの理想――アメリカならびにフランス革命の理想――は、反対に自己の実現をその基礎にしたものである。それは、すべての人間が充実し、かつ自尊心にみちた生活を送れるようになることを、その目的にしている。たとえばアメリカの独立宣言の前文には、一切の人間はみな平等であり、それぞれ自由と幸福を追求する権利をもつことがしるされている。

けれども歴史的にみると、これら理想主義の二つの傾向は、要するに二つの異なる現実の発展に対応したものである。近代以前の古い時代においては、まだ自然の力のほうが人間よりも強かった。したがって苛酷な現実が常に人間の野望をおさえてきた。ことばをかえれば、世界全体がまだ貧困だったために、欲望を捨ててしまうことだけが、一般的に幸福にいたるための唯一の途と考えられたわけだ。むろん、一部の人びとは、かなり裕福な暮らしをすることができた。が、そのために多くの人間が農奴として酷使された。いわゆるアテネのデモクラシーやプラトンの理想国家と称するものですら、家内や産業奴隷の制度を基盤としたものだった。

ところが、これにくらべて、近代の世界は見ちがえるほど金持ちになった。それに人間が自然の作用を支配できるケースも、またけっして少なくない。したがって、かつては運命にその身をまかせたあらゆる階級の人達も、富の配分さえ適切に行なわれれば、公平なチャンスにありつくことが可能だ、としだいに考えるようになってきた。

この人類の自然支配という事実を抜きにして、デモクラシーの理想について語ることはおよそ無意味である。けれども、これは必ずしも科学知識の進歩や発明のせいばかりではない。もともと人間が自然を支配する能力を増したといっても、それはあくまで条件つきのはなしである。それはたとえば飢饉や疫病などをつうじて自然が人間を支配するように、絶対的なものではない。現在、人類が豊かで、比較的に平穏な暮らしを楽しんでいられるのは、とりもなおさず労働の分業とその調整の産物である。ただし原始的な社会の簡単な道具類にとってかわった複雑な工場の機械は、絶えず修理を必要とする。いいかえれば、現代における富の生産は常に社会組織と資本のはたらきとを維持することを、その前提にしているわけである。

その意味で、じつは社会自体が一個の大企業体のようなものであり、われわれの暮らしが成り立つ条件の少なからぬ部分が、事業とその得意先とのあいだの〝信頼関係〟に比較できる。つまり企業主としては、自分の工場の機械が順調に運転されていることばかりでなく、さらに得意先の嗜好の変化にも、やはり同じ程度の気を使わなければならない。修理や調整を必要とするのは、どちらも同じことで、その両者がうまくいっているときに限って、はじめて企業体はその本来の真価を発揮することができるわけである。しかしながら、もし事業がいったん停止してしまえば、どちらも分解された部分品としての価値しか残らない――機械は同量のスクラップと化し、〝信頼関係〟はただ帳簿上の赤字として後に残るだけだ。

社会が成立し存在するのは、人間がもろもろの習慣の創造者だという事実にもとづいている。多くの人びとのさまざまな習慣をたくみに組み合わせることによって、はじめて社会は運転中の機械にくらべられるような機能をもつようになる。

たとえば、バウンサー夫人は、夜寝る習慣のボックス氏と昼寝る習慣のコックス氏の二人にひとつの部屋を貸すことで、最少限度に単純な社会を構成した。ところが、ある日突然、下宿人のひとりが休暇をとり、しかもその後しばらくこれまでの習慣を変えてしまったので、彼女の小さな社会はとたんにあえなく崩壊した。

もしも郵便局員や鉄道員、肉屋、パン屋、印刷屋などなど、およそ日常生活に不可欠な職業の人びとが、いっぺんにこれまでのしきたりの仕事をほうり出してしまったら、いったい自分の身にどういうことが起こるか、よくよく胸に手をあてて考えてみたらよかろう。そのときになってはじめて、近代人の自然にたいする支配力が社会全体の企業化という事実にもとづいていることを知るだろう。

習慣ということばのかわりに、あるいは機械工学者がいうように惰性とかはずみといってもいい。

もしも人びとの習慣がそれぞれにかみ合わなくなるほど長いあいだ運転を中止していたら、社会は急速に崩壊して、またもとの自然による支配という単純な事態に逆戻りしてしまうだろう。そしてその結果、多数の人が死ぬことになる。

つきつめていえば生産の能力というものは、すでに近代の文明にとって、単なる富の蓄積などよりもはるかに重要な現実の要素になっている。一般的にいって、現に文明国家が保有している評価が可能な富の総額は、かなり古くさい時代物の財宝までふくめて、せいぜい七年か八年分の生産量にしか相当しないといわれる。が、この発言の重要な意味は、その数字の正確さにあるわけではない。それよりもむしろ、近代人が生産設備や社会のしくみに負うところがますます多くなり、しかもその関係が過去数世代のあいだにいよいよ複雑かつ微妙な性質をおびてきたため、上記の発言が急激にその重みを増した、ということを私はいいたいのである。

科学技術の応用面に進歩があるごとに、社会の組織にもまたこれに応じた変化が起こってきている。ジェームズ・ワットが蒸気機関の発明に専念していたころに、ちょうどアダム・スミスが労働の分化を説いていたということは、けっして単なる偶然の一致ではない。それと同様に、内燃機関――これは自動車、潜水艦および飛行機等の発達のキイである――の発明と平行して、信用取引の制度が従来にない拡大と発展をみたことも、また絶対に理由のない符合ではなかった。そもそも金属機械類に油をさすということは、生きた人間の習慣から出たことである。一部の科学オンチがいうように、最近、人文科学分野の研究の重要性が減じたというようなことは、およそ検討にも値しない愚論だとおもう。なぜならば、最近の実情をみてもよくわかるように、その地位の高下にかかわらず、ことさら人間にたいする管理《マネージメント》がますますむずかしくまた重要になってきたことは、とても従来の比ではないからである。

われわれは社会の機構を管理する人びとのことを総称して、組織者《オーガナイザー》とよぶ。しかしながら、この一般的な用語のもとには、おおむね二種類の人びとがふくまれる。まず手はじめに、いわゆる管理職とか行政担当者とかいわれる人達がいる。が、彼らはけっして言葉の真の意味における組織者――つまり一定の組織体のなかで、ある新しい発展の核をつくりだす人――ではない。つまり現に動いている社会機構をよく手入れの行きとどいた状態で保存し、またときどき必要に応じて油をくれてやるのが、彼ら管理職の役目である。人が死んだり、あるいはまた病気や老齢のために引退したときには、あらかじめ適切な訓練を受けさせた人物によって先の空席をみたすのも、また彼らの務めだ。現場監督は、本質的に管理職の一種である。判事は法律の執行にあたって、よしんば理論上そういえないまでも、事実上法を創造するばあいがある。ただし純然たる行政管理職の仕事のなかみには、およそ進歩の考えかたのひとかけらもない。ある一定の組織体のなかにあって、事務の能率――作業の完全にスムーズな進行――を維持するのが、彼の理想である。その典型的な病状が、いわゆるお役所仕事とよばれる。それで複雑多様化した社会が比較的によく管理されたばあい、それは事実上〝中国的停滞〟(a Chinese stagnation) とよばれる状態に似てくることが多い。これが、とりもなおさず社会的な惰性の威力である。

それから次に組織者とよばれるもののもうひとつのタイプ――つまり社会のメカニズムを創造する人物――を検討する前に、まず順序として、これまでのさまざまな革命に共通した一定のコースについて、しばらく時間を借りて考えてみることにしたい。

まず最初にヴォルテールのような啓蒙家的な人物が登場する。彼のばあいはフランス国の政府という名でよばれた経営組織体の現状を批判するところからはじまる。そして次にルソーのような思想家が、より幸福な社会のありかたをえがきだす。それから大百科辞典《アンシクロペディー》の著者達が、そのような社会のための物的な条件が存在することを立証する。やがて新しい考えかたが、一部の善意な情熱家達の心をとらえるようになる。おしなべて彼らには、一般的な人間の生活上のしきたりを変えるというようなむずかしい仕事の経験が乏しい。が、そのうちにともかく、彼らはフランス社会の構造を変革するきっかけを手に入れることになる。結果として起こるのが、不本意ながらも、その進行の停滞である。やがて労働は中止され、現実に生産設備や政府機構の破壊が行なわれ、経験を積んだ管理者が馘《くび》になり、その後釜にはろくに仕事を知らない素人《しろうと》がすわる。そして、あげくのはてに生活必需品の生産はガタ落ちになり、最終的には物価が上昇して、社会的な信頼感の失墜や信用の崩壊が始まる、というのがおきまりのコースである。

当初、革命の指導者達は、その理想を達成するために、さしあたりの貧乏は覚悟の上だろう。しかしながら、彼らの周辺には何百万の飢えた大衆が群《むら》がっている。そこで時を稼ぐために、これらの大衆にたいしては、すでに権力を失ったこれまでの実力者達があれこれと妨害策を行なっているせいで、このような欠乏が起こっているのだ、という疑惑の感情が植えつけられる。ここで必然的に発生するのが恐怖《テラー》の支配である。とどのつまり一般の人間は宿命主義者となり、一切の理想を捨てて、ともかくも社会の能率を回復してくれる組織的な指導者の姿を追い求めるようになる。

とりわけ外敵が国土に侵入しかけているにもかかわらず、生産力の低下と綱紀の退廃のために国防上の不安が生じているようなばあいには、なおさらのことその要求が強い。ただし、このような再建の事業に必要とされる組織者は、もとよりけっして単なる行政の管理者ではない。彼らは、ただ既成の社会機構を修復し、運用するばかりでなく、同時にまた常に新しい事を企画し、実現できる才能の持ち主でなければならない。それでカルノー（一七五三～一八二三年、フランスの化学、数学者で、近代徴兵制の創始者といわれる）は〝勝利の組織者〟（l' Organisateur de la Victoire）ということで、またナポレオンは民法典《コード・シヴィル》の制定を通じて、おのおの後世に不朽の名を残したわけだ。

それぞれのばあいに、建設的な意味での組織づくりが可能かどうかは、要するに秩序があるかないかによってきまる。じっさいに動いている社会は、多くの人びとがもつさまざまな習慣の、それこそ無数の連鎖から成り立っている。もしも現に動いている社会機構に手を加えようとすれば、たとえそれが比較的軽微なばあいであっても、大勢の男性やまた女性が、それぞれおたがいに埋め合せのつくようなかたちで、従来のいろいろな習慣を改めなければならなくなる。夏時間の導入がけっきょく政府の命令によるほかなかったのは、これが部分的に実施されると、じつは社会が非常な混乱におちいるからだった。そういうわけで夏時間の実施ができたのは、もともと社会にこれを受け入れるだけの秩序があったからである。これは人間本来の習慣にもとづくというよりも、むしろこれらの習慣を同時に一定の脈絡のもとに変更できる能力によるものだった。

整然とした国においては、秩序は第二の天性となるから、その強制のために警察権力が介入する機会はめったにない。ことばをかえていえば、社会の秩序、ないしは自分の意思または命令にもとづいて習慣を変更することそれ自体が、さらに一つの習慣になっているわけだ。

軍隊の規律は、個々の命令による単発的な動作から成り立っている限りにおいては、より単純な性格のものだといえる。しかしながら職業軍人の眼からみれば、たとい速成の兵士達がどんなに賢明な戦いぶりをみせても、それと日ごろ鍛えあげた軍紀のもとにおける集団行動とのあいだには、大きな差がある。

ところで、いったん秩序が乱れた時代になると、生産のもとになる習慣の連鎖が歩一歩と崩壊してゆき、たまたま火事場泥棒のたぐいがふところを肥やすのを例外として、社会全体がしだいに貧困化のテンポを速めてゆく。けれども、さらに重大なのは、秩序を守るという習慣そのものがなくなってしまうことである。なぜなら、これは、社会の回復力の失速につながるからである。その例としては、たとえば革命の騒ぎが一年間つづいた後の、ロシアの窮状を考えてみるだけでも充分だろう。その状況は、知覚と判断力だけはまだ残っているが、しかしながら手足がいうことを聞いてくれないので身体の動きがとれないという、あの恐るべき全身麻痺の状態に似ている。

国民そのものは、あれほどにひどくたたかれても、そう簡単には参らない。ただ社会全体の機構だけは、早急に回復される必要がある。なぜならば早くそうしないと、せっかく一時的な窮乏を堪え忍んできた男女国民のなかに、これまでの文明をささえてきた習慣や才覚が忘れられ、失われてしまう恐れがあるからだ。

このばあい歴史は、新しい秩序の核をつくる必要上、なんらかの強力な手段にうったえる以外にないことを教えている。けれども、このような手段にたよる組織者が必然的に陥りやすい傾向は、単に能率の回復をその目標にしてしまうことである。その支配下では、理想主義の花は咲かない。この歴史の教訓があまり身にしみたせいか、過去約半世紀間の理想主義的な思想家達は、ほとんどがみな国際主義者になった。軍事力による秩序の回復は、多くのばあい他国の軍隊による征服か、または外敵の侵略にたいする国民的な抵抗をきっかけにしてなしとげられてきた。

すぐれた組織者は、卓越した現実主義者でなければならない。これは想像力に欠けるという意味では無論ない。が、その想像の広がりは、もっぱら具体的な方法手段を追求するためのものであって、ただ漠然とした目的を追いかけているゆとりは、彼には乏しい。もし彼が産業界の大物であれば、その対策のなかみは、たぶん主として労働や資本の問題で占められるだろう。またもし彼が高級軍人であれば、おそらく兵力の単位とか補給の方法とかいうことで頭がいっぱいであるにちがいない。いずれにしても、その組織的な頭脳がさしあたり向けられるのは、産業家ならば資金の調達、そして軍人ならば戦術的な勝利という、いわば中間的な目的である。

しかしながら資金の調達とか戦術的な勝利というのは、とどのつまり究極の目的にいたるまでの必要な段階に過ぎないのにもかかわらず、これらの究極的な目的は、最後までただ彼らの頭をかすめるだけで、どこかに消え去ってしまうことが非常に多い。あるいは、まだ金をこしらえているうちに、死んでしまう者もいるだろう。また常勝の将軍は、まるでマケドニアのアレクサンダーのように、もうこれから征服する場所がなくなってしまったといって、声をあげて泣きだしかねない。どのみちその日常不断の関心は、自分の組織した事業なり軍隊なりがいかによく管理されているかということからけっして離れない。彼らの多くが、行政管理者にたいして、常に過大な要求を突きつけたがる。その最高の道徳は、規律である。それはつまり、ただスイッチを押すだけで、機械がすぐにフル運転を開始することを求めているからだ。

組織者というものは、たいてい他の人間をすべて自分の道具のように考える習性をもっている。これは、ちょうど理想主義者の神経と正反対である。理想家のいうことは、しばしば人の心の琴線にふれるので、われわれの心はともすれば動かされ、また飛翔をはじめる。が、組織者は常に人間の集団を事業のための単位として考える傾向があるから、おのずからその物理的な限界に考慮をはらわないわけにいかない。組織者がその配下の社会の福祉にたいして関心をはらわないというのは、おおむねまちがいである。むしろ彼は、その社会をマン・パワーの源泉として受けとめ、それを有効な状態にたもつことに心を労するだろう。少なくとも先見の明があれば、このことは職業軍人のばあいでも、また資本家のばあいでも、あまり変わりがあるまい。とくに政治の世界においては、組織者は人間がただ国家——スチュアート朝の哲学者トーマス・ホッブズは、これをリバイアサンと名づけた——のために存在するかのように考える。が、デモクラシーの陣営に属する理想主義者は、おおむね国家が自由を束縛するという理由で、これをたかだか一種の必要悪にすぎないと考える傾向がある。

すでにデモクラシーが確立した西欧の諸国では、もろもろの自由の思想が一般市民の先入的な固定観念になってしまっている。われわれの自由に確固とした基盤をあたえているのは、じつはこのような〝思考の習慣〟であって、一過性の理想主義の陶酔では断じてない。ところで、このような固定観念は、英国のばあい約一千年もの歴史をかけて、その島国の地形的な保護のもとに根をおろしたものである。いずれにしても、それはその間ずっと続けて行なわれた実験の結果なのだから、少なくともわれわれ自身の祖先を馬鹿者あつかいにする気がないかぎり、これに相応の敬意をはらって然るべきだろう。

これらの固定観念のひとつとして、専門家は国務大臣として不適切である、というものがある。現在のような戦時では当然のことながら、いくらデモクラシーの国でも、自由が能率のためにあるていど犠牲になることは、どうしても避けられない。それでわれわれもいくつかの高級官庁に臨時に専門家を任命した。のみならず、これからもやはり引き続いて、その後釜には専門家をあてるべきだ、と強調するむきもある、われわれのこれまでの先入見は、すでに時代遅れだろう、というわけだ。にもかかわらず、われわれ英国人は、驚くべきことに、まだ戦時中であるにもかかわらず、またまた軍部大臣に文民《シビリアン》をあてる習慣に復帰した。

もともと英国の憲政は、ノーマルな時代でも、すでに能率があがらないことで定評がある。したがって専制的な国を相手に戦争をする組織とデモクラシーとがなかなか両立しないことは、自明の理だといわなければなるまい。今のチリ公使が最初英国に来任したとき、下院の議員の何人かが彼を宴席に招待した。ところが、はるか太平洋のかなたから来た彼は、ロンドンに着くが早いか、さっそくに英国人の議会政治についてのおきまりの不平や愚痴を耳にしていた。それで彼は、あらゆる国の議会の母といわれる大英帝国の議会にむかって、次のように放言したものである。「どだいあなたがたは、物事がスムーズにはこばないように妨害をすることが、つまり議会の一番だいじな職務だということを忘れておられる」と。

心の底からデモクラシーを愛する人びとの物の考えかたが、人間関係を非常に大事にするのと対照的に、組織者といわれる人達の頭の構造は、本来、策士的である。組織者は、いつも他人を利用することばかり考えている。それで、これらの人びとにとっては、デモクラシーの擁護者の説く人間の権利というものが邪魔でならないわけである。いうまでもなく、組織者の立場からすれば、一切の物事を支配しなければならない。が、とかく人間の心のままならぬ動きや、従来深く根をおろした習慣をそのままに放っておくかぎり、物事の進展はほとんどみられない。そのために組織者は、手続きや手段にこだわることが多いので、えてして他人にとって最悪の主人公になることを避けられない。

　したがって、もしもデモクラシーの理想が現実から遊離したばあい、それは組織者の徹底した支配欲または盲目的な効果追求の態度から、最高の復讐を受けるはめになる。むろん組織者自身の最初の意図は、充分に潔白ないしは白紙的だとみなしてさしつかえない。が、その実行的な魂《たましい》は、周囲の無秩序に吐き気をもよおすばかりでなく、なによりも不服従の習慣に堪えられないのである。

　いうまでもなく、革命下のフランスを救ったものは、その軍隊のすぐれたはたらきだった。が、いったんある種の組織が成功すると、そのはずみの力の大きさは、創始者の意図さえ無視して、どしどし自己発達をとげてしまう恐れがある。したがって組織者は、その支配下にあるマン・パワーの効率を確保するために、とどのつまりそのあらゆる動作——戦闘行動ばかりでなく、日常の行動や物の考えかたにいたるまで——を、完全にその統制下におくことを考えつくようになる。最高指揮官の眼には、どんな規律のたるみも目ざわりになってしかたがないからだ。

　それでナポレオン将軍は、彼の軍隊《グランド・アルメー》と民法典に加えて、さらに法王庁とのあいだに協約《コンコルダート》をむすび、カトリック教の司祭までその部下の系列に加えてしまった。彼自身としてはアミアンの和約

（一八〇二年三月に、英国、フランス、スペインおよびオランダの間で結ばれたが、その和平もわずか一四ヵ月しかつづかなかった）を境にして、平穏な暮らしにはいりたいところだったかもしれない。が、戦争の歯車は止まることを知らず、ついにモスクワにまで遠征する決意を固めるほかになくなった。これは、ちょうど金作りの名人が、あまり手を広げすぎて、けっきょく破産に終わる経路と実によく似かよっている。

プロイセンの鉄血宰相といわれたビスマルクもまた、しばしばナポレオンに比較される。けれども彼は、いろいろな点でフランスの独裁者と根本的にちがっており、このことは本書の研究テーマとの関連においても、かなり注意を必要とする。まず彼の末路がかなりナポレオンのばあいとは異なっていた。ナポレオンはモスクワの失敗後にエルバ島に流され、さらにワーテルローの敗戦後にセント・ヘレナ島に幽閉されたが、ビスマルクには、このような不名誉な終わりはなかった。老練なパイロットだった彼は、三〇年間国政の舵をとりつづけた後で、海賊の精神をもった新艦長に取って代わられることになった。

しかしながら、これは貪欲のせいではなく、むしろ彼の慎重さがなせるわざだった。ナポレオンもビスマルクも、実にさまざまな手練手管《てれんてくだ》の達人だったことで共通している。が、とくにビスマルクには、それ以上の何物かがあった。彼は、偉大なビジネスマン（アメリカの哲学者、エマソンのナポレオンにたいする評語）だっただけでない。およそ過去の政治家のなかで、彼ほど戦争という名の事業を、たくみに国家の政策に適合させる判断の能力にめぐまれた者はいなかっただろう。彼は三回の短期の戦争に成功し、しかもその三つの平和条約のなかから、そのつどプロイセンのために確実な収穫をあげてきた。

これらの平和条約には、その個々の内容および性質のちがいという点で、じつにわれわれの眼をみはらせるものがある。まず第一回目の対デンマーク戦争（一八六四年）で、ビスマルクはシュレスウィッヒとホルスタインを取ったが、その目的は明らかにキール運河を開削して、バルト海と北海とを結びつけることにあった。次いでオーストリアとの戦争（一八六六年）の後では、彼はボヘミアを併合することを拒否して国王を非常に怒らせたが、そのために彼とヴィルヘルム一世とは、一八七〇年の戦勝後までも、ずっと不仲な関係がつづいたほどだった。が、このようにオーストリアにたいして寛大な態度をしめしたのは、いうまでもなく、将来プロイセンがオーストリアと同盟する必要が起ることを見越していたからにほかならない。けれども、一八七一年になって、セダンの攻略とパリの包囲に成功してから後は、彼もとうとう軍部とその背後の勢力の圧迫に屈して、アルザスとロレーヌとを併合することに同意した。

ここで注目されるのは、この偉大な宰相が他の一般のプロイセン人に欠けていた資質――つまり自国だけでなく他の国民の心のなかまで洞察できる能力――をそなえていたということである。彼のやりかたは、すぐれて心理的だった。彼は、プロイセンのもとにドイツの統一を達成してから後、二度とふたたび戦争という賭けに応じなかった。にもかかわらず、彼は一時期ヨーロッパ全体をリードするほどの外交的な成果をあげた。けれども、そのやりかたは、単にプロイセンの軍事的な威光を笠に着るのとは、一味ちがっていた。

一八七八年のベルリン会議で、彼の努力によってオーストリアがボスニアおよびヘルツェゴビナの両州を併合したことは、その後バルカン半島におけるオーストリアとロシアの反目を深める原因になった。また同じベルリン会議で、彼はひそかにフランスをそそのかしてチュニスを占領させたが、やがてこれが実現したとき、彼が予期したとおりイタリアはひどくその神経をきずつけられた。それから一八七九年にはオーストリアとの二国同盟、またさらに一八八一年にはオーストリアおよびイタリアとの三国同盟というふうに、その工作がつづけられている。これにはまさに羊飼いが番犬を使って羊の群れを自分の手元に追い込むやりくちに似ていた。彼はさらにこれと同じ心理的な手口を使って、フランスと英国の対抗を煽り、また英国とロシアとを対立の方向にみちびいていった。

一方、その国内の対策でも、彼はやはり同じ手法をもちいている。一八八六年に彼はバチカンとの闘争に終止符を打ち、カトリックの政党を味方につけて、産業地帯ではあるがカトリック色の濃厚なラインラントの社会主義的傾向を中和させ、またさらに南のバイエルンのカトリック王国に特有な、分離主義的な傾向を薄めるという効果をうんだ。

以上の諸点からみても、ナポレオンとビスマルクとを直接に比較することはやや失当であり、むしろナポレオンとプロイセンの全支配階級とを対比してみたほうがいいとおもわれる。いまわれわれがまのあたりに見るプロイセンの支配階級の没落は、あたかもナポレオンの末路を想わせるものがある。飽くことを知らぬ組織者だったナポレオンは、ついにモスクワをめざし、そしてやはり飽くことを知らぬ組織的な国家プロイセンは、戦争という奈落の途をあゆんできた。ドイツの文化《クルツーア》とは、組織的な方法手段の一色で全国民を染め上げた哲学と教育にたいしてつけられた名前である。これとくらべると、フランス人は芸術的で、また理想の高い国民だが、ナポレオンはその理想を、彼の天才の名誉のためにさんざん悪用した。これにたいして、ビスマルクはやはり実用一点ばりのドイツ文化の子ではあったが、しかしながら平均的なドイツ人の水準からみれば明らかに一頭地を抜いていて、精神的、宗教的な勢力とも立派に応対できる能力をそなえていた。

ドイツ文化の起源は、フリードリッヒ大王による一連の勝利のうちにはなく、むしろそれはイエナの戦闘における敗北（一八〇六年）によってうまれたといえる。一八世紀におけるフリードリッヒ大王の国家統治は、ナポレオンのばあいに似た個人的な支配だった。これにたいして一九世紀のプロイセンは、そのさまざまな外面的なよそおいにかかわらず、本質的には参謀将校や、官僚や、大学教授等によって構成される一群の知的な専門エリートによって支配されていた。一方フリードリッヒ大王は、ただひとりの組織者として、単なる管理職しか採用しなかったため、彼が世を去ったときのプロイセンには、ただ抜殻のような国家機構が残ることになり、それがイエナでの敗北につながったのである。

その厳冬のさなかに、哲学者のフィヒテは、フランス軍が占領中のベルリンにわざわざ講演に来たわけだが、当時のプロイセンの首都には、大学と名のつくものがまだなかった。(原注1) したがって彼の講義を受けたのは、若い学生達ではなくて、もっぱら国家の危機をまともに受けて深刻に苦悩しつつある、成熟した頭脳だった。そのころ、ドイツの諸大学では知識や芸術にたいする抽象的な崇拝に酔い痴れていたが、そのなかにあってフィヒテは綿々と愛国の哲学を説きつづけた。そして、それからわずかに数年、具体的にいえばつまり一八〇六年から一八一三年までの間に、プロイセン国家組織の実質的な中核ができあがり、さらに後年わざわいのもとになった軍国主義の種子もまかれたわけだ。その組織の要点は陸軍と官僚と学校とをそれぞれ強くむすびつけたものであって、もっと簡単にいえば、要するに教育の目標を国家の要求に合わせたものだといっていい。

英国で教育法が制定されたのは一八七〇年になってからだが、プロイセンでは、すでにそれより数十年前に一般義務教育のシステムが導入され、これが国民皆兵の制度と関連づけられている。とりわけ華麗な教授陣とともに創設されたベルリン大学は、事実上、参謀本部と姉妹関係にあった。こうしてプロイセンの国内では、知識を単に知識として追求する習慣はおおむねその姿を消し、もっぱら目的のための手段として学問を考える気風がうまれた。が、その目的はいうまでもなく、ひどい災難と悲運に見舞われた国家を再生させ、さらには繁栄させることにほかならなかった。

それは、たとえていえば、スペイン、フランスないしは英国のような自然の障壁をもたない、大平原のまんなかにつくられた兵営国家みたいなものだった。目標によって方法手段がきまるとすれば、プロイセンの目標は厳格な規律にもとづく軍事国家の建設にあった。したがって、そのやりかたはいきおい物的な生産の面を重視しないわけにいかなかった。当時のベルリンを中心にして考えれば、全国民のなかの有識階級のあいだに、ドイツ文化の名のもとで、戦略的な発想の習慣を植えつけたことは、たしかにめざましい成果だったといえる。が、一方全文明世界の立場から考えれば、これはとてつもなく重大な、宿命的なうごきのはじまりだったといっていい。ということはつまり、結果的にみれば文明世界全般とドイツ国民の両方にとって、運命的だったという意味である。

＊＊＊

ここでちょっと話題をかえると、ドイツ人の地図好きは、ずっと昔から有名だった。ことにその戦争地図のやたらに多いことが、しばしば物笑いのたねになった。しかし英米両国人のなかで、過去約一世紀間ドイツの国民教育において地図がはたした役割の重大さに気がついた者が、はたしてどれくらいいるだろうか。事実、さまざまな種類の地図はドイツ文化の重要不可欠な構成部分であり、あらゆる教育を受けたドイツ人は、いっぱしの地理学者になっていた。が、これにくらべられるような実例は、英国人やアメリカ人のあいだではきわめてまれである。

　ドイツ人は地図のなかに、ただ単に条約その他によって決められたありきたりの国境を見るばかりでなく、同時にその不変な地形的要素のなかから、どういうふうに発展の契機を読み取るかという、文字通り方法手段としての地図の読み方を永年訓練されてきた。したがってドイツ人のいう現実的政《レアルポリティー》策《ク》は、いつも彼らの頭のなかにある地図とむすびついている。

　ドイツの高等諸学校と大学における地理学の真剣な授業の態度は、はじめからドイツ文化の発展と切っても切りはなせない関係にあった。ことにイエナの敗戦から約三〇年間におけるアレクサンダー・フォン・フンボルト、ベルクハウス、カール・リッター、そしてシュティーラーという四人の学者の名前は、けっして忘れることができない。彼らこそは、ドイツの地理学の基礎をきずいた組織者であり、しかも四人ともベルリン大学と、それらゴータの「ペルテス」という有名な地図会社に所属していた。

　最近、英国でも二、三の例外的に優秀な地図会社が、良い出版をしてくれていることは事実である。にもかかわらず、今日でもなお諸君が本当に良い地図——つまり正確な測量にもとづいているばかりでなく、同時にグラフィックの手法を使って、地形の基本的な対照を再現した地図——を求めようとすれば、やはりドイツのどこかの会社製のものに頼らざるをえないばあいが多い。その理由はいうまでもなく、ドイツの地図製造業者には、単なる測量技術者や製図工にとどまらない、すぐれた学歴をもつ地理学者が多いからである。それにまた彼らが生活できるのは、要するに高度に知的な地図の類を評価し、かつそれに金をはらうように教育された、たくさんの国民大衆がいるからだ。(原注2)

一方われわれの国では、とかく教育の道徳的な側面を重視する傾向がある。そのせいか、知らず知らずのうちに、地理学のもつ実利的な側面が軽視されているような気がする。私の知るかぎり戦前には、地理の教育が帝国主義を助長するという理由から、この課目に反対をとなえていた教師が少なくなかった。これは、規則的な体育の訓練が軍国主義にみちびく、というのと似たたぐいの主張である。こうした政治問題にたいする過度に小心な態度は、いささかこっけいにもおもわれる。けれども、そのいずれもが、反対の方向への行き過ぎにたいして警告を発していたという点は、必ずしも無視できないだろう。

ベルリン＝バグダッド、ベルリン＝ヘラート、ベルリン＝北京等々の関係——これらを単なる地名の羅列でなく、じっさいに起伏や高低をもった地形的な印象として、心のなかにえがくこと——は、いまだに多くのアングロ＝サクソン人達にとって、新しく流行しはじめた思考のゲームの一つにすぎない。しかもそれは、ごく最近に新聞紙にのせられた簡単な地図の類によって、非常に不完全なかたちで行なわれているだけである。しかしながら今のプロイセン人は、またその父親たちは、さらにその祖父達は、いずれもめいめい鉛筆を片手に、生涯このような議論を戦わせながら、育ってきているわけだ。

もちろん、われわれの側の政治家達は、平和条約の細目を協定するにあたって、すぐれた地理の専門家の意見を聞くことができるだろう。が、ドイツの代表達は、ただ二、三人の専門委員だけでなく、同時にその背後にすでに地理学に精通した多くの大衆をもっている。そして、これらの大衆は、議論のなかにでてくる数多くの問題について、その重要な側面に永年親しんでいるため、間髪をいれずに極めて視野の広い支持を彼らの代表達に送ることができるわけだ。そして、このことは彼ら代表達にとって、ただちに決定的な利益につながるだろう。とりわけ、われわれの側の国民が知らず知らずのうちに敵に寛大な態度をとったばあいには、なおさらなことである。

フランスのタレイランとオーストリアのメッテルニッヒとは、ウィーン会議（一八一四〜一五年ナポレオン戦争後のヨーロッパ問題解決のために開かれた国際会議）の前後における秘密外交の大家といわれた。が、もし現代の大衆民主政が外交に課したもろもろの条件のもとで、結果的にみて、彼らが得たと同じような成功が敗戦諸国の代弁者達によって勝ち取られるとしたら、それはさだめし大きな見ものだろう。

地図を見、地図について語る習慣は、単に戦略の次元ばかりでなく、同時に経済の分野においてもまた多くのみのりをもたらす。もとより自由貿易論者は、あえてこの習慣を無視しつづけてきた。しかしながら一八七一年のフランクフルト条約（普仏戦争の平和条約）においてドイツが敗戦国フランスに押しつけた〝最恵国〟の条項は、戦略的なドイツ人の考えかたからすれば、まっとうなコブデン派（一九世紀英国のコブデンの思想にもとづき、自由貿易、政治的な非介入ならびに国際協力等を基調とする経済思潮）の解釈とはまったくちがった意味をもっていた。つまりこれによってドイツの官僚陣は、自国にたいするあらゆる特恵的条件の体系をつくり上げたわけである。オリーブ油の輸入税の問題についてドイツはイタリアに譲歩したというが、いったい北国に住むわれわれ英国人にとって、この種の問題に関する最恵国待遇が何の意味をもちうるだろう。そもそもイタリアの安いオリーブ油をのせてきた貨物列車は、またドイツの工業輸出製品を満載して、同じ来た路を帰ってゆくだけではないのか。これまでにドイツは、その近隣諸国とのあいだに、おそろしく手の込んだ膨大な通商条約のシステムをつくりあげてきた。これらは、有利な生産地と彼らとを直結する商業用ルートの、微にいり細をうがった研究の上に成り立ったものだった。

ドイツの官庁の役人達は、常に彼らの〝生活圏〟の具体的な詳細について思いを凝らしてきた。けれども、一方われわれの通商・外交当局は、一貫してただ彼らの生活権を脅かさないという、消極的な原則に終始しただけだった。

＊＊＊

ドイツの皇帝《カイゼル》ヴィルヘルム二世は、かつてわれわれにむかって、「この戦争は、二つの世界観《ヴェルトアンシャウウング》のあいだの闘争である」といった。この〝観《アンシャウウング》〟というものこそ、まさに組織者にふさわしいことばづかいである。いわば、このようにして彼は人を見くだしていたわけだ。ラジャード・キプリング（一八六五〜一九三六年、英国の作家）も、この点で彼と同意見だった。しかしながら、彼のばあいはただふつうの庶民のことばで、人間的な感覚《ヒューマン・フィーリング》とドイツ的な感覚《ジャーマン・フィーリング》のちがいをいっただけだった。

組織者は、まさにその組織者としての立場にもとづいて、おのずから非人間的にならざるをえない、あるいは脱人間的といったほうがいいかもしれない。むろん皇帝《カイゼル》もまた詩人のキプリングも、二つの相反する傾向を強調するために、わざと誇張をしている。デモクラシーといえども、組織者を欠くわけにはいかない。またドイツ文化の使徒のなかにも、なにがしかの人間的なあたたかみがないわけではない。むしろ問題の核心は、国家政策決定のギリギリの段階において、はたして理想主義者と組織者のどちらが強力な発言権をもつか、にあるといえよう。あらゆる組織的なうごきに反対する国際平和主義者の声も、プロレタリアートのブルジョワジーにたいする闘争の前では、しぜん弱々しくならざるをえない。

デモクラシーの立場をとる者は、自衛の目的上そうせざるをえないばあいを除いて、あるいはまた、どうしてもそうするしかない羽目になるまでは、とかく戦略的に物を考えてみようとしない。といっても、これはむろんデモクラシーが理想のために戦うことを禁ずるものではない。それは、フランスの革命戦争の際にも見られるとおりだ。

ところで現代の平和主義者達の矛盾のひとつは、彼らがやたらに他国の内政にたいして干渉がましい意見をのべることである。中世のヨーロッパでは、膨大な、無組織な大衆が十字軍と称して異教徒の征伐に出かけ、中途で非業の死をとげるということがあった。が、今回の戦争についていえば、西欧のデモクラシー側が事前の準備に欠けていたのは、必ずしも所要の警告がなかったからではない。現にただ英国のばあいだけについてみても、すでに今世紀の初めに、三人のすぐれた頭脳が主権者たる国民にむかって、それぞれに呼びかけを行なっている。ローズベリ卿の行政的効率にかんする発言、チェンバレン氏の経済防衛についての見解、およびロバーツ卿の軍事訓練強化にたいする主張がそれだった。けれども、これらの声は、いずれもむなしく空中に消えた。

デモクラシーとは、一般平均的な市民の同意による支配を意味する。日頃、沃野で労働に従事している彼らは大所高所から物をみる習慣をもたない。したがって、いまさらのように大衆民主政の欠点をあげつらってもはじまらない。なぜなら、こういうことがむしろ大衆民主政の特質であり、長所でもあるからだ。アメリカのウィルソン大統領が、「われわれは今後、世界をデモクラシーにとって安全な住家にしなければならない」といったとき、彼はこのことを充分に意識していた。のみならず、このことは英国の下院においても率直にみとめられている。なぜならば、われわれの責任ある大臣達は、ただ海軍の防衛能力という一点だけを除けば、あとはわれわれが戦争にたいして無準備だったことにむしろ毅然とした誇りを感じている、とのべたからだ。

デモクラシーの理論家は、原則にしたがって物を考える。だが、それが個性の相違によって理想になったり、偏見になったり、または経済法則になったりするだけのことだ。けれども一方、組織者達は、建設という立場でプランを考えなければならないから、当然、建築家がするように立地条件とか、また所要の材料などについて、あれこれと思いをめぐらす必要が起きてくる。そしてまた、これらの配慮は、具体的に詳細なものでなければならぬ——たとえば煉瓦は壁面に、石材は横梁に、また木材やスレートは屋根に、それぞれ最も適しているというように。もしこれが仮に国家を創設するばあい——発展成長途上にある国家のばあいは、また事情がおのずから別だが——だとしたら、彼は当然どういう領土を占領し、また一方歴史の遺産として彼の手元にころがりこんで来た社会の構造にたいしては、それをどのように料理するかを、それこそ慎重に考えなければなるまい。その際、彼には経済法則の研究などにふけっているひまはない。ここで彼の戦略観とデモクラシーの理論家が説く道徳的論理とのあいだに、当然、衝突が起こる。

激越な道徳家は、たといどんなに誘惑がしつこくても、犯した罪にたいしては寸分の容赦もしようとしない。彼らにしたがえば、〝まがったことはこれっぽっちもしない〟スラム街の住民達だけが、さしずめ天国で満ち足りた生活を楽しめるだろう。これに反して実際的な改革派は、もっと住宅問題に眼をむけるべきだ、という。ところが、最近の政治道徳家達ときては、もっと激しく、「一センチの領土も取るな、一ポンドの賠償金も取るな」と、まことにキビしいことばかりおっしゃるのである。いいかえれば、この手の人達は、地理や経済上の事実というものをまったくみとめようとしない。われわれが、たといケシ粒でも人間に共通な性質をもっていたら、山でも動かせぬはずはない、と彼らはいうのだ。

現実的な感覚は、しかしながらわれわれにむかって以下のように告げる。幸いにも今われわれが平穏無事な世界を再建しようとするにあたって、デモクラシーの諸国は、この世界をデモクラシーにとって安全な住家にするに充分なだけの武装をもっている。したがって、この好機を逃してはならない、と。ことばをかえていえばつまり、われわれはこれからできる国際連盟のために、適切な住宅問題の解決をしなければならないわけだ。そこで、われわれは空間と時間の事実についてあらかじめ充分な認識をもつことが必要であり、ただペイパーの上に立派な行動の原則を書きおろすことだけに満足してはならない。現にわれわれ同盟諸国のあいだですら、何がいいかについて基本の見解の一致をみていないほどだ。いわんや現在の敵国の立場からすれば、少なくとも当分のあいだは正反対の見方が出てくることがむしろ当然だろう。

〃無併合、無賠償の原則〃をとなえる人びとも、むろん現在の敵国の立場を有利にしようという気持で、大声で叫んでいるわけではなかろう。しかしながら、ここではっきりさせておいたほうがいいと思うのは、おおむね法律家と実務家とのあいだには、非常な見解の開きがあるということである。つまり法律家は、べつに反対の論拠がなければ自分の意見のほうが正しい、という前提に立って物をいう。ところが、実務家は、けっしてこういう教条にとらわれない。後者は常に物事を実施する立場にあるが、前者は、せいぜい後者のなすがままにまかせるのがいいところである。

過去においても、いわゆる〃人民〃に基礎をおく政権の言動が、デモクラシーの基本からみて疑問視された例が何回かあった。が、これは正しい態度だといわなければならぬ。なぜならば、自由諸国における国家の最大の機能は、それが内側からの造反者の所為であると、また外側から侵入する敵のしわざであるとにかかわりなく、ともかくも暴力による政治の出現を防止することにあるからだ。このことは、これまでも何度となく考えられてきたが、遅かれ早かれ、また考えなければならない機会が必ずくるとおもう。ふつう一般の市民をベースにして大胆な改革をくわだてる機会は、あまり多く考えられない。したがって冒険を辞さぬ輩《やから》は、単独であると集団であるとを問わず、国民に鉄火の洗礼をあびせながら、進歩への血路をひらく以外に手段をもたない。

が、軍国主義または官僚主義の国がらとなると、また事情がちがってくる。ヨーゼフ二世（一七六五〜九〇年、オーストリアの皇帝）も、もしその保守的な臣下達が彼に反乱をくわだてなかったら、ナポレオンと同様、やはり一種の先覚者になっていたかもしれない。そして、ことにプロイセンのばあいには、一切の進歩が国家の手で推進された。が、その進歩とは、要するに能率の別名にほかならなかった。(原注3)

とはいうものの、われわれもまた最近の破局からデモクラシーを救い上げるために、デモクラシーそのものの保証を一時停止し、あえて防衛といわず攻撃の目的のためにすら、われわれの能力を組織することを政府にむかってみとめるほかはなかった。もしも戦争が短かかったら、これもまた歴史のなかの括弧つきの例外としてみとめられたかもしれない。しかし遺憾ながら、戦争は長かった。それで従来の社会機構の一部はくずれて無くなり、また一部は他の目的に転用された結果、これまでの習慣や既得権益はあらかた雲散霧消して、社会全体がいわばわれわれの手のなかの粘土のようなものになってしまった。もしわれわれ自身に、それをこねまわすだけの才覚があれば、いまでもまだどうにでもなるような状態にある。しかしながら塑像をつくる芸術家にしても、また金属機器をつくる職人にしても、ただ何をつくるかがわかっているだけでは不充分である。肝心なのは、彼が扱っている材料の特性をどう操作できるかということだ。彼は芸術上の目的と同時に、技術的なノウハウをもたなければならぬ。また彼の人間的な動機には、現実の裏づけを必要とする。これを要するに、つまり彼はその理想とする形象を絶えず念頭におきながら、それと平行して彼自身の方法と手段を開拓する心がけを忘れてはならぬ、ということになる。

芸術家は、死ぬまで自分の扱う素材の性質を、より深く学ぼうとして努力をつづける。しかも、ただ科学的な知識を深めるばかりでなく、さらにより実際的な、また〝知覚的〟な意味においてそれを試みるので、これをいいかえれば、彼の目的は、いわばいかにより確実に材料を支配するか、ということにおかれているとみてよかろう。

この丸い地球の上で人類がいっしょに仲良く暮らすというのも、また相当に手のこんだ芸術である。とすれば、その現実に対応するために、われわれは人類全体についての知識を、ゆくゆくは物にしなければならない。しかも、それは単なる百科辞典式な事実の大量な記録にとどまらない。われわれは新しい時代を経過するたびごとに、現在と過去の一切を常に新たな眼で見、また新たな角度から見直すことになる。

おもえば、この四年間の戦争によって生じた人類の生活上の変化は、現在老境にいる人びとがその生涯をかけて体験した変化よりも、なおかつ明らかに大きなものになった。とはいうものの、今さしあたりわれわれの知識の範囲内で考えてみても、現在の思想の激流は、ほぼ二〇年ぐらい前から、すでにおぼろげながら始まりかけていたのではないだろうか？　ことに一九世紀の末期から二〇世紀の初頭にかけて、ベルリンの組織者達や、ロンドンおよびパリの少数の人びと達は、すでに時代の流れの向きが変わりつつあることを意識していた。

以下に私は、いくつかの地理的および経済的な事実を、その二〇世紀的な展望のもとに描写してみたいとおもう。これらの事実の多くは古く、かつまた読者が永年親しんできたものであろう。しかしながら、中世の学校でよく使われたことわざにしたがえば、〝真の理由〟(vera causa) と〝第一原因〟(causa causans) とのあいだには大きな開きがある。ということは、つまりアカデミックな研究と、われわれを行動に駆り立てる認識なり自覚とはあきらかに別々な物だ、ということだ。

原注

(1)Marriott and Robertson, The Evolution of Prussia, Clarendon Press, 1915 を参照。

(2)一八九六年のイプスウィッチにおける英国協会の地理部門（the Geographical Section of the British Association）で行なわれた私の講演のなかに、ドイツにおける地理学諸派の由来についての叙述がある。
(3)一二年前に私が逢ったドイツ軍の某参謀将校は、総動員に要する時間をたった三〇分間だけ縮めることでその生涯をついやした、と述懐していた。

第三章　船乗りの世界像

神はまたいわれた。「天の下の水は一つ所に集まり、かわいた土地が現れよ」。(創世記)

われわれの記録に残る人類の歴史がはじまってから、これでほぼ数千年になる。が、この間に、地球上の重要な地形はほとんど変化していない。森林は伐採され、沼沢は干拓され、砂漠はその面積を増した。しかしながら陸地と海洋のおおまかな輪郭や、おもな山や川の所在地——またその形状などは、細部の変化を除けば、すべて不変のままである。とはいうものの、地理的な諸条件が人間の行動にあたえた影響の度合は、現にわれわれが見るがままの事実——あるいはわれわれが過去においてそうであったとみとめる事実——によるよりも、むしろ人びとが事実について行なった想像にもとづくところがはるかに大きかった。

海が一つであったことは、全歴史をつうじて変わっていない。しかし、人間のじっさいの目的からいうと、少なくとも今から約四百年前、喜望峰の迂回に成功するころまでは、事実上海は東西の二つに分かれていた。前世紀の末にアメリカの提督マハンがシー・パワー(Sea Power)の新しい福音を世に問うたとき、創世記の第一章から以上の語句を引用したのも、またけっして理由のないことではない。海は、常に切れ目のない一つの海だった。けれども、この偉大な事実がもつ本当の意味は、わずか数年前まで全面的に理解されていなかった。その完全な意味が把握されかかったのは、ようやく最近になってからの出来事だといっていいとおもわれる。

これまでの各世紀には、それぞれに固有な地理学的な世界観があった。すでに兵役義務の年齢を過ぎた人達のなかには、かつて学校で教わった世界地図のなかでアフリカの内陸部がほとんど真っ白になっていたのをおもいだす人もあるだろう。けれども、その後に中央アフリカの探検が進んだ結果、昨年スマッツ将軍は王立地理学協会（the Royal Geographical Society）の席上で、ドイツがこの地方を前進の拠点にして世界を支配する野心をいだいている事実を暴露することができた。

ただ二〇世紀の地理学的な世界観がこれまでのすべてと異なっているのは、単に程度の問題だけではない。現在、地球の各部についてのわれわれの知識はすでにほぼ完全なものになりつつある。われわれは最近北極点に到達して、それが深い海のまんなかにあることを知り、また南極にも行ってみて、それが大陸の高原の上にあることを発見した。これら最新の発見によって、今われわれの先駆者達の記録は、ようやく完結に近づこうとしている。今後、新しい肥沃な国、重要な山脈、第一級の河川を探索するといっても、そうそう冒険に値するほどの成果は得られないだろう。のみならず、精密な世界地図が画かれるより先に、すでに地球上のあらゆる陸地には、政治的な占有権の要求が提出されている。つまりわれわれは史上で初めて、一種の完結した体系（a closed system）としての世界のなかで生きようとしているのだということを、ゆめゆめ忘れてはなるまい。

たとえば地球の表面のどの部分をとってみても、それらは気象的に、経済的に、軍事的に、また政治的に、たがいに関連している。過去の時代のように、すでに知られている事実が曖昧にされ、いつしか忘れ去られるといったことは、もうなくなった。政治的な国境を越えて領土を拡大をするゆとりも、またない。あらゆる衝撃的な事件、あらゆる災難、そしてまたあらゆる一見無駄な出来事は、今やことごとに地球の反対側にまでその余波をおよぼすばかりか、また反対にこちら側に跳ね返ってくる。一八八三年のクラカトア火山の爆発によって生じた空気の振動の波は、輪になって全地球上に広がり、反対側で収斂した後、またふたたびその発生源であるクラカトアの山上に集まったといわれる。人間のすることもみな同じで、これからはあらゆる世界にその影響が広がり、さらにその反響が自分のところに帰ってくる時代になるだろう。現に最近の戦争の例をみても、もし戦争が予想をこえて長びけば、相当な規模の国家という国家は、けっきょく巻きこまれないわけにいかないことがわかった。これが、なによりの例証である。

それにもかかわらず今日にいたるまで、なおわれわれの世界地理にたいする見方は、事実上、過去からの先入見によって支配されている。これは、いいかえればつまり、いまだに人類社会は本来の地理的な要因を無視して、かなりの程度まで歴史的、惰性的なつながりに執着しているということである。われわれが本物の、完全で、また客観的な二〇世紀的展望に立てるようになるまでには、かなりの努力を必要とする。このことを端的に教えてくれたのが、こんどの戦争である。しかしながら、なおかつわれわれ市民のなかの多くの者は、主として目前で活発な動きをしめしている西欧の社会だけを見つめ、一方その背景にかすむアジアの社会については、非常に縁遠いような感覚しかもたない傾向がある。まずは以上のような理由で、われわれが現在到達した歴史的な地位を知るために、その段階をさかのぼって概観してみることも、あながち無益ではないだろう。ここでまず紹介したいのが、過去の歴代の船乗り達が、いったいどういう眼でこの世界を見てきたか、という事実である。

＊＊＊

まず最初に、海抜数百フィートの高さにある、広大な黄褐色の砂漠地帯を頭のなかにえがいてみよう。そしてまた、この平らな砂漠の一部にある険しい岩のスロープをもった谷間のことを想像してみよう。その谷間の底には一条の黒い土があり、そのなかを銀色に光る航行可能な川の流れが静かに曲がりくねって、約数百マイルのあいだ北の方角に流れている。全体を通じてナイルという この川の部分は、アスワン

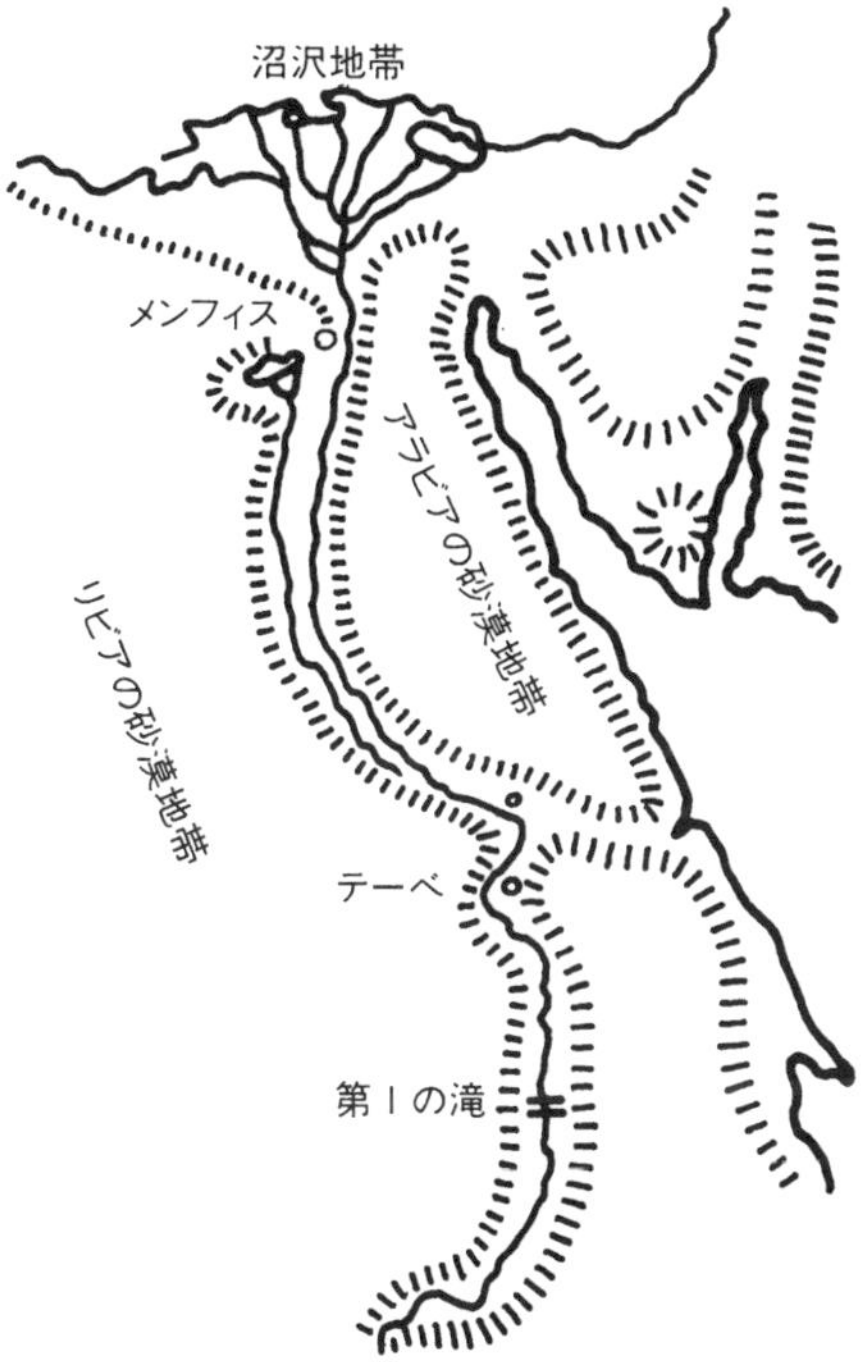

第Ｉ図――独立した単位としての河川文明の一例。

の花崗岩壁が航行を遮断する第一の滝からはじまり、そしてデルタの手前で水流が分かれるところまでつづく。この谷間を横切って片方の砂漠の端から他の砂漠の端までは、せいぜい一〇マイルか二〇マイルくらいで、鳥ならばさしずめ一気に飛んでしまう距離である。

現在、諸君は、その一方の砂漠を背にして、川岸に立っている。下には、足元から河床までゴツゴツした岩がつづいている。川の流れは夏は豊かにあふれ、そして冬が近づくにつれて木々の緑をうつす。春は、黄金の実りの季節である。川の反対側は、また岩壁で、そのむこう側には別の砂漠がある。その岩壁には、太古の時代に彫られた宮殿や墓穴があり、また、その突出部は古代エジプトの王や神々の雄大な似姿で飾られている。

この長大な谷間に古代エジプトの文明が花開いたのは、むろんそこにあらゆる物的な条件が競合して、人びとの労作を可能にしたからだった。豊かな水と肥沃な土、それに強烈な太陽のめぐみ——これで人間の生活が栄えぬはずはない。おまけに、国内のあらゆる地点から数マイルと離れていないところにスムーズな川の流れがあり、船はその流れにさからわなければ、自然と北にむかって行く。どうしても南に行きたいときは、いわゆる貿易風（Estesian winds or trade-winds）を利用すればよかった。豊かな自然と交通の便、マン・パワーとその組織を可能にするもろもろの条件——これらが王国の建設にとって欠くべからざる要素である。

われわれはエジプトの初期の時代について考えるとき、まずナイル川の谷間ぞいに多くの部族があって、それらがたがいに大きな軍船を集結して争ったありさまを、頭におもいうかべる。それはおそらく、近年われわれの時代になってから、コンゴ川流域の諸部族が戦い合った姿に近かっただろう。

けれども、そのうちやがて一つの部族が他の諸部族を平定して、谷間の支配領域を拡張し、そのマン・パワーを維持するためにさらに多くの物的な基盤を手にいれた結果、もっと征服を拡大する組織のための基礎づくりができあがった。そして最後にとうとう前にのべた谷間のすべてが一つの王朝のもとに統一され、全エジプトの王がテーベにその宮殿をいとなむようになった。彼らの行政管理者――通信使や代官等――は、ナイルの流れを利用して船に乗り、北にまた南に往来した。東西の両方角は、砂漠という天然の障壁によって、確実に侵略の手から守られていた。またさらに、その領土の北限にはナイル・デルタの周辺に沼沢のベルトがあって、海賊の侵入を防いでいた。(原注1)

ここでわれわれはさらに進んで、地中海とよばれる大海に眼をうつしてみることにしよう。その沿岸は、物的な基盤という点で、かなりエジプトに似た面をもっている。しかしながら、その規模はずっと雄大で、単なる一王国だけでなく、ゆうにローマの帝国を建設するに足りた。フェニキアの海岸から西方延々二〇〇〇マイルにわたってジブラルタル海峡にいたるまで、ずっと大きな水路がつづいている。のみならず、その両側には、冬の雨と陽光にめぐまれた肥沃な陸地がある。ただしナイルの川岸の住民と地中海周辺の諸民族のあいだには重要なちがいがあった。エジプトの全土をつうじて、人間のいとなみやその様式には、そう大きな変化がなく、あらゆる部族がそれぞれに農業と河川交通に不可欠な要員をかかえていた。ところが地中海の周辺の諸民族のあいだでは、いちじるしい職業の分化がみられ、あるものは農耕に従事したり、また近くの川を往来するだけで満足していたのにたいし、他のものはその主要なエネルギーを航海術《シーマンシップ》と外国貿易とにささげてきた。たとえば一方に定住して、穀物の生産に従事するエジプト人がいるかとおもえば、そのすぐ隣には、冒険好きなフェニキア人が暮らしている、といった状態である。それで地中海一帯の諸国を一つの政治的な単位にまとめあげるために、はるかに長期にわたる継続した努力を必要としたことはいうまでもない。

最近、歴史の研究によって明らかになったことの一つは、およそ古代の歴史に次々と登場してくるあらゆる航海民族が、ことごとくエーゲ海ないしは多島海――つまりかつてギリシャ人が主要な活躍をしたところ――とよばれるヨーロッパとアジアの中間の海域の出身だった、ということである。まだ〝異国人の島々〟でギリシャ語が普及していないころ、フェニキア人に通商航海の技術を教えたのも、どうやらやはりこのあたりの出身の船乗りだったらしい。エーゲ海を中心とするギリシャ世界の成立に先だって、クレタ島に文明の中心が存在したことが、神話の分析や最近の発掘作業の結果、明らかになったが、これはわれわれの現在のテーマと関連して、きわめて興味ふかい事実だといわなければなるまい。

クレタ島こそは、世界最初の海洋勢力――シー・パワーの根拠地であろうか？　その母港を出て北に旅する船乗り達は、右手に太陽の出る沿岸を見、また左手に太陽が沈むのを見ることになる。それで片方を〝アジア〟（出発、上昇を意味する）、他の方を〝ヨーロッパ〟（日没、日暮れを意味する）とよぶようになったのではないだろうか？　また現在ギリシャ人は沿岸の部分だけに住み、その内陸一帯は他の諸民族で占められている。その事の起こりは、クレタ島から出た海洋民族がエーゲ海一帯の海ふところをとりまく他の岸に定住したことにあるのではなかろうか？　いわゆる多島海（the Archipelago）には、あまり多くの島々があるので、それがそのまま群島を意味する地理学上の用語として定着したほどだ。この点、エジプトのデルタが下流の三角州を表現する用語になったのと似ている。しかしながらクレタは島のなかでも一番大きく、また産物にめぐまれている。ここに、シー・パワーの発達にとってはかなり大きな基地を必要とするということの、最初の例証がみとめられはしないだろうか？　海洋国家のマン・パワーは、どこか他の場所の豊富な資源でやしなわれるほかにない。したがって、もし祖国の安全とか国民の活力とかいう他の条件が同じであるならば、より多くの資源を左右できる国が、やがていずれは海を制するようになるとみていいだろう。

エーゲ海の発展の次の段階も、また同じようなことを教えている。北の山地から来たギリシャ語を話す騎馬民族が、現在ギリシャの本土を形成する半島に南下してきて定住し、先住民をその影響下においた。そしてこれらのギリシャ人達が、コリント地峡によってわずかに大陸につながっているペロポネソス半島という最後の突出部に進出したころから、彼らの本格的な海洋活動がはじまる。つまりギリシャ人の一部族であるドリア人が、この半島というかなり有力なベースに依存してシー・パワーを組織し、クレタ島を征服したわけだ。これは比較的小さいが、しかしながら完全に自足的な島国としての性格をもつ基地である。

それから何世紀かが過ぎた。が、そのあいだにギリシャ人達はペロポネソス半島の南端をまわってイオニア海に入り、さらにその沿岸の各地に、次々と植民地をつくった。こうして同半島は、ギリシャ人の海の世界の中核をなす城塞になった。エーゲ海とイオニア海という二つの海に面するギリシャの植民地群は、もとより後背地からの攻撃にさらされやすい海岸のほんのわずかな部分を占めていたにすぎなかった。しかしながら、その中心をなす半島だけは、あるていど安全だったわけである。ただし、それも絶対安全といえなかったことは、やがて後の経過がよく物語っている。

ギリシャ人と反対にエーゲ海の東側にやってきたのが、ペルシャ人だった。彼らもまた内陸から来て、海側からギリシャ人の諸都市にたいする攻撃にとりかかった。それでアテネの船隊は半島の根拠地から海を越えて、脅威された同胞にたいする支援活動にとりくんだ。ここで海上兵力《シー・パワー》と陸上兵力《ランド・パワー》とのあいだの対決が起こる。やがてペルシャ軍の海づたいの襲撃は、マラトンの戦闘で撃破され、その後ペルシャ側は海上兵力を欠いた陸上兵力に特有な、苦肉の作戦にうったえることになる。

クセルクセス大王にひきいられたペルシャの軍隊は、陸上を遠回りし、ダーダネルス海峡にボートの橋をかけて、北側から半島に侵入をくわだてた。これは蜂の群がパッと飛び立って敵を刺し、またサッと戻って行ってしまう――その元の巣をたたこうという魂胆である。だがペルシャの試みは失敗した。そしてギリシャの半島の付け根の部分に盤踞《ばんきょ》したのが、ギリシャ人と野蛮人の混血《あい》の子のマケドニア人だった。彼らは、やがてその南方にあったギリシャ人の海の基地群を征服し、次いでアジアに侵入し、シリアを経てエジプトに入り、その途中でテュロスにあるフェニキア人の本拠を滅ぼした。

このようにフェニキア人とギリシャ人という二大海洋民族がその勢力を失ったことによって、世界史におけるシー・パワーの歴史の最初の展開がその終わりを告げることになる。マケドニア人達は、以上の両民族から海の基地を奪ったことによって、東地中海を一種の閉鎖海（a closed sea）に仕立てあげた。そしてこれがすむと、彼らの大王アレクサンダーは安心してアジアの中央部にその兵馬を進めることができるようになった。一般にわれわれがシー・パワーについて語るとき、よくその機動性《モビリティー》とか、またその行動半径の長いことなどが長所としてとりあげられる。しかしながら、とどのつま

第2図——エーゲ海およびイオニア海周辺のギリシャ人の諸都市、ならびに彼らの半島およびクレタ島における基地との関連を図示する。同時に、アテネのシー・パワーを回避したクセルクセスの迂回行動の経路を示す。

りシー・パワーを活かして使えるようにするものは、よく整備された、また生産力にすぐれた、安全な基地である。ギリシャのシー・パワーは、エジプトの河川文明とほぼ同じような段階を経て発達し、また没落の途をたどった。たとえ海軍力の保護がなくても、海上の通商が安全に行なわれるばあいがある。それは、あらゆる沿岸地帯がたった一つの陸上勢力《ランド・パワー》によって占められたときである。

＊＊＊

さてこんどは、地中海の西部に眼をうつしてみよう。ローマは最初、一つの丘の上につくられた要塞都市としてはじまった。そして、その丘のふもとには橋が一つと、それに川ぞいの係船場があった。この丘と橋と港から成り立った町は、アペニン山脈と海のあいだにあるラティウム（広い土地または平野の意）地方で耕作を行なう農民達の小国家にとって、城塞であると同時に、また市場の役も兼ねていた。〃父〃のあだ名をもつテベレ川も、船舶交通の目的からすれば、ただのドブ川にすぎず、当時の標準をもってしても、かなり小さな航洋船舶でなければ航行できなかった。それで、これらの船は平野の中心部にわずか数マイル入ったところでストップした。それでも、これはローマにとってみれば、アルバノやエトルリアといった近隣の丘陵の上にある町々の勢力と対抗するのに充分なだけの利益をうむもとになった。ローマは、橋と内港をもっていた点で、ちょうどロンドンという都市の出発点とよく似ている。

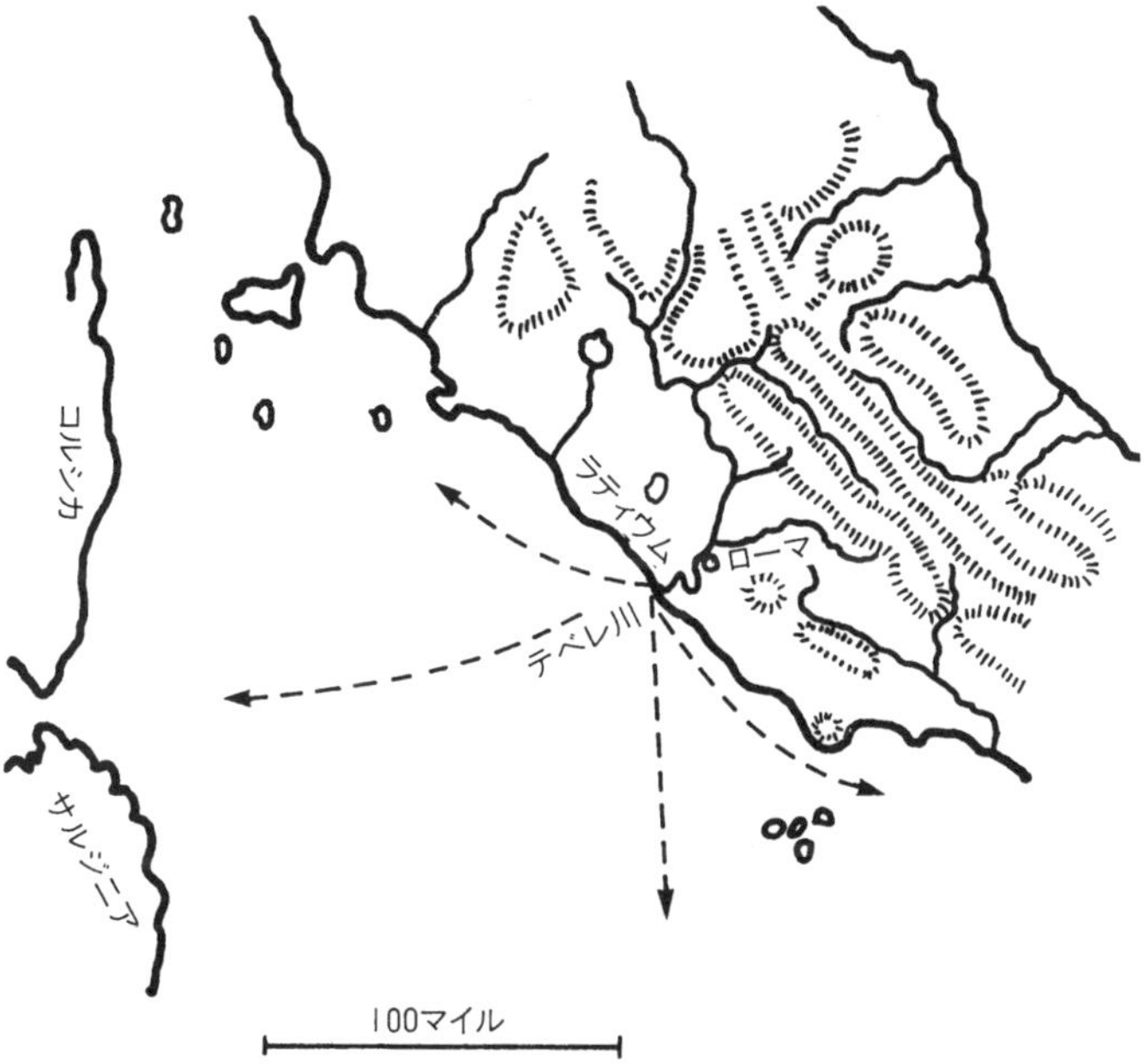

第3図――ラティウム、背景に生産力をもった海洋基地の一例

さて、ラティウムの生産力に依存するローマ人は、テベレ川を起点にして、西部地中海の沿岸各地との通商をはじめた。やがて彼らは、地中海の対岸の岬にあってメジェルダ溪谷の豊かな生産力に依拠するカルタゴの国家と激しく競合するようになった。それで第一次ポエニ戦争（紀元前二六五～二五六年）が行なわれ、これによってローマの海上優位の態勢が成り立つ。それからローマ人は、ルビコン川にいたるまでのイタリアの半島部をことごとく併合して、その勢力の基礎をひろげた。

第二次ポエニ戦争（紀元前二一八～二〇一年）において、カルタゴの陸将ハンニバルは、ローマのシー・パワーとの決戦を避け、陸路を迂回して目的を達することに努力した。これは、クセルクセスやアレクサンダーが彼らに敵対するシー・パワーにたいしてとったのと、まったく同じ戦法である。彼は、その陸兵を地中海の西側の狭い部分を越えてアフリカからスペインにはこび、それからガリア地方の南部を経てイタリアに攻めこんだ。しかし、ハンニバルは敗れて、ローマはガリアからスペインにいたる地中海の沿岸一帯を併合した。そしてさらに第三次ポエニ戦争（紀元前一四九～一四六年）でカルタゴそのものを征服したことにより、ついにローマは西部地中海一帯を〝閉鎖海《クローズド・シー》〟に仕立て上げてしまった。これはつまり、その沿岸のすべてがことごとく唯一のランド・パワーによって占められたことによるものである。

それでもなおローマには、地中海の東西の両水域を統一的な支配下におくという事業が残されていた。いうまでもなく地中海の西側と東側とは、シチリア海峡とメッシナ海峡によって、たがいにつながっている。ローマの軍団はマケドニアに侵入し、さらにアジアにむかってその歩をすすめた。けれども、ラテン化された西側とギリシャ文明の影響下にある東側との区別は、いまだになくなっていなかった。このことは、それぞれローマの西側と東側の執政官であったシーザーとアントニウスとのあいだの、内戦の経過をみてもあきらかである。

世界の歴史を決定した戦闘の一つとして名高いアクチウムの海戦（紀元前三一年）で、シーザーの配下の西側の艦隊は、アントニウスの東側の艦隊を撃破した。そしてそれから以後約五世紀のあいだ、地中海の全体がひとつの閉鎖海《クローズド・シー》になってしまった。その結果として、われわれは、おおむねロ

第4図——シー・パワーとの接触を避けた迂回作戦の典形的な例と同時に、地中海が〝閉鎖〟された経過を示す。

ーマをひとつのランド・パワーと考えるようになったわけである。事実、少数の警察のパトロール用舟艇を除けば、ローマは地中海の動脈ともいえるシーレーンを完全に確保する目的のために、まったく海軍力を必要としなくなった。これは、エジプトの国王達がナイル川の水流を支配したのと、ほとんど同じくらいの気楽さだったろう。これでまた、ランド・パワーがシー・パワーからその基地群を剝奪することによって、海上の覇権をめぐる一連の闘争に終止符をうつ、という歴史の一齣《ひとこま》が完了したわけだ。

もとよりその前には、アクチウムの海戦においてその最高潮に達した確執の時代があり、シーザーの艦隊は、最後に勝ったあらゆる艦隊が受ける特典——つまり完璧な制海権——を手にした。が、その後、その権利はついぞ海上で行使されることがなく、かわりに陸上兵力による沿岸の確保というかたちで、海の支配が行なわれるようになった。

＊＊＊

ローマが地中海の周辺における権力の配置を完了してから、かなり長い過渡的な時代がはじまる。そして、そのあいだに、後年の西欧文明世界による海洋発展の基礎がきわめて徐々ながらも築かれていった。その変化のもとになったのが、ほかならぬローマ帝国のつくりあげた道路網——これはむろん軍団の機動性を高めるためにつくられたものである——だった。

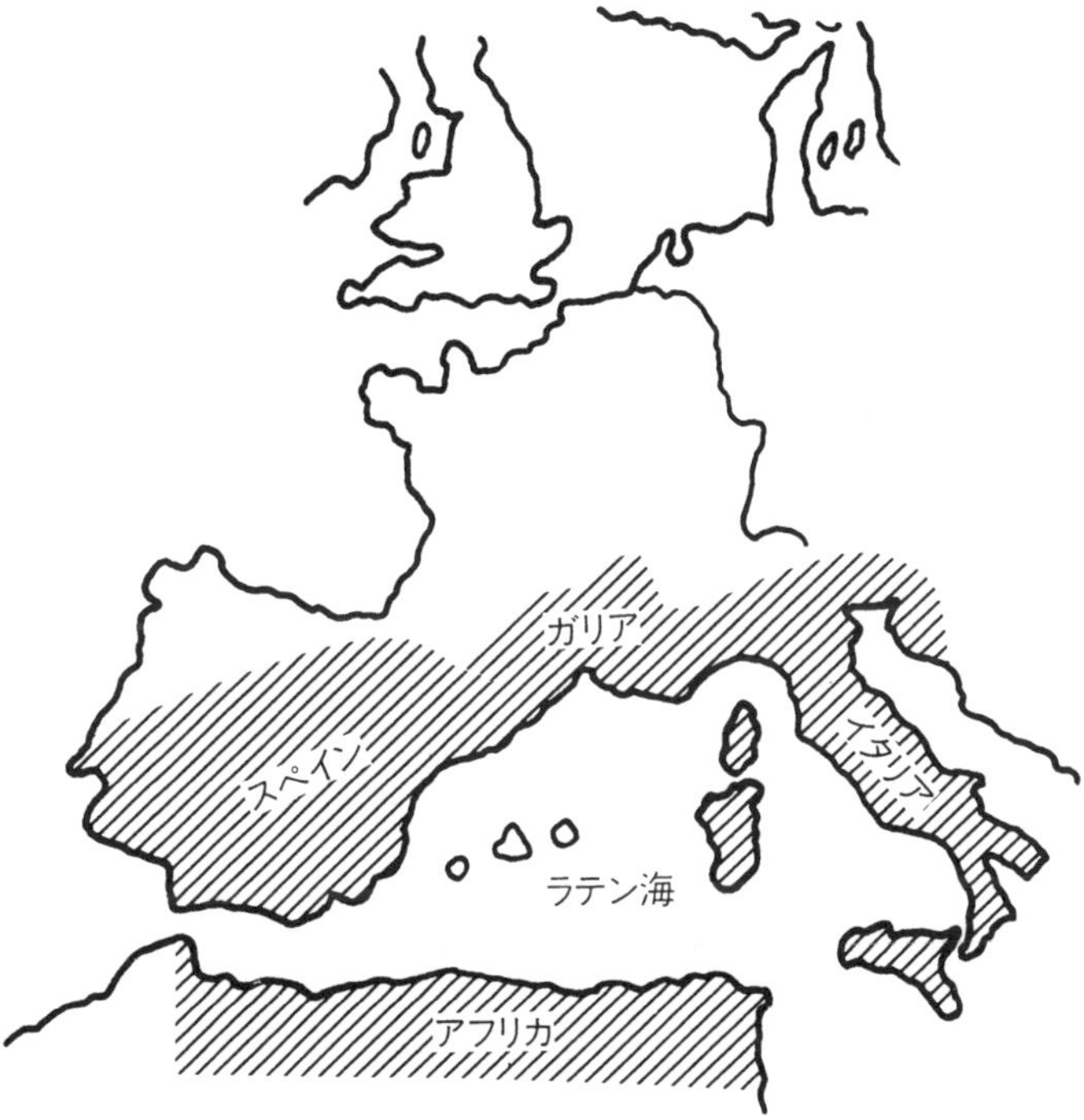

第5図――ラテン海の概念と同時に、ポエニ戦争後のローマの領土を示す。

三度目のポエニ戦争が終わった後、西部地中海はラテン語を話す四つの地方によって取り囲まれることになった。イタリア、南部ガリア、東部および南部スペインと、旧カルタゴ圏のアフリカとがそれだ。アフリカにおけるローマの勢力圏の外郭は、サハラ砂漠によって守られ、イタリアは、その背後にアドリア海という外濠《そとぼり》をもっていた。一方、ガリアとスペインの方面に目をやると、そこにはケルト族という、服従を好まない、ローマにとっては甚だ不愉快な隣人が住んでいた。

ここで、あらゆる帝国とい

う帝国におきまりのジレンマが起こる。出兵して、進んで脅威を取り除くべきか？　それとも国自体を要塞化して、敵をシャット・アウトするという方針をとるべきか？　しかしながら、後のばあいには、敵の勢力をそのままほうっておくことになる。

当時のローマ国民にはまだ元気があったから、先の方法がえらばれた。その結果としてローマ帝国の最前線とその道路網とは、スペインのサンビセンテ岬からライン川の河口にいたるまでの、延々一〇〇〇マイルにおよぶ海岸線にまで到達した。したがってローマ帝国のうちラテン系の部分は、地形的にみて二つの特徴をもつようになった。すなわちその一方には西部地中海、つまりラテン海（the Latin Sea）があり、また他の一方には、地中海と大西洋とによってかこまれたラテン半島（the Latin peninsula）があった、というわけだ（原注2）。

ジュリアス・シーザーはビスケー湾まで進出し、艦隊を整備して、その力で紀元前五六年にブルタトニュ地方のベネティ人（ケルト族の一種）の水軍を撃破した。ところが、ブリテン島に住むケルト族がなお海を越えてガリア地方に住む同族達に援助を送っていたので、彼は現在のイギリス海峡（the Channel）をわたり、そのブリテン島内部の基地に襲撃をくわえている。そして、それから約百年後にローマ人はブリテン島南部の比較的肥沃な地域をことごとく征服し、ガリア地方の海岸に新しいシー・パワーの発生する危険をとりのぞいた。このようにして、同海峡もまた同じランド・パワーが支配する〝閉鎖海〟の一つになった。

けれども、それから約四世紀後にローマ帝国のランド・パワーは衰退し、そのためラテン半島の両側の海はしだいに閉鎖海の特徴をなくしていった。やがて北欧のフィヨルドを根拠地とする海賊達

第6図――近代のロマンス系諸民族によって占められたラテン半島の概念図。

(the Norsemen) の活躍がはじまり、彼らの掠奪行はイギリス海峡をつうじ、さらにジブラルタル海峡をつうじて、地中海の各地にまでおよび、そのシー・パワーは全半島を包囲する勢いをしめした。彼らは、ブリテン島とシチリア島に前進基地を獲得し、さらにノルマンディー沿岸やイタリア半島の南部まで侵食した。

その上これとほぼ平行して、アラビア半島からはラクダに乗ったサラセン人が襲来し、ローマ帝国からカルタゴ、エジプト、シリア等の、地中海の南部にある諸地方をうばい取った。のみならず、さらに彼らはその後艦隊を海に浮かべて、シチリア島の一部とスペインの一部をそれぞれ割取し、これらを海外活動の基地とした。こうして、地中海はもはやローマ帝国の動脈ではなくなり、キリスト教世界とイスラム世界とを分ける最前線の外濠《そとぼり》に変化した。しかし、このころはまだサラセン系のシー・パワーのほうが優勢だったため、彼らは海をへだてて北側のスペインに地歩をたもつことができた。この点は、一時代前のローマ帝国が、そのシー・パワーの優勢によってカルタゴをおさえていたのと共通している。

そのためローマン・カトリック系のキリスト教世界は、約一〇〇〇年近くもラテン半島とその付属のブリテン島のなかに閉じこめられていた。

イベリア半島のサンビセンテ岬から東北の方角に向けてコペンハーゲンの周囲の諸海峡にいたるまで、直線にして測って約一五〇〇マイルの海岸線が延びている。同じくサンビセンテ岬から東の方に向けてコンスタンチノープルの諸海峡（ダーダネルスとボスポラスの両海峡）にいたるまで、同様に約一五〇〇マイルにわたる、凹凸の多い海岸線がある。さらに主な半島の付け根にある海峡のところをみると、前者においてはスカンジナビア、また後者においては小アジアという、小さな半島がそれぞれに突き出していて、このようにしてつくられた陸の関所のうしろがわには、バルト海および黒海という陸地にかこまれた海が存在している。

かりにもしブリテン島とイタリア半島とを相殺して考えれば、ラテン半島の主体は、その両側の末端までの距離において、ほぼ対称のかたちになる。したがって、もしも、ふつうのかたちをした十字架の頭部をドイツにおき、またその横木の先端がそれぞれ英国とイタリアに、さらにその脚部がスペインにくるようにおけば、十字架の中心は、ちょうどフランスの位置にくることになる。これがそっくりそのまま、中心をやや北に移動したかたちで、ローマ帝国の後継者として中世の教会王国を形成することになった五つの主要な国民をあらわしていた。

しかしながら一方東を向いて、ヨーロッパの半島的な性格を規定するバルト海および黒海の付近に眼をうつすと、この方面の輪郭には、必ずしも対称性がない。ことに大きく南に突き出したバルカン半島の先端が、さらに先細りになって、歴史的に由緒あるギリシャの小半島に終わっているのが眼につく。

もしもローマ帝国の拡張活動がライン川までにとどまらず、さらにその東まで征服のあゆみを進めていたとしたら、いったいどういうことが起こっていただろうか？　これは、非常に興味のある疑問だ。かりにもしラテン文明の名のもとにバルト海や黒海まで支配した強力なシー・パワーが、ヨーロッパの半島をその有力な根拠地にしたら、はたして全世界に号令する立場にならなかっただろうか——そんなおもいがふと胸に浮かんでくる。

しかしながら古典的なローマは、第一義的に地中海の勢力であって、半島の勢力ではなかった。ライン＝ダニューブの国境線は、その意味で地中海からの勢力侵透の限界をあらわすものであり、これと関連して半島的な政策の成否をあげつらうのは、必ずしも適切でないとおもわれる。

最初にヨーロッパをその半島内に圧縮する作用をともなったのは、バルト海および黒海における活動の再開だった。この北と南からくる圧力にたいして抵抗を組織化しないかぎり、キリスト教世界は抹消されてしまう恐れがあった。シャルルマーニュ（七六八〜八一四年、フランク国王。八〇〇〜八一四年、西ローマ皇帝。）がライン川をまたぐ

第７図――ラテン半島の頸部に位置するドイツと、ギリシャの半島の頸部に位置するマケドニアの位置関係を示す。

帝国を建設したのは、むろんその目的のためである。この帝国は、言語的にはラテン系とドイツ系とが半々に混ざっていたが、宗教的にはラテン系の教会で完全に統一されていた。

この帝国を基礎として、その後、十字軍が組織されたわけである。後世の船乗りの眼からみれば、もしも十字軍の行動が最終的に成功していたとしたら、それは地中海をふたたび〝閉鎖海《クローズド・シー》〟にするという重大な結果をもたらしたかもしれない、とも考えられる。

二世紀以上におよぶこの戦争活動は、二つの主なコースをとった。そのひとつは海路をとり、ベネチアまたはジェノバからシリア海岸のヤッファおよびアッカ（現在いずれもイスラエル領）にいたるものである。それからいまひとつの進軍のコースは、ハンガリーを経て、有名なモラバおよびマリーツァの両渓谷の〝回廊《コリドー》〟をたどり、さらにコンスタンチノープルと小アジア地方を経由してシリアに出た。

ドイツ国内の根拠地を出て陸路黒海の背後に出た十字軍主力の作戦行動と、マケドニアを基地にしたアレクサンダーの活動とのあいだの、対比の結果は明らかである。なかばラテン化されたドイツ人と、なかばギリシャ化されたマケドニア人とをくらべてみると、そこからいろいろな比較が引き出されるだろう――純血のギリシャ人は、マケドニア人をことごとく雑種あつかいにしていた。しかしながら、マケドニア人はギリシャの半島部の大きな付け根の部分に位置したために、ギリシャ人の海洋基地《シー・ベース》を征服できたわけである。同じようにドイツ人もまた、さらに大きなラテン半島の付け根に運動の拠点をもっていた。したがってその存在は、ライン川とアルプスのかなたにあるラテン半島の海洋諸基地にとって、絶えざる脅威の源泉になった。

このようにして、ふつう暗黒時代《ダーク・エイジズ》（西ローマ帝国の滅亡から十字軍時代ないし文芸復興の時代までをさす。）といわれる長い中世の冬のあいだをつうじて、ラテン文明の世界に属する人びとは心身ともに鍛え上げられてきた。彼らは、絶えずその故国において回教徒の攻囲に悩まされたが、何回かにわたる十字軍の突出のこころみも、けっきょくは完全にその囲みを突きやぶるまでにいたらなかった。ただやっと一五世紀になって、海洋における冒険敢行の機が熟し、これによってヨーロッパ人がついに世界の覇者となる途が開かれたのである。

ここでしばらく一休みして、ヨーロッパ人といわれる人類の一部がなぜ近代社会のリーダーになったかという、その勇気と持久の精神がはぐくまれた特異な環境を考察してみることも、また一興だろう。地図の上でみると、ヨーロッパというのは、アジアとアフリカをふくむ大きな島の、ほんの一隅にすぎない。しかも正当な意味におけるヨーロッパ人の揺籃の地は、さらにその約半分——つまりラテン半島およびその付属の半島、ならびにその周辺にむらがった島々——だけである。その南はラクダの背中に乗って三ヵ月も揺られていなければわたれないような、広い大きな砂漠によってさえぎられていた。これがまた、白人の世界と黒人の世界とをへだてる大きな仕切りにもなっていた。その西には、ゆくえのさだかでない大海が横たわり、また北のほうは氷の海で閉ざされていた。さらに東北の方角には、針葉樹の森林地帯が無限につづいていた。のみならず、この方面の諸河川は、氷に閉ざされた北極の河口に注ぐか、さもなければカスピ海のような内陸の海に注ぐだけで、およそ航海のできる海とは無縁な存在だった。ただ南東の方向にだけは、外界に出入できるオアシスつきのルートがあったが、しかしながら、これも七世紀から一九世紀にいたるまでのあいだ、アラブ人とトルコ人の手によって、ほぼ完全にふさがれていた。

いずれにしても、ヨーロッパ人の東方海上ルートが、ずっとスエズ地峡によってインド洋から遮断

第8図――ヨーロッパの船乗り達による河川または沿岸交通の限界を示す。ヨーロッパの全陸地面積は、地球の表面積のわずか2%以下に過ぎず、ここは中世キリスト教徒にとって牢獄だったが、同時に近代キリスト教徒にとっては海洋発展の基地となった。

されていた事実だけは変わりがない。したがって内陸の人間は、あるいはヨーロッパとアジアとの連続性を信じていたかもしれない。けれども、船乗りの感覚からすれば、ヨーロッパは、きわめてはっきりした独自な概念だった。事実、それは他と隔絶した意識の世界だった。そのなかには大きな自然の豊かさがあり、さらに水路という天然の恩恵を利用して、さまざまな国民がまるで家族のようにたがいに行き来していた。

そのころはまだ河川と海上交通のあいだに厳密な区別はなく、遠洋に出られない小さな船舶は、川と海とに自由に出たりはいったり、また川の流れを行くのと同じ気楽さで海岸の近くを往来していた。ことにローマ帝国の道路網が荒廃して、道路事情が比較的劣悪だった時代には、これらの船舶は、しばしば現在交通の上からまったく忘れられている川の水源近くまで、ずっとさかのぼって商売をしていた。

中世時代のヨーロッパは、外部の〝蛮族〟による攻囲にさらされたが、当時のヨーロッパ人は、少なくとも二つの点で幸運にめぐまれていた。第一に、中央アジアから襲来した遊牧民族は、けっして無尽蔵なマン・パワーをもっていたわけではなかった。というのも、彼らはもともと乾燥地帯または半乾燥地帯の砂漠または大草原《ステップ》の出であり、おおむね小さなオアシスのほかに、拠《よ》るべき生活の基盤をもたなかったからである。

それから第二に、ラテン半島の海側におけるバイキングの脅威も、またとりたてていうほどに大きなものではなかった。彼らが異教徒でいたあいだは、その性質は獰猛《どうもう》で残酷だった。けれども、その根拠地にしていたフィヨルドの谷間は、遊牧民族のオアシスよりさらに手狭《てぜま》で、また貧寒な土地でしかなかった。その上さらに、彼らがかろうじて定着した場所――イングランド、ノルマンディー、シチリア島やロシアなど――においては、その少数の仲間はたちまち旧来の土着の人口のなかに吸収されてしまった。

まずはざっと以上のような理由で、ヨーロッパは、その防衛力のすべてをあげて、南東の方角から襲来する敵の脅威にあたることができたわけである。それにまたヨーロッパの文明がしだいにその軌道に乗るにつれて、海洋の正面に勢力をさくゆとりが生じた。それで、やがてベネチアとオーストリアの力だけでも、ゆうにトルコ人を相手にして戦えるまでになった。

北欧のヴァイキング達は、グリーンランドにむかって氷海を突破しようと試みたが、ほとんどみるべき成果がなかった。これに反して南欧のポルトガル人は、アフリカの沿岸をまわって、インド諸国（インド、インドシナ、東インド諸島およびその周辺地域の総称）に行く海上のルートを発見することをくわだてた。この冒険にハッパをかけたヘンリー航海王（一三九四～一四六〇年、ポルトガルの王子で、サグレスに航海学校をつくり、当時の航海術を集成した。ポルトガル名は、エンリケ。）には、英国人とポルトガル人の血がまざっていた。コロンブスをはじめ、その生涯の大半をヨーロッパ沿岸の航海についやした船乗り達――彼らは、ことにベネチアと英国のあいだを往来した者が多かった――は、ジブラルタル海峡を出てから南下する探検航海の実施を、なぜあれほど長いことためらっていたのだろうか。これは、最初ちょっと考えると、じつに不思議におもわれる。が、もっと不思議な感じを起こさせるのは、彼らがアフリカ大陸の輪郭を知ろうとして、ほとんど毎年のように航海の実験をくりかえすようになってから、ヴァスコ・ダ・ガマがインド洋に出る一四九八年までに、いったいなぜ半世紀以上もの時間をついやしたのだろうか、という点である。その困難のほとんどは物理的なものだった。カナリア諸島の緯度からケープベルデの付近にいたるまで、約一〇〇〇マイルにわたるアフリカの西岸は、じっさいに炎熱の砂漠の連続である。そこでは乾いた貿易風が、陸から海にむかって、間断なく吹きつづけている。したがって、この安定した微風に乗って南に航海をつづけることは、比較的やさしかったかもしれない。しかしながら帰りの航海となると、おのずから事情が別である。ことに近代的なクリッパー型帆船のように詰め開きで航行できず、また横風を受けて広い沖合に出ることも極力避けようとした当時の船としては、さしあたりタッキングをくりかえしながら、沿岸近くをのろのろと航海して家路をたどるほかはなかっただろう。が、いかんせんアフリカの沿岸には、新鮮な食糧や真水を補給できる場所がどこにもなかった。むろん、これはまだ壊血病への対策が何も発見されていなかった時代の話である。

けれどもポルトガル人がひとたびインド洋への海上ルートを発見すると、彼らはたちまちにしてアラビアのダウ（一本マストの帆船）の抵抗をはねのけてしまった。いわば、彼らは敵を背後から襲うかたちになったわけである。かつてクセルクセス、アレクサンダー、ハンニバル、それに十字軍の戦士達は、みな海を避けて陸の道を進んだ。しかし、ヨーロッパ人はまさにその逆をいって、陸を迂回して海の道をえらんだわけだ。

それから一八六九年にスエズ運河が開かれるまで、喜望峰をまわって航海するヨーロッパの船の数はずっとふえつづけ、その航跡の北限は遠く極東の中国や日本にまでおよんだ。これまでにアジア大陸の北側を通過することに成功した船は、スウェーデンの学者貴族N・A・E・ノーデンショールドが探検に使った「ヴェーガ」（北極海むけの捕鯨船としてつくられた船で、三五七総トン。なお右の航海は、一八七八〜九年のあいだに行なわれた。）という、たった一隻だけだ

第９図――世界の岬

った。が、それは際限のない危険とたたかい、しかも二年という歳月をついやした上での話である。それに、その帰りの航海には、スエズ運河を通ることができたから、したがってユーラシア＝アフリカ大陸の全周航海はけっきょくやっていないことになる。のみならず、陸路によるインド諸国への旅行も、単なる冒険的な試みを例外とすれば、一九世紀になるまで、かつて真剣にくわだてられたことがなかった。

事実、インド以東の諸国との貿易は、大陸沿岸の航海によって行なわれた。むろん最初それは、かなりの勇気と大胆さを必要とするしごとだった。それには、さしあたり南に向かって大きな陸地をまわらなければならぬ。その片側はヨーロッパとアフリカであり、またその反対の側にはアフリカとアジアがつづいている。したがってインド以東の諸国との取り引きという観点からいえば、世界は英国と日本とのあいだに南にむかって突き出している。巨大な岬と考えてさしつかえなかった。

そして、この世界の岬（the World-Promontory）は、かつてギリシャの半島やラテン半島がそうだったように、シー・パワーによって取り囲まれていた。ということは、つまり、その沿岸のあらゆる箇所が海上貿易に開かれていると同時に、また海からの攻撃の可能性を秘めていることを意味した。

船乗り達がその貿易の中継基地として、また戦術上の拠点として、大陸の沖合にある小さな島々とか、あるいは小さな半島などをえらぶようになったのは自然の勢である。モンバサ、ボンベイ、シンガポール、香港、さらに喜望峰やアデンなどが、それらの例としてあげられよう。これらはつまり、彼らのための避難場所として、あるいはまた武器や食糧の貯蔵所として重きをなしたわけである。

　それからさらに彼らの勢力が強くなると、こんどは一歩進んで、カルカッタや上海のような大河川の入り口に、彼らの商業都市を建設するようになった。その目的はいうまでもなく、もっと人口の多い生産力のある奥地にむけて市場を拡大することにあった。このようにしてヨーロッパの海商達は約四世紀のあいだ、そのすぐれた機動力に物をいわせて、アフリカやアジアの〃おか者《ランズメン》〃達をおさえつけてきたのである。

　やがてイスラムの勢力が相対的に弱化するにつれて、キリスト教世界にたいする当面の危機は去った。けれども、これが暗黒時代の終わりを意味するとともに、また中世ヨーロッパの分裂をうながす一つの理由になったことも疑われない。すでに一四九三年には時のローマ法王（アレクサンダー一世）の仲介によって、スペイン、ポルトガル両国の船乗りのあいだの争いを防止するために、地球の極と極とをむすぶ例の有名な境界線(訳者注1)が引かれている。そして、この分裂の結果うまれたのが、ポルトガル、スペイン、フランス、オランダおよび英国という五つの新しい海洋国家だった。また、これによってヨーロッパ＝キリスト教世界の統一を夢みた十字軍の理想もむなしく消え去った。

　以上にみられる通り、シー・パワーの古代から近代的状況にいたるまでの過渡的期間は、約一〇〇〇年にわたってつづいている。が、今その結果をみるにつけても、ギリシャの半島の運命をラテン半島のばあいと比較対照してみたい誘惑に駆られないわけにいかない。半島国のギリシャと島国クレタとの関係は、まさにラテン半島と英国との関係を暗示している。かつてドリア人の時代に、半島の豊かな資源がクレタ島を征服するために利用された。が、やがて時がたつにしたがって、スパルタとアテネの相克のために、半島を海洋活動の基地として充分に利用できない状態が生じた。

これと同様に、かつて英国という島国は大陸の半島からきたローマの軍勢によって征服され、その領土を占領された体験をもっている。しかしながら中世の末期ごろになると、ラテン半島には、いくつかのたがいに対抗する海洋勢力があらわれ、しかもそのいずれもが背後のランド・パワーの襲撃にさらされていた点で、前記のアテネとスパルタとがマケドニアの侵入の脅威を感じていた点とよく似ている。そして、これらの新興海洋勢力のうち、ただベネチア一国だけがイスラムに立ち向かったが、残りの諸国はたがいに海洋の制覇をめぐってあらそいに明け暮れた結果、英国という比較的小さな島国が最後に漁夫の利を得る結果となったわけである。その後、ラテン半島には、ついぞ統一されたシー・パワーが現れなかったため、英国はかえって逆に同半島を包囲するだけの実力を身につけるようになった。

大英国島《グレイト・ブリテン》のなかでも、一八世紀になるまでは、本当の統一がなかったことはたしかである。けれども英国の地形は、いついかなる時代にも常に島の南部に住むイングランド人にとって有利なようにできていた。これは、スコットランド人やウェールズ人が彼らの敵であった時でも、また味方であった時でも、変わりがない。ノルマン王朝の時代から石炭を基礎とする近代産業の時代にいたるまで、英国民の構成は、きわだって特徴的に単純だった。後日、スコットランドやアイルランドの歴史がそれぞれ自己主張をはじめてから、話がかなりもつれてややこしくなったが、それまでの英国史が常に一篇の叙事詩のように感じられるのはまさにそのためである。

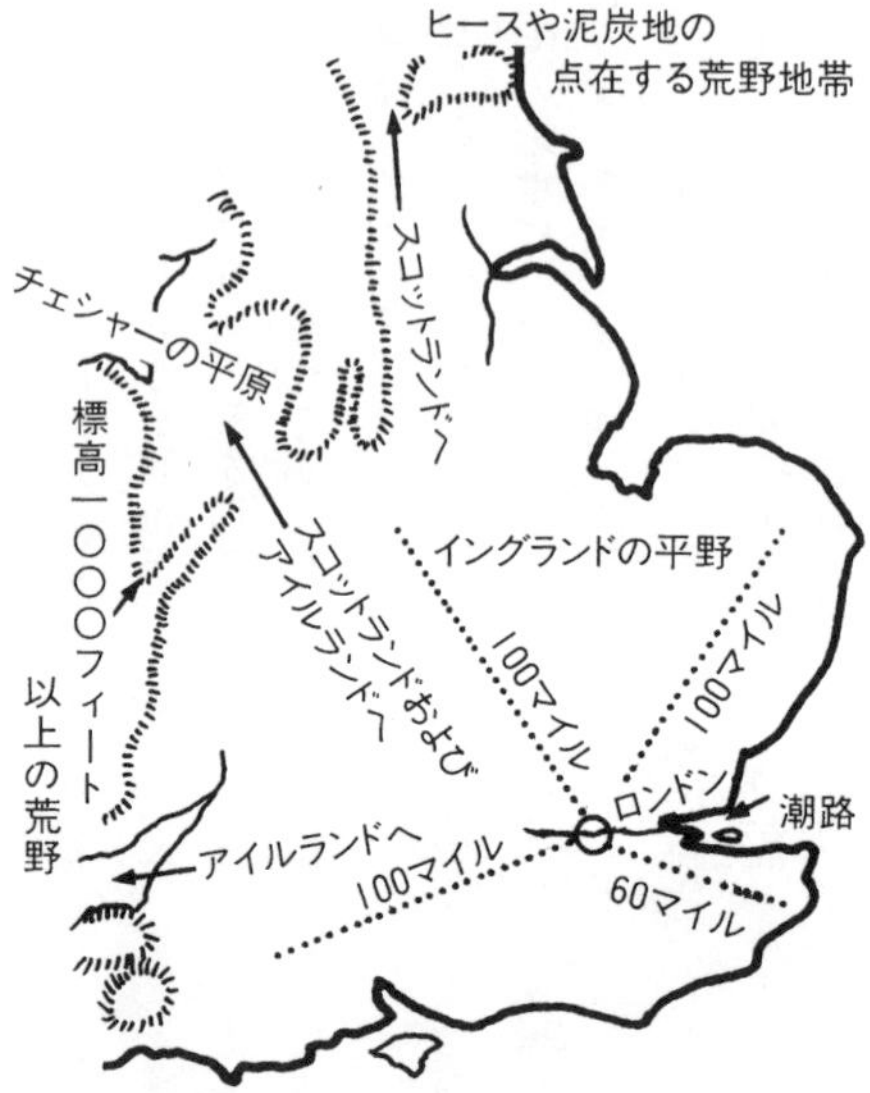

第10図――すぐれた海洋活動の基地になったイングランド平野。

西と北を山岳によってかこまれ、また東と南を海によってかこまれた一連の肥沃な平野が、そこに横たわっている。そこには素朴な農民が住み、一人の王が居り、一つの議会があり、干満のある一つの川があり、また中央市場と港湾の機能を兼ねた一つの大都市があった。そしてスペインの大艦隊《アルマーダ》がイギリス海峡に侵入したその夜、プリマスの丘のいただきからベリック・オン・トゥイードにいたるまで、敵襲を告げる信号ののろしが輝きわたった。これがエリザベス一世時代の英国の光景である。その規模をやや小さくして考えれば、これはローマ帝国の発端のケースにそっくりそのままあてはまる。ラティウムの平野とテベレ川、ローマの町と元老院、それによく統一され、また実行力に富んだローマの市民達――と、なんとよく似ているではないか。

英国のシー・パワーの歴史的な根源は、じつはここに求められる。その平野は肥沃なばかりでなく、同時に大陸からかけはなれていた。また後の時代になると、これにさらに平野の周辺で産出される石炭と鉄の力がくわわった。英国海軍のホワイト・エンサインがその守護神であるセント・ジョージの十字架をかかげて、その主力の所在を誇示しているのも、またいわれのないことではない。

およそ過去三世紀の英国の歴史を学べば、シー・パワーのすべての特徴がわかるといっても、けっして過言ではないだろう。けれども、他の一切に先立つものは、そのホーム・ベースとしての平野がもつ豊かな、また確実な生産力である。われわれは、これまでずっと、「イギリス海峡の守りにたいして、神に感謝をささげるべきだ」と教えられてきた。が、一九一八年という危機の年にあたって、この稔り豊かなイングランドの平野をずっとながめわたしたとき、私は海洋民族としての英国民は、同時にこの豊饒な国土にも感謝をすべきではないか、とつくづく痛感したしだいである。

過去三世紀のあいだに、対岸の大陸の正面から英国のシー・パワーを打破しようとする試みが、四回にわたって繰り返された。その一度目はスペインから、二度目はオランダから、そして残りの二回はフランスからだった。が、最後にトラファルガーの勝利（一八〇五年）を契機として、英国はジブラルタル、マルタおよびヘリゴランドに傘下の基地をもつことにより、完全にラテン半島を包囲する態勢になった。もとより、私掠船《ブライヴァテイア》の跳梁が絶えたわけではない。が、それいらい大陸の海岸線が事実上英国の国境線になり、英国は多くの苦労なしに次の海上の対決にそなえることができた。われわれがスペインの〝半島〟作戦を計算し、また軍事同盟の相手を支援するためにオランダに陸兵を上陸させることができるようになったのも、むろんそのためである。のみならず、当時の英国はヴァールケレン（オランダ）やコルーニャ（スペイン）から軍隊を引き抜いて、一九一五年のガリポリ作戦の予行演習みたいなことまでやってのけた。

こうしてナポレオン戦争が終わったとき、すでに国際的にみて英国のシー・パワーに挑戦できる者はほとんどなく、英国から世界の岬の突端にある喜望峰を経て日本にいたるまでの海上ルートは、ことごとくその支配下にはいった。したがって、この海上をはしる商船は大英帝国の領土の一部であり、また諸外国に投下された資本は英国の資産の一部として、ロンドンの金融街《シティー》の支配を受け、その世界にわたるシー・パワーの維持に役立てられた。これは、まことに誇り高く、また稔り多い地位であり、とりわけビクトリア朝中期の人びとにとっては、島国である英国が海洋を支配するのはとどのつまり大自然の秩序の一部ではないかと考えられたほど、その立場は確固不動のものにおもわれていた。ほかの世界の人びとのあいだで、英国人の評判があまりかんばしくなかったのも無理はない。それは、イギリス海峡の背後にある英国の地理的な位置が、英国人に不当な利益をあたえているかのようにおもわれたからだ。しかしながら、軍艦は山を航海するわけにいかない。それにわれわれは、プランタジェネット朝の時代に行なわれた対仏戦争からこのかた、ヨーロッパ大陸に永久的な領土を取得することをキッパリとあきらめている。したがって、もし将来の歴史家が一九世紀時代の英国について判断をくだすときは、せいぜい学校の生徒が校長にむかっていう、「要するにガンコオヤジだ。が、ただそれだけだ」という表現の程度にとどめておいてもらえれば、幸いだとおもっている。

英国のシー・パワーの最大の成果は、おそらく大戦に先立つ数十年間の、インド洋におけるその地位のなかにしめされている。英国のインドにおける統治権《ラージ》は、むろん海上からの支援に依存していた。が、喜望峰からインドおよび豪州にいたるまでの海上には、通常一隻の英国の戦艦はおろか、一等巡洋艦の影すらも見えなかった。ということは、つまりインド洋が事実上一種の〝閉鎖海《クローズド・シー》〟になっていたことを意味する。英国は、その海岸線の多くを占有し、また〝保護《プロテクト》〟していた。そしてその海域の外側は、たとえばオランダ領東インド諸島のような島々か、ないしはポルトガル領のモザンビークやドイツ領の東アフリカなどのような、たとい大陸には属しても当時の交通条件では陸地からめったに近寄ることのできない領土によって取り囲まれていた。そのために、わずかにペルシャ湾だけを例外にすれば、他のシー・パワーにとって安全保障と資源上の要求を両方とも満たす有力な基地を設定できる場所がないため、ライバルの発生する余地すらもなかった。それで英国は、ペルシャ湾のペルシャ側にも、またトルコ側（当時アラビア半島は、まだトルコの主権下にあった。）にも基地をつくらないことを、既定の方針として宣言していた。外面的にみるかぎり、ローマ時代の閉鎖海としての地中海と一九世紀の閉鎖海としてのインド洋のあいだにはいちじるしい類似性がある。すなわち前者にあってはローマの軍団がライン川の境界に配置され、また、後者においてはインドの北西国境部に英国の陸軍が配置されていた。ただし両者のちがいは、地中海の閉鎖がローマ軍団の力に依存していたのにたいし、インド洋ならびにその周辺海域の〝閉鎖〟は、もっぱら本国を基地とするシー・パワー自体の長距離の行動力をあてにしていた、という点である。

***

以上、非常な駆け足でシー・パワーの歴史的なうつりかわりを追ってきたが、まだいずれか一ヵ国による全海洋の独占支配という、おなじみのテーマについては、わざと触れようとしなかった。海は切れ目がなくつづいているし、フネはどこへでも行けるというきわめて簡単な理由から、今では海上における決戦の結果がただちに広範な影響をもつということを、誰でもが知っている。シーザーがアクチウムでアントニウスを打ち負かしてから、シーザーの威令は地中海のあらゆる岸で、ただちに行なわれるようになった。また英国は、トラファルガーで決定的な勝利を得たのち、あらゆる敵の艦隊の動きを制して、その好むところに陸兵をはこんだり、動かしたり、また外国の物資を補給の目的のために自国に輸送したり、その他あらゆることを好むままにできるようになった。とりわけ海に正面をもつ敵性の国家にたいしては、そのシー・パワーを外交交渉の圧力として利用することも可能であった。

それもさることながら、しかし、われわれがこれまで論じてきたのはむしろシー・パワーのベースの問題であり、さらにはこれとランド・パワーとの関連についてだった。大局的な観点からすれば、これらは最も重要なことがらである。話をもとにもどせば、エジプトはカヌーの艦隊をナイル川に浮かべていたが、その流域一体を自足的な閉鎖社会に仕立て上げたものは、エジプト全土をつうじてその根拠地を支配していたランド・パワーだった。が、これに反してクレタ島の基地は、さらに大きなギリシャの半島の基地によって征服された。他方マケドニアのランド・パワーは、ギリシャ人およびフェニキア人から一方的に彼らの基地をうばうことによって、これらの国々の軍艦が東部地中海に出入できないようにしてしまった。ハンニバルは陸路をたどって、イタリア半島にあるローマのシー・パワーの基地をたたこうとしたけれども、これはけっきょく陸上の勝利によって救われている。シーザーはまた海上での勝利をつうじて全地中海の支配権を得、その後のローマは、陸の国境を守ることによって地中海における覇者の地位をたもつことになった。

中世ヨーロッパのキリスト教社会は、ラテン半島に依拠して、もっぱら海側の守りにつとめた。が、さらに近代になると、同半島のなかにたがいに対抗する国家群が成長し、これらの諸国は、それぞれのシー・パワーに基地を提供できるようになった。けれども、そのすべてが陸上からの攻撃に対処することを迫られていたため、けっきょく、海上の覇権は英国という小さな島国に移ってしまったわけだ。ただ幸いなことに、この島国には豊かな土地と石炭の宝庫があった。それで、その基礎の上につくられたシー・パワーを利用して、冒険好きな英国人は、膨大な植民地や保護領から成り立つ帝国を築きあげ、ここに人口を疎開したり、またこれらと物資の交流を行なうようになっていった。のみならず英国は、さらにその海上輸送の能力をフルに使って、インドやエジプトにおける地域的なランド・パワーを維持することもできた。

このように英国のシー・パワーの成果があまりに印象的であったために、人びとはとかく歴史の警告を忘れ、海が一続きであるという理由から、一般にシー・パワーをもって、ランド・パワーに対抗する際の最後の切り札を考える習慣になったようにおもわれる。

＊＊＊

事実、これまでの歴史をかえりみても、今回の戦争（第一次大戦）とこれに先立つ諸事件とをつうじて、シー・パワーがこれほど重要な役割をはたした例はかつてなかった。これらの諸事件というのは、約二〇年ほど前から英国の艦隊が、それこそ一度も砲火をまじえることなく、三回にわたる大勝利を獲得したことをさしている。

その最初のばあいの舞台は太平洋で、場所はマニラ（一八九八年）だった。このときドイツの艦隊は、アメリカ軍に敗けたスペインの艦隊を保護するために、介入をくわだてた。けれども英国の艦隊がアメリカの艦隊の側についたため、けっきょくは不発に終わったといういきさつがある。あえてこの一つの事件の意義を強調するまでもなく、これは米西戦争当時の国際的な力関係の典型的なあらわれであったとみることができる。この戦争によって、アメリカは大西洋と太平洋の両方に海外の領土を取得することができ、さらにパナマ運河の建設という事業に正式に乗り出すことができた。これは、島国としての地位を活かして、その軍艦を自由に移動させる目的上、ぜひとも必要なことだった。したがって、まず英米両国民の心の和解をはかる最初の措置として、上記のような行動がとられたわけである。その上さらにモンロー主義は、南アメリカまでカバーしようとしていた。

英国の艦隊の第二の勝利のケースは、南ア戦争（一八九九～一九〇二年）の際における制海権の確保である。これは、英国のインドにおける統治を維持するために決定的に重要だった。第三のケースは、むろん日露戦争（一九〇四～五年）で、このとき、英国の海軍はあらゆる海上の動きを監視して、日本の艦隊の勝利をはかった。さらに、この戦争は中国の門戸開放のためにも役立った。

以上の三つのケースをつうじて、もし英国の艦隊の介入がなければ、おそらく世界の歴史はずっとちがったものになっていただろう。にもかかわらずというか、あるいはむしろその結果として、ドイツはあいつぐ艦隊法《フロッテンゲゼッツ》の改正をつうじて海軍力の大拡張を行なったため、英国は対抗上、極東の水域と地中海とから艦隊兵力を撤収しなければならないことになり、前者においては日本のシー・パワーと、そして後者においてはフランスの海軍と、それぞれたがいに提携するほかにない状況下におかれた。

世界戦争は、これまでのしきたり通りの手続きで開始されたが、やっと一九一七年になって、これまでとまったくちがう新しい局面が展開しはじめた。英国の艦隊は、すでにその作戦の初動の段階で制海権を確保し、フランスの艦隊の協力を得て全ヨーロッパ大陸を包囲することにより、戦場をもっぱら同大陸に限定する役割をはたした。ドイツの植民地にいた軍艦は孤立させられ、ドイツの商船隊は海上から追っぱらわれて、英国の派遣軍は一人の兵隊も一匹の馬も失うことなしに、イギリス海峡を越えて輸送された。英国とフランスの海外からの補給も、また無事に行なわれた。つまり簡単にいえば、英国とフランスの領土が戦争の目的上ひとつながりになって、その共通の国境がドイツの砲弾のとどく波打際まで押し進められたわけである。そのためにフランスの県《デパルトマン》のいくつかを犠牲にするという、一時的な苦痛をしのばなければならなかったことは事実だ。しかしながら、これによって得られた利益は、まさにかけがえのないものだったといえる。もしマルヌの戦闘(一九一四年九月)の直後にヨーロッパの戦勢図を書いたとしたら、英仏両国の前線は、たぶんノルウェー、デンマーク、ドイツ、オランダならびにベルギーの海岸線――ただし中立国のばあいは、三カイリの領海分をのぞく――に沿って走り、それからベルギーおよびフランス内部の曲がりくねった線を経て、スイス国境のジュラまで達していたことになるだろう。そして、この境の西側では、英仏両国が海に陸に自由な共同行動をとることができた。九ヵ月後にはイタリアが連合国側に立って戦争に参加したが、それができたのも、主としてイタリアの諸港が連合国側のシー・パワーのおかげで、自由に使える状態にあったからだった。

一方、東部の戦線でもまた、あいかわらず旧態依然たる戦闘が行なわれていた。こちらではランド・パワーが二つの陣営に分かれて争っていたが、その一方は帝政ロシアという異質的な分子をふくんでいたにもかかわらず、これが西側デモクラシーのシー・パワーと同盟していた。一般的にいって、これは一世紀前の勢力配置の繰り返しにすぎない。すなわちこのとき英国のシー・パワーは、イベリア半島のポルトガル人とスペイン人とを支持し、また東欧のランド・パワーに属する専制政体の諸国と同盟関係をむすんでいた。これによってナポレオンは、今日われわれのことばでいう西部戦線と東部戦線の両方で、同時に戦うことを強いられたわけだ。

しかしながら一九一七年になってから、重大な変化が起こった。それはいうまでもなく、アメリカ合衆国の参戦と帝政ロシアの崩壊である。帝政の没落とともに、ロシアの戦力もまた失われた。が、このことは当然、われわれの世界戦略の全面的な変更につながらないわけにいかなかった。少なくとも、その後われわれは同盟国の一員の感情を傷つけることなしに、世界全体をデモクラシーの安全な住家とするために戦うことを宣言できるようになった。

理想は、それでいい。が、同時に新しい現実を直視することも、またこれに劣らず必要だ。最近、戦争はその終末的な段階にはいり、今やランド・パワーとシー・パワーとが四つに組んで決闘の様相をしめしている。そしてシー・パワーのほうがランド・パワーをその攻囲下においている状況だ。これまでのところ、われわれは勝ち進んできた。しかしながら、もしドイツのほうが勝っていたら、ドイツはきっと空前絶後の大規模なシー・パワーの基地を建設することを志したにちがいない。しかも、それは想像を絶した大きなものになる恐れがある。というのも、現在すでにヨーロッパ、アジアおよびアフリカの三大陸は、理論上ひとつながりであるだけでなく、事実においてもまた一つの島になってしまっているからである。ここで改めて、われわれは今後これを世界島《ワールド・アイランド》とよぶことをたがいに確認しておこう。

これまでの船乗りの感覚からすれば、彼らが〝世界島〟の一般的概念に到達できなかった理由のひとつは、明らかにその周航が不可能だということにあった。北極周辺の海では、約二〇〇〇マイルにわたって氷山がただよい、その一端はアジアの北の岸を洗っている。したがって、ふつう一般の航海の目的からいえば、これは単なる大陸であって、あえて島とはいえないだろう。これまで約四世紀のあいだ船乗り達は、これを何だか知らないが、ただ漠然と北から南へむかって突き出している巨大な岬のように観念してきた。いわば麓の見えない大きな山の頂上だけが、雲のなかからヌッと突き出しているのと同じような感じである。一九世紀の後半にスエズ運河が開通した後でも、まだ東向けの航海があいかわらず大きな岬をまわらなければならない事実に変わりはない。ただその突端の名前が、喜望峰からシンガポールとなっただけのことである。

いずれにしても、この大陸のもつ異常な大きさとそれから前記のような事情とが原因になって、人びとは、これがただ単にサイズの上からばかりでなく、性質の上でも他の島々とはちがうように考えてきた。それでわれわれは、その構成部分をヨーロッパ、アジアそれからアフリカというようによんでいるが、これはちょうど海を勝手に分けて、その各部分をそれぞれ大西洋、太平洋およびインド洋とよんでいるようなものである。理論上は古代ギリシャ人でさえ、それを地球上の島とみなしていたが、それでもなおかつこれを世界《コスモス》とよんでいた。現在、学校の児童達は、これを〝旧世界《オールド・ワールド》〟というように教えられているが、それはもちろん南北両アメリカを意味する〝新世界《ニュー・ワールド》〟と区別するためである。そして今の船乗り達にいたっては、これを単に〝大陸《ザ・コンティネント》〟——つまり切れ目のない一連の陸地——とよびならわしている。

ここでしばらく立ち止まって、われわれの意識のなかに新たに表象された、この大きな島のサイズやプロポーションについて考えてみることにしよう。(念のためにいうが、ここらあたりの話を理解するには、地図を見てもだめである。必ず地球儀で見てもらわなければならぬ。それで、念のため第11図および第12図を参考のためにあげておいた。) まず北極点から南極点にむけて、アジアの中心部を通過する子午線にそって測ると、シベリアの北の岸にいたるまでの最初の一〇〇〇マイルは氷に蔽われた海であり、それからインドの最南端にいたるまで約五〇〇〇マイルのあいだ陸地がつづき、さらに七〇〇〇マイルの海を経て、最後にまた氷雪に蔽われた南極点にたどりつく。ところが、ベンガル湾またはアラビア海を通過する子午線にそって測ると、アジアの幅は、わずか三五〇〇マイル前後しかない。パリからウラジオストックまでは約六〇〇〇マイルで、パリから喜望峰までの距離も、またほぼこれに近い。しかしながら、これらは赤道を一周して二万六千マイルの、じっさいの地球の上で測ったものである。もしも周航の妨げになる氷の海がなかったら、おそらく実際的な船乗り達はずっと前からこの大きな島《ザ・グレート・アイランド》を何かそれにふさわしい名でよんでいたのではないだろうか？　ともかく、彼らの海の広さに比較して、その大きさはほぼ五分の一強にしかあたらないからである。(訳者注2)

世界島は、その北東端と南東端において鋭角の岬に終わっている。よく晴れた日に、その北東の岬の端に立てば、たぶんベーリング海峡ごしに、われわれが南北両アメリカとよんでいる長い大きな一対の半島――そのおのおのの大きさは、地球の約二六分の一である――の、とっつきの部分を直接にながめられるだろう。表面的にみれば、たしかに新旧両世界のあいだには、一種の対称的な類似性があるようにおもわれる。すなわち一方は、南北両アメリカの半島から成り立ち、また他方はアフリカおよびユーラシアの二つの半島から成り立っている。けれども、両者のあいだには本当の意味の類似性は乏しい。ことに約四〇〇〇マイルにおよぶアフリカの北部と北東部の沿岸地帯は、対岸のヨーロッパならびにアジアときわめて密接な関係をもっているから、社会的な構造の断絶という点では、地中海よりもサハラ砂漠のほうが、むしろ実質的な役割をはたしている。これからやがて来る航空機の時代には、もしもシー・パワーとランド・パワーの対決が起こったばあい、シー・パワーは、ただランド・パワーが黙認したときにだけ、地中海および紅海のシーレーンを利用できる状況になることが充分に予想される。もちろんその際にランド・パワーは、水陸両用《アンフィビアス》戦的な機動的性格を濃厚におびることになるだろう。

しかしながら、北アメリカと南アメリカとはただパナマ地域でわずかにつながり合っているだけで、おたがいに半島というよりは、むしろ事実上別々の島だとおもったほうがまちがいない。南アメリカは、ただ南にあるというだけでなく、その主要部分は同時に北アメリカの東寄りにある。そして

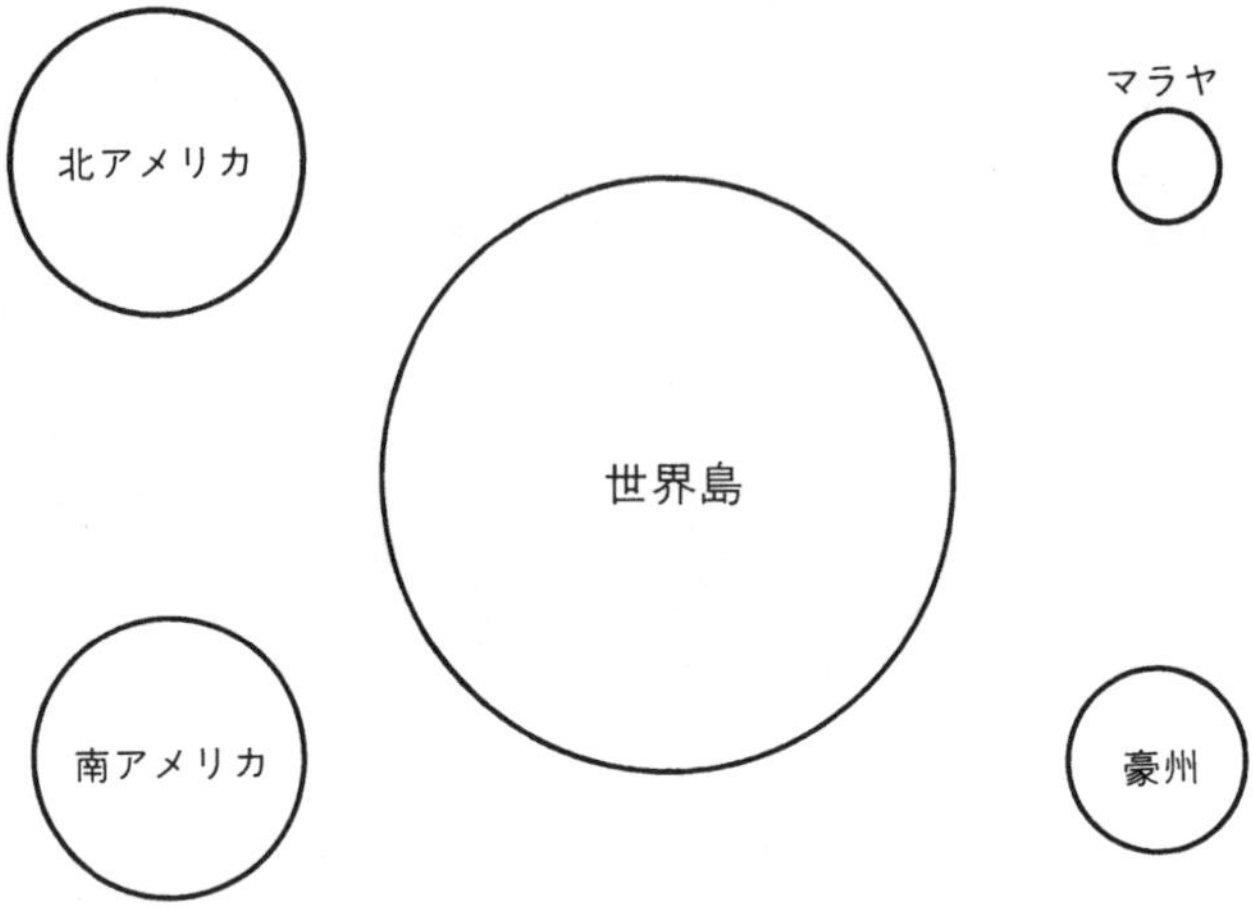

第11図——上記の５個の円形は、世界島とその各衛星とのあいだの、相対的な面積の比率を示す。

両者は軍隊用語でいう梯状の編成になっており、南アメリカは、その外部のほんのわずかな部分をのぞけば、すべて大海に囲まれている。また同様なことは、北アメリカとアジアとの関係についてもみとめられる。なぜならば、アジアはベーリング海峡を起点として海のなかに延びているからで、北京からニューヨークにいたる最短の途はベーリング海峡を通過することになる。このことはたぶん将来、鉄道または航空機で旅する人びとにとって重要な意味をもつようになるだろう。第三の新大陸豪州は、アジアの東南端から約一〇〇〇マイルの距離にあるが、その大きさは地球の表面積のわずか六五分の一にすぎない。

このようにしてみれば、いわゆる三つの新大陸は、その面積上の比率において、いわば旧大陸の衛星（satellites）にすぎないといえよう。非常におおまかな計算をすれば、地球の表面の一二分の九は海である。そして一つの大陸——つまり旧世界——が、地表の一二分の二を占めている。それから南北両アメリカをふくむ残りの小さな島々を全部かきあつめて、やっと残りの一二分の一がふさがる、というおおざっぱな勘定である。最近の歴史的な外観にまどわされずに、この現実をみるならば、〝新大陸〟という表現が、じつは必ずしも的《まと》を射ていないことがわかる。

広い視野に立ってみれば、喜望峰の方角にむかって延びる巨大な〝世界の岬〟と、北アメリカというシー・パワーの基地との関係は、かつてのギリシャの半島とクレタ島との関係、またラテン半島と英国という島国との関係に比較される半島と島嶼とのコントラストの、さらに第三の大きな適用例であるとみるのが正しい。しかしながら、このばあいの大きなちがいは、もしもいわゆる〝世界の岬〟が近代的な地上のコミュニケーションの手段によって統一されたとしたら、それはまさに世界島そのものであり、それは島であることのさまざまな利益とともに、およそ他と比較にならぬくらい豊かな資源の宝庫をもつ、ということである。

近年アメリカの有力な指導者達もまた、彼らの国が他から隔絶した別世界でないことをようやくみとめるようになった。それでウィルソン大統領（一九一三～二一年）も、この事実を全国民に説得して、今回の戦争に参加するはこびとなった。が、今日の北アメリカは、すでに一つの大陸ですらない。二〇世紀の現実のもとでは、それは単なる一個の島にまで縮小しつつある。最初アメリカ人達は、その三〇〇〇万平方マイルの土地をほぼ全ヨーロッパに相当するものと考えていた。それで将来はヨーロッパ合衆国ができて、アメリカ合衆国と姉妹関係になるだろうなどといっていた。が、現在彼らが意識しているといないとにかかわらず、もはやヨーロッパをアジアやアフリカから切り離して考えることはゆるされない。いまや旧世界は一つの島になった。また、別ないいかたをすれば、それは、この地上で他との比較を絶した最大の地理的な単位《ユニット》であるといってもいい。

若いアメリカの歴史と古い英国の歴史とのあいだには、実はおどろくべき類似点がある。どちらの国も同じように、植民地的、大陸的また島国的な段階を経てきた。英国の東部および南部の海岸におけるアングロ＝サクソンの植民地は、しばしば北アメリカの東海岸における一三の英国人の植民地の先例として引き合いに出される。が、とかく忘れられがちなのは、じつは英国の歴史にもリンカーン時代のアメリカに相当する段階があった、という事実である。アルフレッド大王（八四九〜八九九年）やウィリアム征服王《ザ・コンカラー》（一〇二七〜八七年）が行なった諸戦争は、少なからず英国国内の対立にもとづくものであって、これにヴァイキングの一族が外から介入したものにほかならない。それで英国が言葉の本当の意味において島国といえるようになったのは、やっとエリザベス一世の時代になってからである。それまではずっとスコットランドとの敵対関係に悩まされていたために、隣りあわせの大陸との関係において、真に統一のとれた国家としてふるまうことができなかった。アメリカは今日すでに内部的な対立を解消した立派な国家である。が、同時に島国でもある。それを彼らは、これまで新大陸といってきた。だが、歴史のあゆみは、別に本当の大陸が同じ地球上にあることを、やがて彼らにも悟らせずにはおかないだろう。

いま世界地図を開いて、一九一八年の戦闘の経過とふりかえってみよう。すると、今回の戦争が、ほかならぬ島国人（Islanders）と大陸人（Continentals）のあいだの戦争であったことがわかる。この事実には、もはや一点のうたがいもいれない。戦争は大陸で戦われた。しかも、その主戦場は、フランスの半島部の内陸側の前線だった。その一方の陣営は、英国、カナダ、アメリカ合衆国、ブラジル、豪州、ニュージーランド、それに日本などで、これらはことごとく島国である。フランスとイタリアとは半島国だが、これらの両国は、たとえその利点を考慮にいれても、もしも島国人の助けがなければ、到底最後まで戦列にふみとどまることができなかっただろう。インドと中国――中国については、この国がその北部で参戦していた限り、といっておこう――とは、要するに英国、アメリカおよび日本等のシー・パワーの前衛の地位にある、とみなしてさしつかえないだろう。オランダ領のジャワ島だけは、西側の同盟に属さない唯一の人口の大きな島である。が、そのジャワですら、大陸人の側ではない。このすべての島国人の一致がもつ大きな意味をけっして見あやまってはならない。ロシアの瓦解が、われわれの目の上の塵くずをはらってくれた。ロシアに革命が起きたことによって、われわれがこの戦いにおいて理想とするところが、よりいっそう明確に絞られたかたちになったからだ。

いまここでこの地球上の人口の比率を考えてみると、以上にのべた事実の関係がさらにはっきりとする。すなわち全地球の人口のうち、じつに一六分の一四以上が、ユーラシアおよびアフリカの巨大な大陸内に生存しているわけだ。そしてさらに約一六分の一近くが、これに密接した日本および英国の島々に住んでいる。四世紀におよぶ移民活動の後でも、なおかつぎりぎり残りの一六分の一が、その他の諸小大陸に住んでいるにすぎない。この比率の関係は、少々の時間を経過しても、そう根本的には変わらないだろう。仮にもし近い将来、北アメリカの中西部がさらに一億の人口を引き受けるとしても、そのときには内陸アジアの人口が優に二億がところはふえているだろう。またさらに南アメ

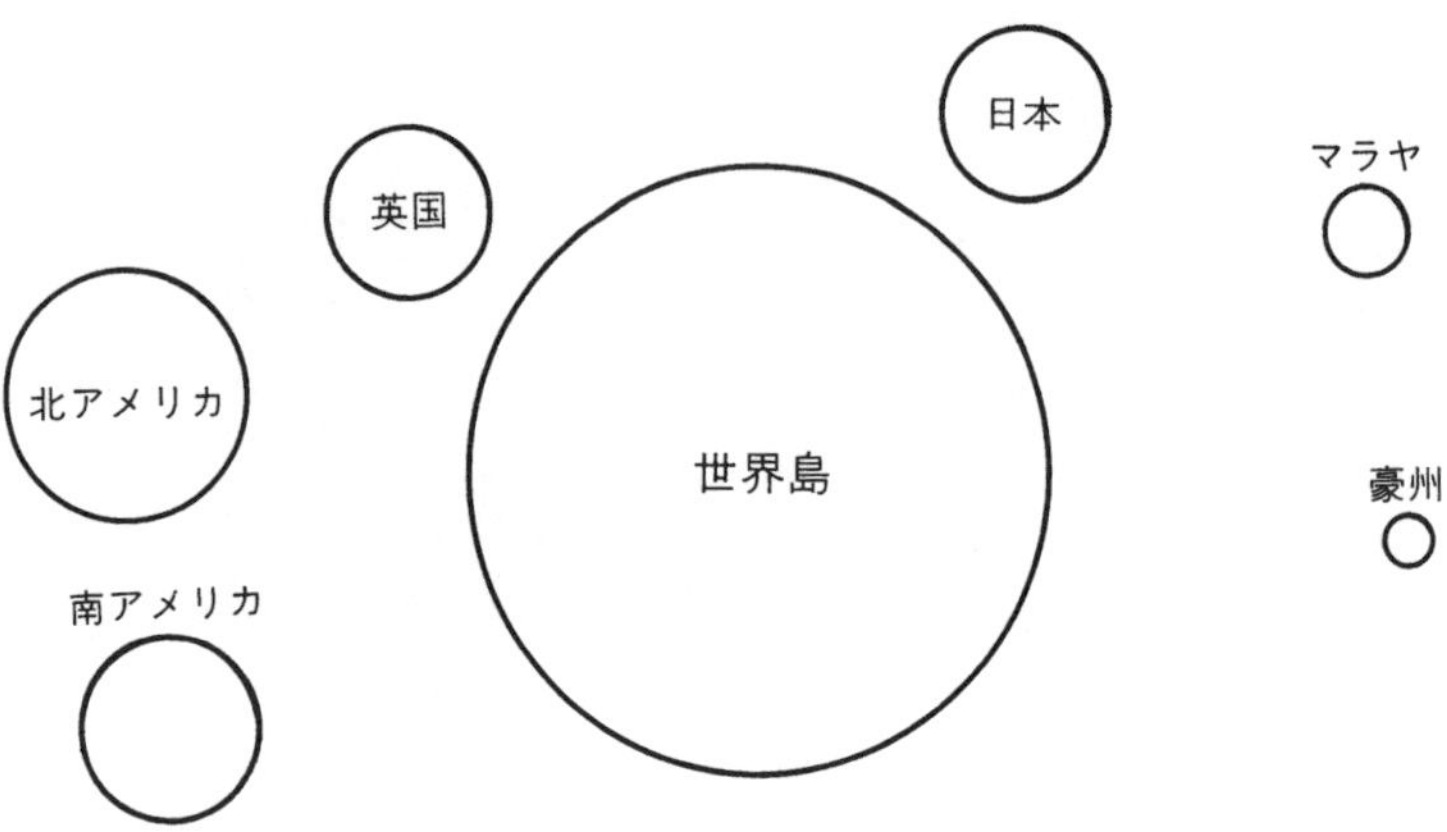

第12図——人口比率の観点からみた世界島の地位をあらわす。

リカの熱帯地方で今より一億人多い人口を養うと仮定しても、そのときアフリカやインド諸島の人口が二億人ふえていないという保証はない。現にコンゴの森林地帯だけでも、もしこれを農耕地域に変換することができれば、おそらくほぼ四億程度の人間を収容できるようになるだろう。これは、現在のジャワ島の人口密度を基準にしての話だが、そのジャワでは、今でもなお人口がふえつづけている。最後に内陸アジアの気候と歴史とを考えてみたばあい、ここに現在のヨーロッパ、北アメリカや日本と同じぐらい活気にあふれた人口が、将来養われるだけの余力をもたないと誰が断言できるだろうか？

もしこの巨大な大陸、全世界島ないしはその大きな部分が、将来いつの日にか世界で唯一の、統一されたシー・パワーの基地になったら、はたしていったいどういうことになるか？　たとい他の島国のすべてを合わせても、その艦隊の建造能力は足りず、また人員も不足ということになりはしないか？　むろん彼らの海軍は、その過去の歴史の誇りにかけても、勇敢に戦うにちがいない。が、その結果は、目にみえているだろう。現に今回の戦争でも、島国の英国は同じ島国のアメリカに助けを求めなければならなかった。これは、あながち英国海軍の現有勢力が制海権の行使にとって不足をきたしたためではない。が、仮にもしドイツに講和ないしは休戦のかたちで、同国の艦隊建造や要員育成のゆとりをあたえたばあい、英国としては遠からずまちがいなくドイツに追い抜かれるだろうと推量されたからである。

ファース・オブ・フォースにおけるドイツ艦隊の降伏は、近来にないめざましい出来事だった。けれども、もし長期的な眼で真剣に考えたばあい、われわれは、いつの日か巨大な大陸が唯一の勢力の支配下におちいり、これが無敵のシー・パワーの基地となる可能性を度外視してもさしつかえないだろうか？　われわれは今回の戦争で、ともかくも当面の危機を回避することができた。ただし、今後の処置いかんによっては、やがて以上のような野心を新たに起こすきっかけを後に残さないともかぎらないだろう。これは戦略上の観点からみるとき、世界全体の自由にとって、まさに最大の、究極的な脅威だといわなければなるまい。それで、これにそなえることこそ、われわれの新しい政治組織の目的ではないかとおもうが、はたしてどうだろうか。

ここでわれわれは、ひとまず観点をかえて、大陸内部の人間の視野から、さらに問題の考察をつづけることにしたい。

原注

(1) J. L. Myres, The Dawn of History を参照。

(2) このラテン海とかラテン半島とかいういいかたが、かつて前に使われたかどうか私はよく知らない。が、これは歴史的な見方を要約するために非常に役に立つので、今後もこれを使うことを提唱したい。

訳者注

(1) この境界線は、さらに一四九六年のトルデシリャス条約によって確認された。それによると、ケープベルデ諸島から西方三七〇リーグの地点を通過する子午線を基準とし、その東側がポルトガルの領分、その西側はすべてスペインの領分ときめられた。一リーグは、だいたい三カイリと同じ長さであり、したがって、右の線はほぼ西経四五度に相当する。

(2) ここで原著者は、おおむね陸マイルつまり一マイル約一六〇九キロメートルの計算方式をとっていることを承知しておきたい。これは海や地球の話をする際にふつうカイリ（1n.m.=1.852km）を使うわれわれの現在の習慣と異なるが、しかしながら大局的な見方にはあまり関係がないとおもわれるので、すべてそのままにしておいた。

第四章　内陸の人間の世界像

今を去ること約四世紀前、人類の世界にたいする考えかたは、コロンブス、ヴァスコ・ダ・ガマ、マゼラン等の先人達が行なった航海の結果として、わずか一世代のあいだに根本的に変えられてしまった。海が一つであろうということは、前にはただ大西洋とインド洋における潮汐の類似から推論されていたにすぎない。それがまたたくまに実務的な人びとの心をとらえて、いわば彼らの精神的な武器の一部になった。同様な革命が、現代もまた進行中である。すなわち陸と空における近代的な交通通信手段の発達によって、いまや大陸の迅速な一体化が行なわれつつある、ということがそれだ。けれども島国の人達はなかなかこの事実を率直にみとめたがらない。

英国は、隣国ベルギーとフランスの防衛のために参戦した。それは、漠然とながらこれらの国々の危機をつうじて、自分自身が脅かされていると感じたからだった。しかしながら、ベルギーの中立を保証した条約の義務を守るという点では、英国民のあいだにほとんど反論がなかった。アメリカ人は、「ルシタニア」号の沈没事件（一九一五年五月七日）であらかじめ大きな衝撃を受けていたところへ、ドイツの潜水艦による中立国船舶の権利侵害が公然とはじまったため、ついに参戦にふみきったしだいである。しかし、最初は両アングロ＝サクソン系国民のうちどちらも、この戦争のもつ戦略的な意味をよく理解していなかった。彼らの大陸にたいする見方は、かつて船乗り達がギニア海岸、マラバル海岸、コロマンデル海岸、ムルマン海岸などを勝手に名づけた通り、要するに外部からみた印象を一歩も出ていなかった。ロンドンやニューヨークで国際政治を論ずるやりかたは、大陸ヨーロッパのカフェ等で政治を論ずるのとはまったく異なっている。もし大陸人の物の見方を知ろうとすれば、われわれは、いきおいこれらの〝海岸〟による大きなかこいの外側から内側へ視線をうつして、彼らの立場に立って物を見なければならない。

そこでわれわれは、これまでの地理学的な知識を大きく整理することからはじめたいとおもう。なぜならば、そうしないことには、戦略的な思考のもとで大陸の現実がもつ意味を、よくのみこむことができないからである。大局的に物事を把握するためには、まず概括の方法を知る必要がある。連隊を指揮する大佐は、おそらく中隊を単位にして物を考えるだろう。が、師団を指揮する陸将は、旅団を単位にして考える。ただとりあえず最初のうちは、比較的くわしい地理的な事実からふれていくことが必要だろう。

＊＊＊

まずアジアの北岸一帯は、原則として氷の海で閉ざされているため、一般的な交通手段によっては接近が不可能である。ただ沖合に定着した氷盤と陸地とのあいだに冬期にできた氷塊が、短い夏の期間だけ融けて、沿岸のそこここに狭い水路ができることがある。

第13図――ここに示したアジアとヨーロッパの大部分では、一般に河川は北に流れて氷の海にはいるか、それとも海に出口をもたない塩湖に注ぐか、そのいずれかである。同時にまた、アフリカが約4000マイルにわたって、ヨーロッパおよびアジアと触接している状況を示す。(正積投影図法による。)

ここでとりわけ注目されるのは、世界の大河のなかでも有名なオビ川、エニセイ川およびレナ川の三河川が、いずれもシベリアを通って北に流れたうえ、この海岸に注いでいる点である。したがって、これらの河川は、事実上、世界一般の海上ならびに河川交通体系から切り離されたものとして考えなければならない[原注1]。そして、さらにシベリアの南には、以上三河川の流域に劣ぬくらい広い地域が、海とつながりをもたない内陸諸河の流域とその周辺に存在している。カスピ海に注ぐボルガ川やシルダリヤ川などが、これらの川の例である。地理学者達は、ふつうこれらの内陸河川の流域を〝大陸型《コンチネンタル》〟と形容している。

以上にのべた北極圏に属する地域と内陸諸河川の流域とを合わせると、その全体の広がりはアジアのほとんど半分、そしてヨーロッパのほぼ四分の一の部分をふくむことになり、これによって大陸の北部から中央にかけて一連の膨大な地帯が成立する。その北の凍ったシベリアの平原から、南はイラン、バルチスタンの海辺に近い急峻な斜面にいたるまで、これまで海からの交通は絶えて不可能であった。したがって、今までほとんど道路らしい道路もなかったこれらの地方に今後鉄道が開設され、さらに航空ルートが開かれる時代が遠からず来るものとすれば、それはさらに大きな世界の地理的な事実および人間とのかかわりにおいて、まさに革命的な出来事といえるだろう。それでわれわれは、以上にのべた巨大な地域を、これから大陸の心臓地帯《ハートランド》(the Heartland of the Continent)と名づけることにしたい。

このハートランドの北部、中央部および南部は、海抜にしてせいぜい数百メートル内外の平野部であり、この地球上でも最大の低地帯のなかに、西部シベリアとトルキスタン(現在のソ連領中央アジアが、ほぼこれにふくまれる。)と、それからヨーロッパに属するボルガ川の盆地一帯がふくまれる。ウラル山脈は長さは長いが、しかしながら高さのほうはたいしたことがなく、カスピ海の北約三〇〇マイルのところで終わり、シベリアからヨーロッパにいたる大きな入口を残している。この広大な平原のことを、われわれは大低地帯(the Great Lowland)とよぶことにしたい。

この大低地帯の南のほうのふちは高原地帯につながっているが、その平均海抜は約〇・五マイル

第14図——大低地帯が、その西のほうで、ハートトランドの限界をこえて、ヨーロッパまで延びている状況を図示する。なお、この図によれば、ハートトランドの東側の限界は、一部、太平洋およびインド洋にむかって流れる諸河川のコースをふくむ大高原地帯となっている。

で、山々の尾根の高さは一・五マイルぐらいである。そして、その大きな背中の上に乗っているのが、ペルシャ（現在のイラン）、アフガニスタンおよびバルチスタンという三つの重要な国である。便宜上われわれは、いま仮にこの高原地帯を一括して、イラン高原（the Iranian Upland）と名づけておくことにしよう。すると、いわゆるハートランドは、北極海と内陸以外に流れこむ川をもたない地域という意味合上、当然大低地帯ならびにイラン高原のほとんどの部分をふくむことになる。したがって、それは長く高いイラン高原の屈折した山裾にそって延びており、その先で海抜の低いユーフラテスの盆地とペルシャ湾とにつながっている。

いまこころみに、われわれの頭のなかで、アフリカの西部の旅に出かけてみよう。まずカナリア諸島からケープベルデ諸島に相当する緯度のあたりの海岸は、ほとんど無人の砂漠であり、これがずっと長いあいだ、南にむけてアフリカを周航しようとする中世の船乗り達を悩ませていたことは、想像にかたくない。この地中海の沿岸からはじまって、約一〇〇〇マイルの北部を横切り、ずっとナイルの谷間の手前までつづいている通称サハラの砂漠は、必ずしもそのすべてが不毛の地帯だとはいいきれない。現に、その途中にはさまざまなオアシスがある。たとえば、ところどころに切り裂かれた谷間があって、そこでは地下からにじみ出た水が湧き出ている。あるいはまた、たまたまその山頂に雲をいただく丘陵もある。しかしながら、これらは全体としてみれば、いうにたりない例外であって、この不毛で川のない地帯の総面積は、ほぼヨーロッパのすべてに匹敵する。じつにサハラ砂漠こそは、この世界で最も断絶のない自然の境界地帯である。人類の全歴史をつうじて、これが白人の住む世界と黒人の住む世界とを分けへだててきた。

サハラとハートランドのあいだには、アラビアという中間地帯がある。ナイルの渓谷の岸辺は、その西側がリビアとよばれ、その東側はアラビアとよばれる。そして、ユーフラテスの下流一帯からイランの山々の麓《ふもと》にいたるまでの地域がアラビスタンとして知られるが、これはアラブの土地という意味だ。したがって俗にアラビアとよばれる地方が、ナイル川からユーフラテス川の先にいたるまで約八〇〇マイルにわたって広がっているとみることは、これらの地方的な習慣と完全に一致する。

アレッポの北、トロス山脈の麓からアデン湾にいたるまでの距離は、一八〇〇マイルを下らない。そしてこのアラビアといわれる地方の約半分は砂漠であり、残りの約半分は降雨量の極めて乏しい草原地帯である。その緯度はサハラとたいして変わらないが、しかしながらアラビアはサハラよりも生産力に富み、また相当数のベドウィンとよばれる遊牧民族を養っている。その上さらにアラビアには、比較的大きなオアシスがあり、またしたがって人口の多い都市ないしは集落がある。しかしながら、アラビア地方をハートランドとサハラの両地方から区別する最大の特徴は、じつにこれが外洋につながる三つの大きな水路をもっている、ということだ。すなわちナイル川、紅海、ならびにユーフラテス川からペルシャ湾を経てアラビア海に出るルートがそれである。

ただし以上の三つの道筋のどれを利用しても、不毛な乾燥地帯を完全に避けて通ることはできない。ナイル川は、地中海からはじまって、砂漠のなかを第一の滝まで溯航できる。もっともアスワンの閘門が設置された今日では、さらに第二の滝まで行けるようになった。ただし、それでおしまいである。またユーフラテス川が航行できるのは、やっと地中海から数百マイルも離れたところまでにすぎない。現在ではむろんスエズ運河の開通によって、地中海と紅海とがつながっている。しかしながら、過去においてこのルートによる交通をさまたげていたものは、スエズ地峡ばかりではない。ここでは貿易風による気流の影響で、常に強い北風が紅海の北の端から吹きつけている。のみならず、紅海のなかには岩礁が多いので、今でも帆船は、運河をめざす北向きの航海をあまりやりたがらない。というわけで、この運河は、スチーム・エンジンを装備した船以外の船にとっては、さしあたり無用の長物にちかい。以前の紅海から地中海に出るコースは、紅海西岸のクセールから砂漠を通ってナイル川のほとりのケナに出、ここからさらにナイル川をくだったものだった。かつて一〇〇年以上も前にナポレオンがエジプトとパレスチナを侵略した際、インドからわざわざエジプトに送られた英国の陸軍が通過したのも、やはりこの経路だった。

以上にのべたところからも、さしあたりいえるのは、ハートランドとアラビアとサハラの三者が一帯となって、船乗りの人びとにとっては接触が不可能な、非常に幅の広い湾曲したベルトを構成している、ということである。ただ例外は、先にいったアラビアの三つの水路だけである。右のベルトは、北極海から大西洋にいたるまで、広い大陸を完全に横断している。それはアラビアの部分でインド洋に接触しているため、その他の大陸の部分は、それぞれ凍らない海にむかって流れる河川をもつ三つの別々な地域にたがいに分けられることになる。それは、

(一)太平洋およびインド洋の沿岸地帯
(二)ヨーロッパの諸半島および島嶼群と地中海
(三)サハラから南のアフリカの巨大な岬

である。

第15図——自然条件のちがいによって、六つの地域に大別された世界島の概念をあらわす。(正積投影図法による。)

最後にあげたものは、前の二つと非常に重要な点で異なっている。その大きな川――ニジェール、ザンベジおよびコンゴなど――や、また比較的小さな川――オレンジ、リンポポなど――は、いずれも内陸の台地を流れた後、その下流で急激に落下して、あとは比較的に短い距離で海に達している。ということは、すなわち海岸の低地が一般的に狭いことを意味する。これらの川の上流の部分は、約数千マイルにわたって航行が可能である。けれども、完全に外洋の交通と切り離されているという点では、シベリアの川と変わりがない。また、このことは、第二の滝より上流のナイル川についてもあてはまる。以上の理由から、われわれはサハラより南のアフリカの内陸地帯を第二のハートランドとみなすことができる。以下これを、アジアとヨーロッパをふくむ北のハートランドと区別するために、仮に南のハートランド（the Southern Heartland）と名づけることにしよう。

以上二つのハートランドは、緯度の非常な違いにもかかわらず、驚くほど似た特徴をそなえている。まず北のハートランドでは、ドイツの北部とバルト海沿岸から満州にいたるまで、おもにマツ科やモミの系統の常緑樹から成る大森林地帯がずっとつづいており、あたかもヨーロッパと太平洋岸とを森のリボンでむすんだようになっている。そして、この森林のベルトの南側に開かれたハートランドがあり、ここでは川のほとりか山の上でなければ樹木の姿を見ることができない。この広い、さえぎるもののない土地は、あたかも南米の大草原のように、緑のビロードで森林地帯の南側をふちどっていて、ことに春先など釣鐘草が咲き乱れているさまは、何ともいえず見事である。けれども、それもだんだん南へ行くにつれて、しだいに乾燥地帯化し、草の色も汚らしく、またその数も少なくなってゆく。この時に豊かな、また時に荒涼とした草原地帯を便宜的に総称して、ふつうステップといっ

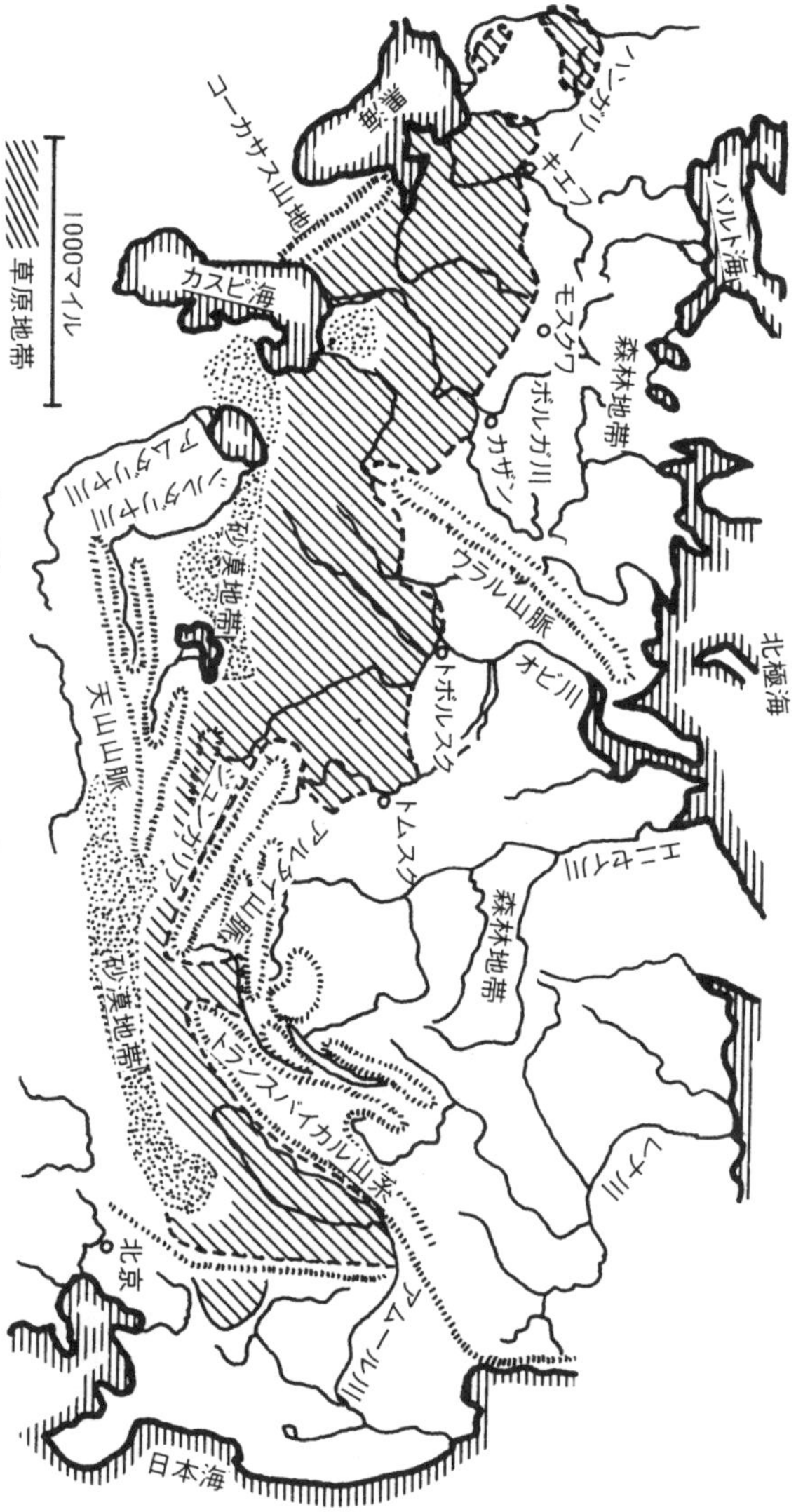

第16図——ハートランドの草原地帯。

第17図——南のハートランド。
＝川の落下地点。
←アラブ族の侵入方向。

ている。が、本来この言葉は、むしろハートランドの南に近いトルキスタンやモンゴル地方の砂漠をとりかこむ、必ずしも肥沃とまでいえない土地をさすものとみるのが適当だろう。そして、このステップこそは、たぶん馬の原生地だろうと考えられる。ちなみに、〃ふたこぶラクダ〃の原産地は、さらにステップの南側のほうである（第16図参照）。

南のハートランドにもまた大きな草原地帯があるが、それはサハラ砂漠の終わるスーダンの南からしだいにその豊かさを増して、ギニア海岸とコンゴ地方の熱帯樹林帯につながっている。この森林地帯は、完全にインド洋までは達していない。そのかわりスーダンと南アフリカの両草原地帯の中間は、豊かな草の繁った高原のベルトを形成している。そして、このスーダンからベルト(veldt)とよばれる南アフリカの草原にいたるまでの一連のひろびろとした地域こそは、ゼブラやアンテロープその他の大きな有蹄類の住家になっている。これは北のハートランドに野生する馬やロバにあたるものとみていいだろう。いまのところ、まだゼブラを家畜として飼育することには成功しておらず、したがって南アフリカの原住民達は、荷物を運搬させる動物の使いかたを知らない。けれどもスーダンでは、ずっと早い時代からアラビア産の馬と瘤《こぶ》が一つだけのラクダが輸入されていた。したがって、大西洋や太平洋の沿岸諸国の船舶による河川または沿岸交通に代わるべきものとして、北と南の両ハートランドでは、従来、動物の動力が交通のために利用されていたということができる。ただ、その点では北のほうがずっと進んでいたというだけの話である。

すでに前にみたように、北のハートランドは、イラン高原がずっとユーフラテスの谷間にむかって落ち込むあたりで、何百マイルにもわたってアラビアと接触している。一方、南のハートランドは、その東北隅のアビシニアおよびソマリランド(今のエチオピアとソマリア)のあたりで、わずかに海をへだててイエメンとよばれる、アラビアのなかでもとりわけ肥沃な南の部分をかかえこんでいる。したがって、アラビアの砂漠をとりかこむステップは、北から南のハートランドに行くための通過地帯の役割をはたしているわけだ。そして、その先には、さらにヌビアを経由するナイル川ぞいの道がある。これでわかるように、北のハートランドからアラビアを経て南のハートランドにいたるまで、騎馬またはラクダの背中で往来できるような、広々とした草の生えた道がつづいていて、はるか遠くのシベリアからペルシャ、アラビアおよびエジプトを通過して、少なくともスーダンまでは来ることができる。したがって、もしもツェツェ蝿《ばえ》やその他の疫病の原因となるものさえなければ、これらの交通手段を駆使した人びとにとっては、ずっと南の喜望峰の近くまで進出することもあえて絶対に不可能ではなかったろうとおもわれる（第17・18図参照）。

世界島から二つのハートランドとアラビアおよびサハラの部分を取り除くと、あとには二つの比較的小さな地域しか残らない。が、この両地域は、地球の上で最も重要なところである。地中海の周辺からヨーロッパの諸島ならびに付属の島嶼群にかけては約四億人の人びとが住み、さらにまたアジアの南部および東部の海岸諸国——すなわち歴史的な通称によるインド諸国（the Indies）——には、約八億人の人口が暮らしている。したがって、これらの両地域には全人類の四分の三が住んでいることになる。現在のわれわれのねらいからして、この重大な事実をさらにいいかえれば、つまり世界島の人口の約五分の四までが、面積にしてわずかにその五分の一くらいのところに暮らしている、といってもいいだろう。

この二つの地域は、さらに他の極めて重要な面でもたがいに似かよっている。まず最初にいえるのは、その河川がいずれも大部分外洋からじかに溯航できるということだ。すなわちインド以東の諸国で直接外洋に流れる大きな川の名をあげれば、インダス川、ガンジス川、イラワジ川、サルウィン川、メナム川、メコン川、ソンコイ川、西江、揚子江、黄河、白河、遼河およびアムール川などをただちに数え上げることができる。そしてこれらの川の多くは、河口から約数百マイルにわたって航行が可能である。かつて英国の戦艦は、揚子江の上流で海から五〇〇マイルの地点にある漢口まで行ったこともある。

これらにくらべると、ヨーロッパの半島部を流れる諸河川は、それほど大きくない。それでも、ダニューブ川、ライン川やエルベ川などは、直接に海につながるかなり多くの交通量をもっている。ラインの上流三〇〇マイルのマンハイムは、戦前かつてヨーロッパの主要な港湾都市の一つだった。そして一〇〇ヤード内外の長さで一〇〇〇トン程度の荷物を積める艀《はしけ》が、その埠頭に横づけされていた。それにヨーロッパ全体が半島化されたことは、河川交通の発達を制約する要因にはなったが、反対に、かえって海上交通のさまざまな施設を発展させる結果をみた。

上記の二つの〝沿岸地帯〟(Coastlands)のあいだの類似点は、ただその河川の溯航が可能だというだけにとどまらない。今ここで世界島の降雨量をしめす地図を取り出して、比較的に雨量の乏しい地帯から、山岳の気象的な影響で局部的に降雨のある個所を引き去ってみよう。われわれはただちにこれらの沿岸地帯が、いかに農業の経営に有利であるかをみることができる。その降雨量が一般に豊富であることは、平野部でも山岳部でもあまり変わりがない。

インドでは南西の方向から、そして中国の南部では南東の方向から、それぞれ夏の季節風《モンスーン》が、海の湿った空気をはこんできてくれる。また大西洋から吹く西の風は、四季を通じてヨーロッパに雨をもたらし、さらに冬のあいだは地中海沿岸地方に雨をふらせる。そのため、両沿岸地帯ではどちらも農耕の条件にめぐまれ、またしたがって沢山の人口をやしなうことができるわけだ。こうしてヨーロッパとインド以東の人達は、農民であると同時に船乗りにもなることができた。が、これに反して両ハートランドとアラビアの大半は耕作に不適で、海上交通にも縁が乏しかった。それで、これらの地方は自然に馬やラクダの機動力にたよるようになり、また家畜や羊などの放牧を日常の業とするようになったわけである。馬やラクダのいない熱帯アフリカのサバンナでも、原住民の富の水準は主としてこれらの家畜や羊の数で計られている。(原注2)

以上は、きわめて概括的な叙述で、もちろん、これには局部的な例外もある。とはいえ、膨大な地理学上の事実を整理する目的の上からは、さしあたりこれで充分だろうと確信している。

＊＊＊

ここでまた、ふたたび歴史の知識の力を借りることにしよう。なぜならば、じっさいに人間の行動をうながす思想のうごきは統計的には測りかねるからだ。われわれは、過去の経験なり、または民族の歴史から自然に発想したもののはずみで、はじめて動くことができる。東方のオアシスが詩のなかで地上の楽園としてうたわれたのも、単にそれが砂漠を越えてはじめて行かれるという理由によるものだった。

現在、記録に残る歴史は、だいたいアラビアの北方の大オアシス地帯のあたりからはじまっている。われわれが明らかに知ることのできる最古の国際政治は、ユーフラテス下流とナイル下流の沖積平野に栄えた二つの国家のあいだの交流をめぐって展開された。治水のための堤防の維持や、農業用

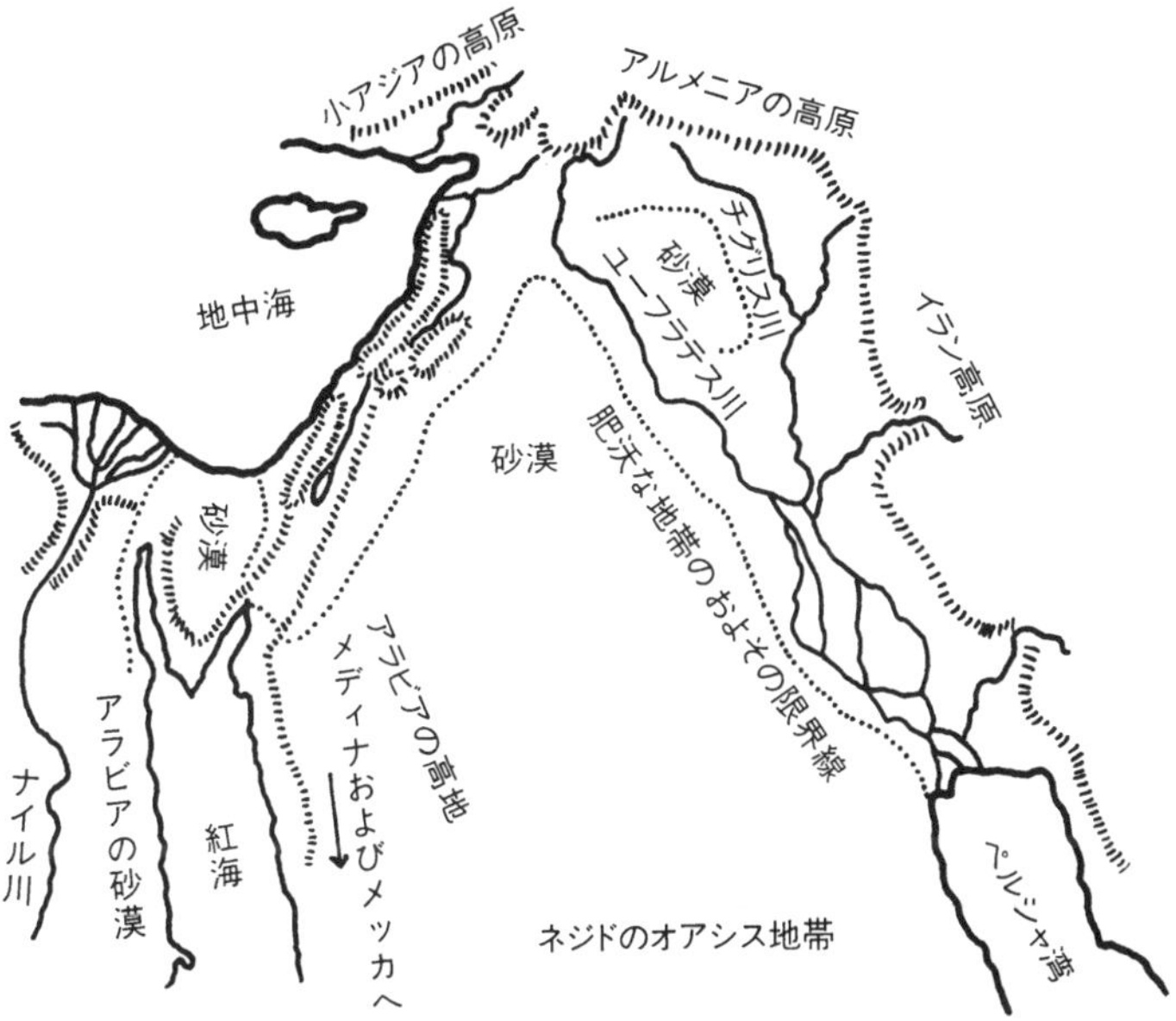

第18図——アラビアの北部

水の配分を目的とする運河の開削などは、必然的に社会秩序や規律の成立をうながさずにはおかなかった。が、以上二つの文明のあいだには、かなりの性格の相違があって、それがかえって両者の交流の原因になったように考えられる。

たとえばエジプトの国家は、比較的に狭いナイルの谷間に成立したため、その両岸に多い岩石が建築の材料に利用された。また、パピルスという葦に似た植物が記録の目的に使われた。けれどもバビロニアの大きな平原では、煉瓦の建築が行なわれ、また粘

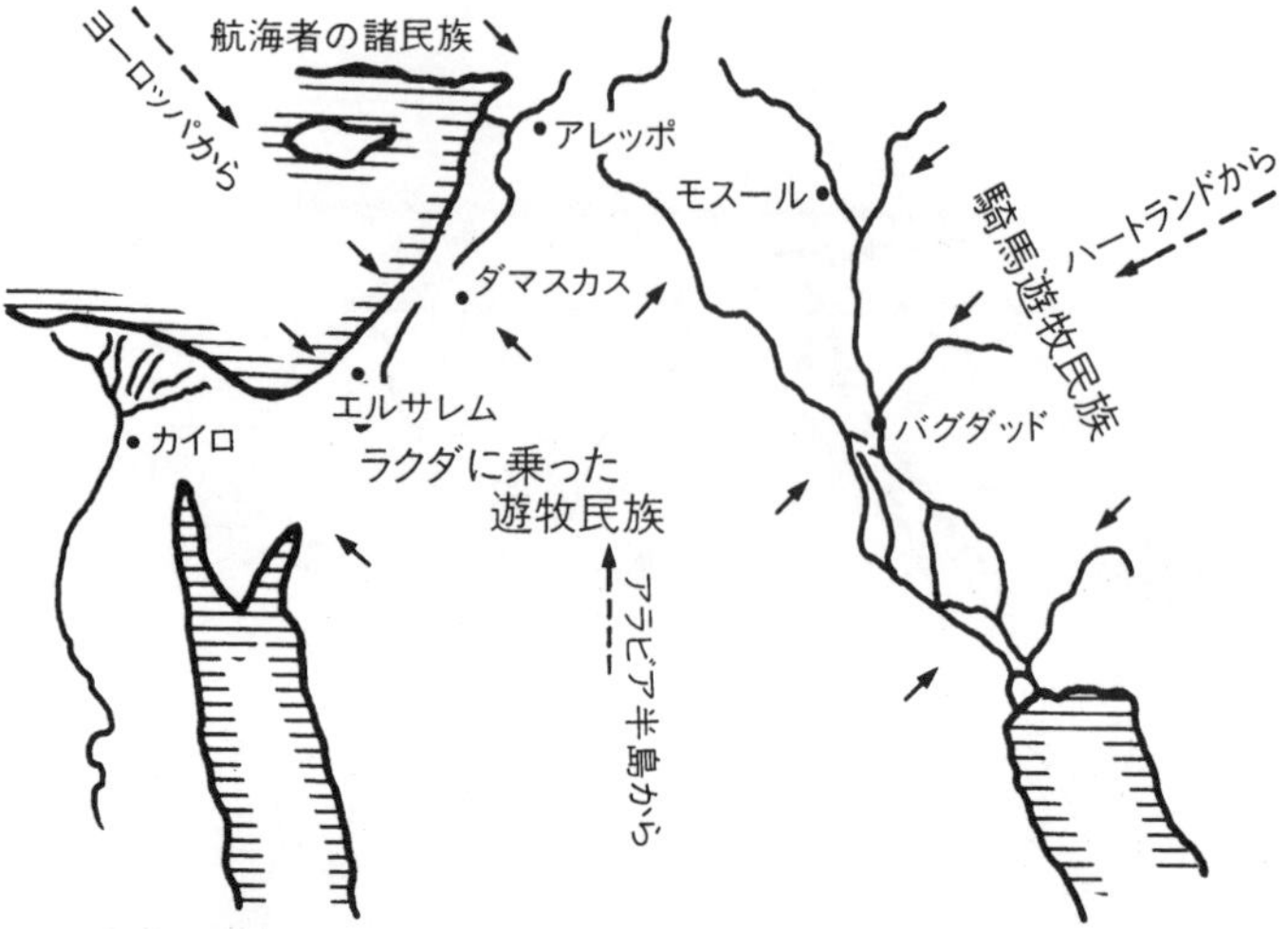

第19図——かつての中東をめぐる諸民族の動きを示す。

土の板の上に楔形文字が刻み込まれた。両国のあいだの道路は、まずユーフラテス川から西にむかって、アラビア砂漠の一角にあるシリアの地方を越え、パルミラの泉を経てダマスカスに出た。ダマスカスは、アンティレバノンとヘルモンの山々から出るアバナとファルパルの二つの流れによって形成されたオアシスの上に建てられた町だった。ダマスカスから先は道が二つに分かれていた。その低いほうは海岸をつたい、また高いほうはヨルダン川の渓谷の東側にある不毛の高原地帯のふちに沿っていた。そして、これらの二つの道のあいだでユダヤの岩山の上に忽然とひとりそびえていたのが、ほかならぬエルサレムの山塞である。

ヘリフォード（南西イングランドの都市名）の教区聖堂《カシードラル》の壁には、かつて十字軍の時代に僧侶の手でかかれた一枚の地図が今もなお懸かっている。が、それを見ると、エルサレムがあたかも世界全体の臍《へそ》である

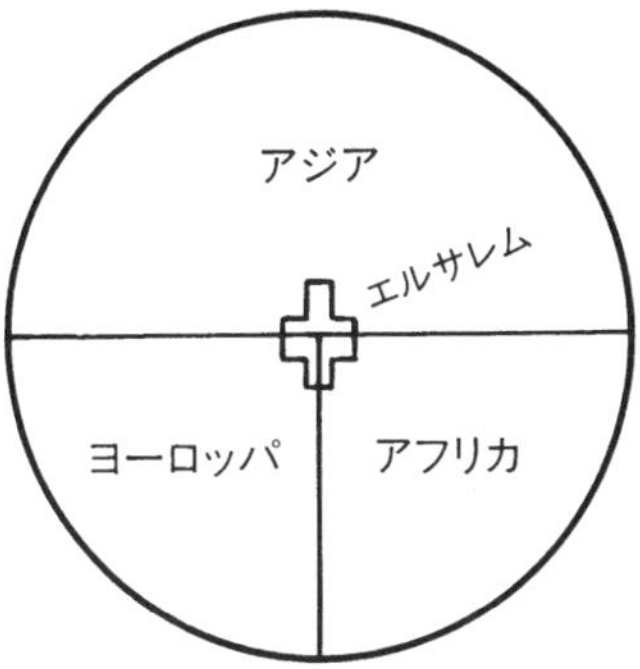

第20図——中世の輪形型世界図の一例。

かのように、その幾何学的な中心におかれていることに気がつく。そして、さらに、エルサレムの聖墓（the Holy Sepulchre）を安置した教会に行けば、床の上に記された正確な中心の位置を知ることができる。が、もし現在の完備した地理学的な研究が、われわれを正しい結論にみちびくものとすれば、中世の教会人の考え方は、そう誤っていなかったことになる。もしも世界島《ワールド・アイランド》が人類のいちばん主な居住地としての宿命を負いつづけ、またアラビアの半島がヨーロッパからアジアへの、さらに北から南のハートランドへの移動地帯として世界島の中心に位置するものと考えれば、エルサレムの丘陵こそは、まさに世界の現実に照らしてみて戦略上の拠点というべきであり、その点で中世の見方と本質的な大差はないと結論しないわけにいかない。そして、それはまた古代バビロニアとエジプトとのあいだの戦略的な拠点でもあった。

現に今回の戦争がしめしたように、ヨーロッパからスエズ運河を経てインド洋にいたる繁華な海上交通路は、パレスチナを占拠したランド・パワーから容易に攻撃にさらされやすい箇所を通過しなければならない。のみならず、現在では、さらにヤッファを通過する沿岸の鉄道幹線も着工された。これによって、南のハートランドは、完全に北のハートランドに結びつけられることになるだろう。その上さらにダマスカスを領有するものは、二つの海のあいだでユーフラテスの谷間をくだる代替のルートを側面から攻撃できる地位に立つだろう。このように古代文明発祥の地こそは、まさに現代最も致命的な交通ルートが交錯する場所になっている。このことは絶対に偶然とはいいきれない。

　歴史のあけぼののころ、シェムの子ら——つまりセム族の人達——が、アラビアの砂漠の周辺の農耕地帯を征服したといわれている。砂の海をとりまく彼らの一連の植民地群とそれからエーゲ海周辺のギリシャ人の植民地群とのあいだには、少なからぬ類似点がある。ヨルダンのかなたから〝約束の地〟に侵入したベン＝イスラエル——イスラエルの子ら——とは、たぶん似たような系統をもつ遊牧民族の一例にすぎなかったのだろう。後にバビロニアとよばれた国で非セム系のアッカド人(訳者注1)に取って代わったのが、セム族のカルデア人だった。が、ユダヤ人の始祖アブラハムは、そのカルデア人が砂漠のふちに建てたウルの町から、よく踏みならされた路を通って、パレスチナに移住してきた。エジプトのヒクソス王朝も、またあきらかにセム族の血統を引いている。まずは以上のような経過からして、アラビアに住むすべての民族——つまりアラビア人、バビロニア人、アッシリア人、シリア人、フェニキア人、それにヘブライ人等——は、ことごとく同じセム系の語族に属する方言をしゃべるようになったのである。現在アラビア語は、小アジアのトロスからアデン湾にいたるまで、またイランの山々からナイル川の西のサハラのオアシスにいたるまで、広く一般に使われる言葉としての地位を占めている。

　アラビアの台地は、そのすべての方向で海岸にむかってかなり急に傾斜しているが、たった一箇所だけ例外がある。すなわち、その北東部だけはゆるやかに傾斜して、しだいに低くなり、ユーフラテスの流域とペルシャ湾につながっている。全長で約一八〇〇マイルにおよぶこの低地の部分は、ユーフラテス川がその水源であるアルメニアの高原から奔流する峡谷のあたりからはじまり、そしてペルシャ湾の出入口を扼するホルムズ海峡で終わる。が、そのことごとくが、ハートランドのペルシャ湾側のふちに高くつらなるイランの山々から見おろされる地位にある。かつて紀元前五世紀のころ、キルス二世の率いるペルシャの高地族がユーフラテスの平野に来襲し、バビロンを征服した後、ダマスカスを通過するシリアの道路を経てエジプトの征服に向かったことは、歴史に名高い。

ユーフラテス川がアルメニアの高地地帯から流れ出る峡谷のあたりから河口までは、直線距離にして約八〇〇マイルほどであるが、ここから地中海の東北端のアレッポの近辺までは、わずかに一〇〇マイル余りしかない。そして、同峡谷のすぐ西には平均標高約〇・五マイルのアルメニアの高地があり、これがしだいに低くなって、やがて小アジアの半島の台地につながっている。古代史上第二の大事件は、アレクサンダー大王の率いるマケドニアの大軍がダーダネルス海峡を渡り、小アジアの中央を突破した後、トロス山脈を下ってキリキア(小アジア南東部の古代国家で、首都はタルソス。)に出、さらにシリアを経てエジプトに侵入したことである。それからまた彼は引き返して、ふたたびシリアを通ってユーフラテス川のほとりに出た後、川を下ってバビロンを襲った。以上にみるように、アレクサンダー王のマケドニア軍が陸路を通ってアラビアに進出したことはたしかである。が、その攻勢を本当にささえたものは、ほかならぬシー・パワーだった。そのことは、やがてアレクサンドリアやアンチオキアのように、ギリシャ語を話す港湾都市が栄えたことによって知られる。これらの海岸都市は、要するに船乗り達が内陸にはいってゆくための拠点だったわけだ。

これらの歴史的な事実を地理学者の眼で考察すると、ほぼ以下のことに気がつく。つまり肥沃な農耕地帯がユーフラテス川の上流北西の方向にむかって延び、それから雨量の多いシリアの山地にそって南に曲がり、最後に西のエジプトで終わっているということである。この一連の農耕ベルトには、農民が定着した関係上、人口も当然に多い。途中三箇所ほど中断される場所はあるが、古代の幹線道路は、この穀倉地帯をつらぬいて、バビロンからメンフィス（古代エジプトの首都）まで延びていた。

この豊かな土地の上に住む人達は、しばしばその近隣に住み、かつ機動性を誇るあれこれの遊牧民族から襲撃を受け、時にはまた征服される宿命を甘受しなければならなかった。ここに古代史上のもろもろの大事件を解く鍵がある。

まず奥深いアラビア半島を背景にもつ南の側からは、ラクダに乗った遊牧民族が北東のメソポタミアに突出し、北西のシリアに侵入し、さらに西のエジプトにもひろがった。また膨大なハートランドが背後にひかえる北東の側からは、騎馬民族がイランの高原を下って、同じくメソポタミアに殺到した。そしてさらに北西の側からシリアとエジプトをめざして来たのが、航海の技術をもった諸民族だった。彼らのなかには、小アジアの半島を経由して来た者もあれば、直接レバント（地中海東部沿岸諸国にたいする古い通称）にやってきた者もある。が、その後ろ側は、あらゆるヨーロッパの水路につながっていた（第19図参照）。

ローマは、アジアでは、マケドニアが征服した地域のうち、ただ西の部分だけを受け継いだ。その軍団によって守られるラインとダニューブの流れが、地中海から出発したローマの北の浸透の限界であったとすれば、同じく地中海から東にむかうローマの勢力の限界は、ちょうどユーフラテスの上流の部分が南東に折れる以前に、まず北から南にむかって流れているところまでだった。ここには、また別の軍団がおかれていた。大きな意味でいえば、ローマ帝国は、いわば一地方的な帝国だったにすぎない。それは、全面的にヨーロッパの沿岸地帯に属していた（第15図参照）。かつてマケドニアの支配下にあったそれから先の地方は、ペルシャ人の後継者であるパルティア人の手に落ちた。が、彼らもまた、やはりイランの高原からメソポタミアになだれこんできた一族だった。

その後にまたもう一度、ラクダに乗った遊牧民族の時代がきた。ネジドの中央オアシスと、その西側の延長であるヘジャズ地方——メッカとメジナをふくむ——とに拠るアラビア人達は、マホメットの教義に動かされてサラセンの大軍を送り、メソポタミアからパルティア人を追いはらい、またシリアとエジプトからローマ人を追いだした。そして彼らもまた、かつての肥沃な地帯をつらねた交通路の上に、カイロ、ダマスカスおよびバグダッドという一連の内陸都市を建設した。この豊かな根拠地からサラセンの兵力は四方八方に打って出て、あたかも本気で世界帝国をつくろうとするかのような気勢をしめした。まず北東の方面でイスラムの軍勢は、バグダッドから先にパルティア人やペルシャ人が攻め下ってきた道を逆に攻め上ってイランにはいり、次いでインドの北部までその勢力をひろげた。さらに南方では、彼らはアラビア半島の先端のイエメンからサハラの南のアフリカ海岸に押し渡って、そのラクダと馬の軍隊の力でスーダンの全域を席捲した。こうしてちょうどアラビア半島を中心に羽をひろげた大鷲《おおわし》のように、彼らのランド・パワーの帝国は、その一翼で北のハートランドを遠くアジアの奥地まで蔽い、また他の翼で同様南のハートランドを、はるばるアフリカの奥地まで蔽うにいたった。

しかしながら、アラビア人達はその帝国を支配するにあたって、単にステップや砂漠に固有な機動力にうったえるだけではけっして満足しなかった。ということは、つまりその先輩にあたるフェニキア人やシェバ（かって今のイエメン地方にあった古代王国で、香料や宝石の交易で名高い。）人などと同じように、彼らもまた海に出たわけである。まず西のほうでは、彼らはアフリカの北岸ぞいに陸路または海路を利用して、バーバリ地方やスペインまで到達した。これらの台地は、サハラのようにまったくの不毛でもなければ、またヨーロッパ半島の大部分のように濃い木陰《こかげ》で蔽われてもいないという点で、あるていどまで彼らの故国の状況に似ていたかとおもわれる。

また東の方面では、彼らは紅海の入り口に位するイエメンまたはペルシャ湾の入り口のオマーンを起点として、夏の季節風に乗ってインドのマラバル海岸から、はては遥かにマレー諸島にいたるまで旅した。むろん、帰り路には冬の季節風が利用された。こうしてアラビア人の〝ダウ〟（一本マストに大三角帆を張った帆船）船隊は、ジブラルタル海峡からマラッカ海峡にいたるまで、つまり大西洋の入り口から太平洋の入り口におよぶまでの海上の帝国をえがきだしたわけだ。

このようにサラセン帝国の雄大なデザインは、北と南への動きにはもっぱらラクダの機動戦力をつかい、また東西方向への動きには船舶をつかうという支配の方法で成り立っていた。が、それには、ひとつ致命的な欠陥があった。それはアラビアの根拠地に、これを充分に機能させるだけのマン・パワーが不足していたということである。世界的な勢力になろうとする国々で、政府の戦略思想を組み立てうる現実的な諸条件におもいを凝らす人達は、いついかなるときでも、けっしてこれらの歴史の教訓を見失ってはなるまい。

＊＊＊

サラセン帝国を滅ぼしたものは、西のヨーロッパでもなければ、東のインド諸国でもない。それは、北のハートランドからきた勢力だった。これは、じつに意味深長なことだといわなくてはならぬ。

アラビアは、他のあらゆる方面を海または砂漠でかこまれている。が、たったひとつだけの例外は、ハートランドの方角である。アラビア人の西向きのシー・パワーはベネチアとジェノバから妨害を受け、また東向きのシー・パワーは、喜望峰の迂回に成功した後のポルトガル人によって打ち負かされた。しかしながらアラビアそのものにおけるサラセン帝国の崩壊は、じつはトルコ族のランド・パワーによるものだった。ここでわれわれは、北の大きなハートランドの性格について、もうすこし考えてみる必要がある。まず最初に念頭に浮かぶのは、その森林地帯の南にずっと広がっている大草原《ステップ》のことで、これは西側でヨーロッパの沿岸地帯と、また東側ではモンスーンの影響を受けるアジアの沿岸地帯と、かなりの部分まで重なり合っている（第15・16図参照）。

この草原は、まず中央ヨーロッパのハンガリーの平野部からはじまるが、ここは東アルプスとカルパート山脈の森林山地によって、ほぼ完全に取り囲まれている。かつて野生の雑草が繁茂していたこの大盆地は、いまでは大部分小麦とトウモロコシの畑になってしまっている。が、今から百年ぐらい前、まだ鉄道が敷かれ、農産物が市場へ運ばれるようになる以前のころは、ダニューブの東側のハン

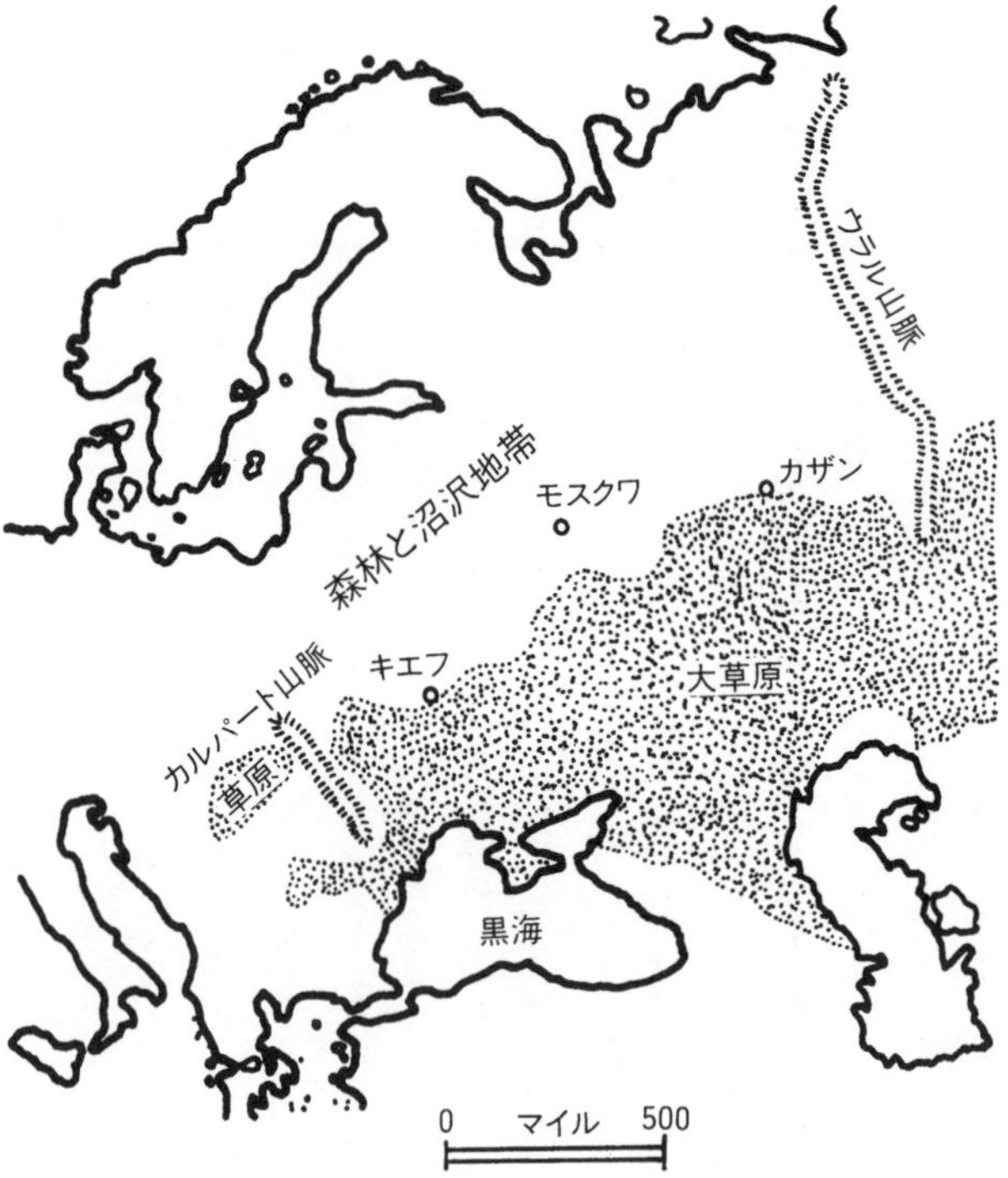

第21図——東ヨーロッパの森林と草原地帯。

ガリー一帯は、それこそ一面海のような牧草地で、その自慢の特産物といえば、ほとんど馬とその他の家畜類に限られていた。

森林に蔽われたカルパート山脈は、いわばハンガリーの守り神だった。が、この山脈の東側から、前にのべたハートランドの本格的な大草原が展開をしはじめる。その南の限界は黒海で、北限はロシアの森林地帯との境目になっている。その境界線は曲折はあるが、しかしながら大体において北緯五〇度のカルパート山脈の北端あたりからはじまって、北緯五六度のウラル山脈の末端付近まで、斜めの向きに延びている。モスクワの位置は森林地帯のなかだが、大草原からそう遠くはない。そして比較的最近に南方ステップへの植民が進められるまでは、じつはこのモスクワの周辺の一大開拓地が、人らしい人の住むロシアのほとんどすべてだったといっていい。現在では、すでにボルガ川とドン川の河岸まで開墾が行なわれ、草原が小麦畑に変わっているところが多い。けれども百年前までは、ドニエプル川とドン川とがコサックの前哨地帯になっており、その川岸にはえた木だけが、わずかに一面の草または雪の単調さを破っていた。

ウラル山脈の南端では、森林地帯がわずかに草原のなかに突き出している。が、これとカスピ海の北岸とのあいだはずっと草の野原の連続で、ここにヨーロッパからアジアにむかう一大門戸が開かれていた。そして、この門戸から先へ行くと、草原の幅はヨーロッパよりもさらに広くなる。その北のほうは、あいかわらず森林地帯だ。けれども、その南側のほうは、トルキスタンの砂漠ないしは半乾燥地帯のステップになっている。ウラル山脈の東側の麓にあるチェリャビンスクという駅でペトログラード（今のレニングラード）とモスクワから来る線が合流するところから、アンガラ川がバイカル湖から流れ出るすこし先のところにあるイルクーツクの町にいたるまで、シベリア鉄道はもっぱらこの大草原地帯を通過する。もとより、その線路ぞいのところでは、ほぼ麦畑が野草にとってかわりつつある。が、そこここに定着した住民の居住地域の幅はまだきわめて限られたもので、その他のところでは、タタールやキルギス系の騎馬民族がいまだに非常に広い区域で放牧を行なっているのが見られる。

ただし森林地帯との境界線は、西部シベリアと東部シベリアのあいだで、南にむかって折れている。これは、シベリアも東に行くにつれて、しだいに森林地帯の山脈や丘陵に変わるからである。そしてトランスバイカルの山並みは、しだいにその高さを減じてアジアの北東端にむかい、ベーリング海峡のなかへ消えてゆく。が一方、草原地帯のほうは南下した境界線のあたりからさらに東にむかって延びつづけて、ずっとモンゴル高原の低いところまでカバーしている。そして、大低地帯からモンゴルにのぼって行くゆるい斜面は、南を天山山脈、北をアルタイ山脈によって限られた、ジュンガリアという〝陸の海峡〟を通過する。

ジュンガリアから先の草原は、しだいに高原の性格をおび、その北をアルタイ山脈とトランスバイカル山系の森林地帯によって限られ、また南側をゴビの砂漠によって限られながら、さらに東進をつづけて、ついにアムール川の上流水源地域にまで達する。モンゴルの高原から満州の大平野にくだる大興安嶺《シンアンリン》山脈の東側は、また森林地帯になっている。しかしながら、ここでわれわれはまた、とうとう五〇〇〇マイルも離れたハンガリーの草原に似た性格をもつ満州の沃野にたどりついた。ここは、中央の大草原から切り離されて孤立しているという点で、西の出発点のハンガリーに酷似している。さらに、その東側には深い森林に閉ざされた沿岸の山脈（長白山地とシホテアリニ山脈）があって、ここから直接太平洋に出ることはできない。また、そのためにアムール川は向きを変えて、北東の方向に流れている。

さてここでわれわれは、以上にのべた長いステップの地帯から近代的な鉄道設備や穀物の農場などを取り去って、そこにふたたび騎馬のタタール人――といっても、これはトルコ族以外の何者でもない――が往来するありさまを心のなかにえがいてみよう。現に今日でも、レナ川の河口にちかい北極圏内に住む同族の人びとは、コンスタンチノープル（現在のイスタンブール）のトルコ人がしゃべる言葉を理解できるという。ある一定の理由――それはたぶん周期的にくる旱魃のせいだったかもしれない――から、かつてこれらタタール人の移動軍団が時折その全勢力をあげて、中国やヨーロッパの定住農民の集落にむかって、まるで凶暴な雪崩《なだれ》のように襲いかかった時代があった。最初、西欧ではこれをフン族といっていた。彼らが五世紀の中頃にハンガリーに侵入してきたときの、偉大でまた残忍きわまりない指導者がアッティラであった。

彼らはハンガリーから、さらに三つの方向——北西と西と南西とに向けて、その奇襲行動を展開した。とりわけ北西の方面では、彼らはゲルマン民族のあいだでたいへんな動揺をかもしたため、比較的に海に近いところにいたアングル族やサクソン人などは一部分海を渡って難を避け、ブリテン島に住みついたようなしだいだった。

西に向かった彼らはガリア地方に深く侵入した。しかしながらアッティラはシャロン（フランス北東部のマルヌ川にのぞむ都市）の激戦で敗北を喫した（四五一年）。このときフランク人やゴート族の人達は、ローマの地方軍団と力をあわせ、文字通り肩と肩を寄せあいながら、東から来た強敵とたたかい、これを撃退したが、このときの団結がもとになって近代フランスの国民がうまれたわけである。

さらに南の方向では、アッティラはミラノまで進撃し、その途中でアクイレイアやパドヴァなどローマの重要都市を滅ぼしたが、そのときに難を避けた住民達が海辺の礁湖《ラグーン》にきずいたのが、ベネチアの町である。ミラノでアッティラは法王のレオ一世と会見した（四五二年）が、くわしい理由はともかく、その結果として退却している。（訳者注2）おかげで、法王庁は大きな面目をほどこした。

以上にのべたところからも明らかなように、英国やフランス等の国民国家の成立、ベネチアの海上勢力の勃興、また中世における法王庁の権威の確立などは、みんな一つの事件に起因している。それはつまりハートランドから来襲した強敵にたいして、海岸の諸民族が一致して反撃をくわえた、ということである。時くだって現在のフン族（第一次大戦当時の慣用語で、つまりドイツ人のこと。）がわれわれにむかって振りおろした鉄槌をはねかえしたことから、はたしてどういう大きな結果が期待できるだろうか？　望むらくは、それがみのり多いものであってほしいと願うだけである。

ところで、このときのフン族の襲撃は、わずかに数年のあいだしかつづかなかった。その理由は、おそらく彼らの背後のマン・パワーがさほどのものでなかったことによるものと想像される。打撃の力の大きさは、そのスピードと同時に重量にも比例するからだ。とはいうものの、一部のフン族は、そのままハンガリーの荒野に残留して、アヴァールと称する新来の騎馬軍団のなかに、いつのまにか吸収された可能性もまた考えられる。いずれにしても、このアヴァール人と戦ったのが、シャルルマーニュだった。そして、その後にまもなく、さらにマジャール人が来た。彼らは一〇世紀を通じてゲルマン系の諸民族に大きな脅威をあたえたが、最後に一〇〇〇年にローマ法王の手でキリスト教に改宗したため、これによって、かえってラテン系のキリスト教世界には一種の防壁ができあがった。したがって、タタール人のハンガリーにたいする来襲もまた熄《や》んだ。が、最近の百年間になるまで、マジャール人の経済生活はまだほとんどステップの状態そのままだった。

ここでわれわれはまた、暗黒時代といわれた中世の数世紀間をふりかえってみよう。その間、北の海ではヴァイキングが暴れまわっていた。また地中海では、サラセン人やムーア人のような異教徒達が掠奪行為にふけっていた。そして、その上さらにアジアの騎馬民族までが、敵性のシー・パワーにとりかこまれたヨーロッパ半島のどまんなかになだれこんできた。ここでおもい浮かぶのが、近代ヨーロッパをたたきあげてくれた杵《きね》と臼《うす》との関係である。この杵の役割をはたしたものが、ほかならぬハートランドのランド・パワーだったたというわけである。

＊＊＊

さて以上の歴史的な出来事を地図の上で追ってみると、そこから浮かびあがる決定的な意味をもつ戦略的な事実は、いわゆる大低地帯とよばれる膨大な草原地帯が、北極海と内陸の海にそそぐ諸河川の流域——すなわちハートランド——からヨーロッパ半島の東部にかけて、ずっと延々と連なっていたということである。したがってアジアから西に向けて突進する騎馬民族が、ドニエプル川やダニューブ川——これらは、すでに完全にヨーロッパの川だ——の流域になだれこむにあたって、これをさえぎる障害は何もなかったということになる。つまりハートランドからヨーロッパへの道は、地理的に完全に開かれていたわけだ。

ところが一方、ハートランドの東側および南東側の諸国との関係になると、もはや事情がまったくちがって、この方面にはきわめて有力な天然の防壁が存在している。すなわち人口豊かな中国本部とインドの国とは、それぞれ世界で最大の規模をもつ高原の東と南の裾を取り囲むようにして横たわっている。なかでもインドの北境に約一五〇〇マイルにわたって連なるヒマラヤの峰々は、海抜にしてせいぜい約一〇〇〇フィートのあたりから、二八〇〇〇ないし二九〇〇〇フィートの高さにまでそそり立つ。が、そのヒマラヤ山脈ですら、フランス、ドイツとオーストリア゠ハンガリーを合わせたほどの面積をもつチベット高原の、ほんの末端の一部分にすぎない。そして、そのチベット高原の標高平均一五〇〇〇フィートは、ほぼアルプスのモンブランの頂上の高さに等しい。こうした事実とつきあわせてみると、イラン高原と前出の大低地帯との標高差などは、それこそ中途はんぱで、物の数でもなくなってしまいそうである。

チベットは、これに付随するヒマラヤ、パミール、カラコルム、ヒンズークシおよび天山等の諸山脈――今しばらくこれをチベットの山々と総称することにしたい――とともに、その高度および総面積において、この地上にならぶものがない。一言でいえば、はなはだ魁偉《かいい》な姿をしている。サハラ砂漠のごときは、発達した近代交通機関の力をもってすれば、それこそ日に何度でも往復できるだろう。が、〝世界の屋根〟とよばれるチベットにいたっては、いまだにこれを避けて側面を迂回する以外に良策はないとおもわれる。またその結果、中国およびインドにいたる陸上のルートは、非常に遠くはなればなれにならざるをえない。これは、右の両国の西および北側の国境に格別な重みをあたえているといってよい。

チベットの北側――ここでは多くの川が内陸に流れる関係上、原則的にハートランドにふくまれる――には、これまた大部分ハートランドに属するモンゴル高原が展開している。が、このモンゴル高原はチベットとくらべると、ずっと海抜が低いので、高さの点からいえばむしろイラン高原との比較が可能である。現に二つの自然の路が、乾いたモンゴルの地表の上を、中国の肥沃な低地帯にむかって下っている。その一つは、チベットの東北隅を迂回し、甘粛《カンスー》を通って西安の大都会に出るものであ

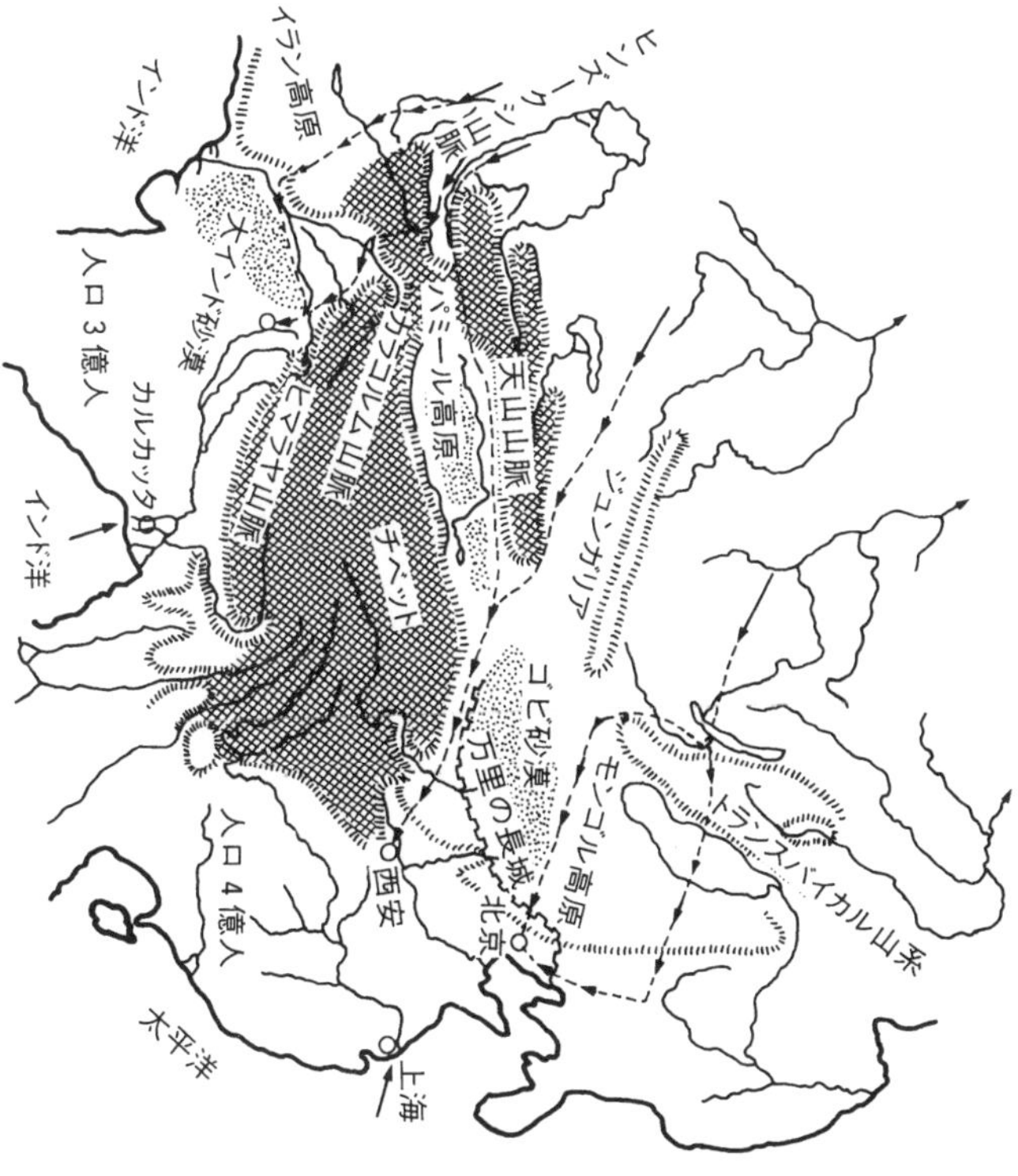

第22図――ハートランドから中国およびインドにいたる経路とチベット高原を示す。（人口は、著者執筆当時の概数）

り、また他の一つは、バイカル湖のあたりから南東の方角にむけて直接北京に出るものである。このように中国の低地帯に属する西安と北京という両都市が、いずれもハートランドから来た征服者のきずいたものであったことは、きわめて興味ぶかい。

イラン高原を通ってインドに出るのにも、やはり二つの自然の路がある。その一つは、嶮峻なヒンズークシの屋根をこえ、カブール川の谷間をくだって、終点のカイバー峠からアトック（現在パキスタン領）でインダス川の渡河地点に出るものである。それからいま一つは、ヘラートとカンダハルを通り、アフガンの山々の麓を迂回し、ボーラン峠（同上）を経て、インダス川のほとりに下ってゆく。インダス川のすぐ東側には、大インド砂漠が、インド洋からヒマラヤ山脈のすぐ近くまで広がっている。したがって、ボーランとカイバーから来た道は、いずれもパンジャブという控《ひかえ》の間《ま》を通って、インドの奥座敷への入り口で合流する。これは、砂漠と山脈のあいだにわずかに残された通り路である。そして、ここジャムナ川（ヒマラヤ山脈に発し、アラハバードでガンジス川に合流する川）の航路の起点に位置するのがデリーの町である。デリーもまた、中国の西安や北京と同様、ハートランドから来た征服者が建てた首都だった。

これらの隘路、険路をつうじて、中国やインドは何回となくハートランドからの侵略にさらされてきた。しかしながら、こうしてできあがった帝国は、たいてい、まもなくステップの支配者の手を離れてしまった。内陸アジアのモンゴル族の子孫だったムガールの帝国などは、さしあたりその一例である。

＊＊＊

以上にのべたところを総合すると、だいたい次のような結論になる。それはつまり、ハートランド——それも特に西寄りに開かれたイラン、トルキスタンおよび西部シベリアなど——とヨーロッパないしはアラビアとの関係のほうが、これと中国ないしはインドとの関係よりも、ずっと密接だったということである。これはむろん、アフリカ内部の南のハートランドとくらべても、やはり同様である。北のハートランドがアラビアならびにヨーロッパと出合うところには、サハラ砂漠やチベットの山々に匹敵するような自然の強烈な障害物がない。この三つの地域のあいだの緊密な関連性は、先にメソポタミアとシリアの歴史の特徴について要約した際にのべた通りである。それをもういちどくりかえせば、つまりメソポタミアとシリアの農民達は、絶えず三つの方向からの脅威にさらされていた。それは、すなわち㈠ハートランドから襲来する騎馬民族、㈡アラビア半島から来るラクダに乗った遊牧民族、および㈢ヨーロッパの方向から来る航海者の諸民族だった、ということである（第19図参照）。ここに、三者の関係が、端的に象徴されているといっていい。

それはそれとして、しかしながらハートランドとアラビアおよびヨーロッパとの境界の問題については、なおいっそうくわしい追究をする必要があるようにおもわれる。というのも、この境界線は多分に変動しやすい、一時的な性格をもっているからだ。

長く列《つら》なるイランの山々（イラン高原とザグロス山脈）は、メソポタミアの北にそって西に折れ曲がって、やがて小アジアの半島にはいり、トロス山脈という名前になっている。が、これはアナトリア高原の南のはし

第23図――ハートランドに、さらに黒海およびバルト海に流入する川の流域と、中国およびインドの諸河川の上流流域（高原の部分）とを加えたものを示す。

の高い部分である。小アジアの地形はおおむねステップの連続で、ただ中央部に砂漠があり、ここにトロス山脈に源を発する一部の川が流れ込む塩湖がある。しかしながら、大きな川はみな北に流れて、黒海にそそぐ。さらにエーゲ海をへだてて、ダニューブ川（別名ドナウ川）の大盆地があるが、これもまた黒海に流れこんでいる。そして、その水源のあるものは、アドリア海をほとんど指呼のあいだにのぞむイリュリア（アドリア海東岸地方の古名）の高地から出ている。その高くけわしい外壁がダルマチア海岸の美しいながめを形成しているわけだが、これをわれわれはディナルアルプスとよぶ。

こうしてトロスとディナルアルプスの両山脈は、それぞれ地中海とアドリア海にむかって、そのけわしい正面を見せているわけだが、しかしながらどちらも、長い川の水を黒海に送りこんでいる点に注目しなければなるまい。もしもエーゲ海という海が二つの高地のあいだを黒海にむかって切り裂いていなかったら、あるいはまた、もしも黒海に流れ込む川の水を南にむかって吐き出しているダーダネルスの海峡が存在しなかったとしたら——これらのトロスやディナルアルプスの高い海向きの正面は、まちがいなく一連のカーブをもつ山脈となって、内部の黒海を外部の地中海およびアドリア海から隔てる、切れ目のない陸の障害物を形成しているはずである。

つまり、ダーダネルス海峡さえなければ、この山脈がいきなりハートランドの外っぷちになるはずで、同時にまた黒海およびこれにそそぎこむ諸河川は〝大陸型《コンチネンタル》〟の流域の構成をもつことになるだろう。現に今度の大戦の例でもみられるように、ひとたびランド・パワーがダーダネルス海峡を封鎖して、地中海のシー・パワーの黒海にたいする出入を禁ずるような事態が発生したばあいには、いわば人為的な手段で、以上にのべたような状態が一時的に実現されると考えてもよかろう。

ローマの皇帝達は、その東の首都を、ダニューブとユーフラテスの両前線の中間に位置するコンスタンチノープル（イスタンブールの旧名）においた。が、コンスタンチノープルは、彼らにとってみれば、ただ単にヨーロッパからアジアにわたる時の中継ぎの都市という以上の意味をもっていた。地中海の強国であるローマは、いまだかつて黒海の北岸の領土を併合したことがない。したがって、黒海そのものが、ローマ帝国の最前線の一部を構成していたわけだ。草原のほうは、スキタイ人——と当時トルコ人はよばれていた——のなすがままにまかされており、船乗り達のたまり場としては、クリミア半島にわ

第24図——＋＋＋＋は、地中海のシー・パワーが黒海にはいりこんだときのハートランドの境界を示し、また------は、反対にランド・パワーがステップからトロスならびにディナルアルプスまで進出したばあいのハートランドの境界の前進を示している。

ずか数ヵ所、点々として取り引きの場所があったにすぎない。つまりローマの軍団がラインとダニューブの川にそって西と東の国境を守っていたと同じように、地中海のシー・パワーはコンスタンチノープルを中心にして、海の国境線を守っていたことになる。このようにローマ帝国の時代には、シー・パワーがハートランド――これは、ここでは、たぶんに広義の戦略的な意義をふくんだ表現である――の内側まで進出して、バルカン半島と小アジアとをおさえこんでいた。

さらに後の歴史をみても、地理的な要素の潜在的なはたらきは、きわめて明らかである。ただし、その作用の方向そのものは逆になった。すなわち中央アジアから来たトルコ族の一部が、アラビアに行くかわりに中途で方向を変え、メディア（カスピ海の南西部）とアルメニアの高原を越えて、小アジアのステップ地帯に乗り込んで来た。そして、ここに定住したわけだ。これはかつて同じトルコ系のマジャール人が黒海の北を通ってハンガリーの平野に駈け入ってから、まだわずか一世紀か二世紀ぐらいしかたっていないころの出来事である。

これらのトルコ人は、さらにオスマン王朝時代のすぐれた指導者のもとに、騎馬の大軍団を組織してダーダネルスを渡り、マリーツァ、モラバ両渓谷の〝回廊〟づたいにバルカンの山地に兵を進めて、ついにはマジャール人のハンガリーそのものまで征服してしまった。そして、コンスタンチノープルの町がトルコ人の手に落ちた一四五三年から、黒海はベネチアやジェノバの船乗り達の出入できない〝閉鎖海〟になってしまった。

ローマの全盛時代には、船乗りの領分が黒海の北岸まで拡張されたが、オスマン・トルコの時代には、ハートランド――騎馬民族の領域――がディナルアルプスとトロス山脈の線まで押し進められた。この重大な事実は、トルコ帝国の支配がハートランドの域を越えて遠くアラビアにまで及んだため、従来ともすれば忘れられがちだった。けれども英国がアラブ民族のためにアラビアを征服した今日、このことがまたふたたび明らかになりつつある。現に最近の歴史的な事実をみても、黒海はハートランドのなかにあって、敵国ドイツがその東方発展の戦略的意図を推進するルートになっていたことを、ここで改めておもいだしておこう。

***

われわれは最初ハートランドを定義するのに、とくに川の流れる方向を問題にした。が、以上にのべたような歴史の経過を考えるとき、戦略的な思考のためには、これにやや拡張的な解釈をあたえたほうがむしろ適切ではないかという気もする。もともとわれわれは、人類の機動性のさまざまな形態を同時に話題にしてきた。そして、現在ではランド・パワーが黒海を閉鎖する可能性のあることが明らかにされた。とすれば、むしろいっそ黒海沿岸のすべてがハートランドに属すると考えておく必要があるだろう。ただババリア（ドイツ式にいえばバイエルン）の部分を流れるダニューブ川などは、ほとんど船舶の航行にとって価値がないので、あえてこれから除外してもいいかと考える。

それから地理的な事実の上にさらに歴史的な事情を加味して考えたばあい、もうひとつ、つけくわえるべきことがある。これは、ハートランドの概念を完全なものにするために、ぜひとも必要なことである。

バルト海もまた、いまやランド・パワーによって〝閉鎖《クローズ》〟されることがありうる時代になった。連合国の艦隊がバルト海にはいれないようにするために機雷を敷設したり、また潜水艦を配置したりしたのは、むろんキールに司令部をおくドイツの海軍である。が、もとよりこれは、バルト海を閉鎖したのがランド・パワーの作用である、という命題を否定するものではない。連合国の軍隊をフランスに送ることができたのは、いうまでもなくシー・パワーのおかげだった。けれども、ドイツがバルト海を防衛できるのは、あきらかにランド・パワーを保有している結果である。

現在の状態のもとでは、われわれ島国の国民は、黒海に自由に艦隊を出入させることが不可能にちかい。が、さらにバルト海にはいることは、それ以上に困難である。これは、責任の地位にある閣僚達が下院の報告でもみとめている通りだ。とすれば、たとえ将来の戦争を防止するためにどういう講和の条件をむすぶにしても、このことだけはぜひ念頭においておかなくてはならぬとおもう。

それで戦略的な観点を考慮にいれて考えると、ハートランドには次の諸地域がふくまれることになる――バルト海、ダニューブ川中流および下流の航行可能な部分、黒海、小アジア、アルメニア、ペルシャ（現在のイラン）、チベットおよびモンゴル地方がそれだ。したがって、この枠のなかにはいるブランデンブルク＝プロイセンおよびオーストリア＝ハンガリー、ならびにロシアの三者は、かつて騎馬民族の時代に欠けていた豊富なマン・パワーの供給源を構成することになる（第23図参照）。

近代戦略的な意味におけるハートランドとは、要するに必要に応じてシー・パワーの侵入を阻止できる地域のことである。以上のように拡大されたハートランドの西の部分は、むろん北極海にそそぐ諸河川と内陸諸河川の流域という最初の概念からはみだしている。が、現代的な条件のもとでは、これはいっこうにさしつかえない。

ハートランドをグラフィック・デザインで表示したばあい、そのすべてに共通する一大特徴は、それが冬になるとすっぽりと雪の下にうずまってしまうということだ。これは、たとえ酷熱のメソポタミアを見おろすイラン高原の端の部分でも変わりがない。一月の全平均気温が氷点以下になる線を地図の上でたどると、それはノルウェーの北の岬《ノードカップ》からはじまって、その沿岸と付属の島々のあいだを通り、デンマークを通過し、さらにドイツの中央を横切ってアルプスにいたる。そして、アルプスから先は、東向きにバルカン半島の山々にむかっている。オデッサの湾内とアゾフ海は毎年結氷するし、バルト海の大部分もまた同様だ。たとえば冬のさなかに月から地球をながめたら、その真っ白に蔽われた部分が、まちがいなく拡大されたハートランドの地域を表示してくれるだろう。

そもそも中世の終わり頃に、ロシアのコサック達が最初にステップを管理することになったときから、大きな革命が起こった。というのも、それより前のタタール人は、アラビア人と同じように、永続性のある帝国を建設するに必要なマン・パワーの基礎に欠けていたからだ。ところが、コサックの背後にはロシアの農民達がおり、それが現在バルト海から黒海にかけて、億をもって数えるまでにいたっている。むろんこの地方は、地味もまた豊かである。

ロシアの帝国《ツァーダム》は一九世紀のあいだじゅう、大ハートランドのなかに恐るべき影を落として、近隣のアジアやヨーロッパの諸国を脅かしているようにみえた。が、一九世紀も終わりが近づくと、こんどはこれに代わってプロイセンとオーストリアのドイツ人達がスラブ民族を切りしたがえ、これを駆使

第25図——近い将来ハートランドの各地が鉄道ならびに航空ルートで結ばれた状況を想像によって示す。多くのばあい、後者は鉄道の幹線とほぼ重複している。

してハートランドを占領しようとする気勢をしめすようになった。いうまでもなくハートランドは、中国、インド、アラビアやアフリカのハートランドにいたる内陸の交通路を提供する。現に山東省膠州湾や東アフリカのドイツ領植民地は、軍事基地であると同時に、陸上交通ルートの起点として最初から構想されたものだった。

現代の陸軍はいうまでもなく、大陸を横断ないし縦断する鉄道網のほかに、さらに自動車輸送という手段をもっている。おまけに航空機もある。もっとも、これは使われかたしだいで、かえって自分の命取りにもなりかねないが、しかしながらシー・パワーに対抗するランド・パワーの有効な武器になりうる素質をもっている。最近の地上砲火もまた、艦船攻撃の恐るべき効果を発揮するようになった。これを手短かにいえば、つまりハートランドとアラビアを占領した一大軍事国家は、容易にスエズという世界の十字路をおさえることができるようになる。もし今回の戦争の最初の段階から黒海に敵の潜水艦隊が配置されていたとしたら、シー・パワーの側ではスエズ運河を確保するのにたぶんたいへんな苦労を必要としただろう。幸いにして今回は、その危険を抹殺することができた。しかしながら、地理的な事実は依然としてそのままである。そして今後は、それがランド・パワーにとってますます戦略的に有利に作用する可能性を秘めている。

現代の状況のもとでは、世界島のなかにおけるハートランドの地位が、そっくりそのまま、やがて全海洋にたいする世界島の地位を暗示しているといっても過言ではないだろう。もとより、その海洋支配の限界を明らかにすることは、そう簡単ではない。しかしながら、ともかく今から一世紀前までは、この世界島を根城として全世界の自由を脅かすに足りるだけのマン・パワーの基礎がなかった。

けれども、今は事情がちがう。現在の状況のもとでは、たとえ国際連盟の規約であろうと何であろうと、単なる紙切れの力だけでは、将来ふたたびハートランドが世界戦争の中心となるのをふせぐに充分な保証にはならない。

現在、まだ世界の各国は流動的な状態にある。したがって、地理的また経済的な事実に立脚して、将来人類の安全を保証する手段を考えるのには、今がまさに最も適切な時期である。このことを念頭におきながら、以下しばらくのあいだ、今回の戦争にいたるまでのハートランド内部の激動の記録をたどってみるのも、あながち無駄ではないだろうとおもわれる。

原注

(1)このことは、少なくとも現在にいたるまで事実である。ただし、最近の〝タインサイド・エンタープライズ〟の例などをはじめとして、近代的な砕氷船の力を借りながら、オビ川やエニセイ川の河口にいたる直接のルートを開発しようとする試みが行なわれている。したがって、西部シベリアにいたる夏季の海上貿易ルートが開かれる可能性は、まったくないとはいえない。

(2)以上のような諸事実が、これまでの歴史を規定し、また現在みられるような人口の分布や文明の状態をもたらしたことは確かである。けれども、草原地帯のなかでも、とりわけ地味が豊かなところでは、より効果的な食糧生産の組織がとりいれられた結果、いまやこれらの事実そのものが大きく変貌しつつあることは、いうまでもない。

訳者注

(1)現代では、これをセム系と解釈する人もある。が、総じてマッキンダーがこの本を書いたころと今とでは、歴史学界の通説が多少変わっていることはやむをえない。同じようなことは、他の若干の場所についてもいえるが、ハートランドの理論そのものにはほとんど影響がないので、あえて不問にすることにした。

(2)これは、実際は買収工作の結果とみるのが歴史家の通説である。

第五章　さまざまな帝国の興亡

歴史をかえりみると、かつて西欧の船乗り達が大航海時代の冒険をはじめたのとちょうど同じころに、ロシアのコサック達がハートランドのステップに果敢な前進をはじめていることが知られるが、これはきわめておもしろい符合だといわなければなるまい。とくにイェルマクという名のコサックがウラル山脈を越えてシベリアにはいった一五三三年という年は、マジェランが世界一周の航海(一五一九〜二一年)をしてからわずかに十数年後だった。

ところで、これと同じような平行現象が最近にもまた起こっている。すなわち英国が一九〇〇年のボーア戦争の際に、海上はるか六〇〇〇マイルの地点で優に二十数万の軍勢をささえることができたというのは、それまでの歴史に前例のない出来事だった。けれどもロシアもまた一九〇四年の日露戦争に際して、それ以上の兵隊を四〇〇〇マイルも離れた満州に鉄道輸送している。これまでわれわれは、とかく海上輸送のほうが陸上輸送よりも、その機動性においてははるかにすぐれていると考える習慣があった。けれども、われわれがここでおもいだす必要があるのは、わずか五〇年前まで世界の海上輸送のうち九〇パーセントが、帆船によって行なわれていたという事実である。ところが今では、すでに北アメリカを横断する最初の鉄道が開通している。

われわれはこれまで、コサック達がロシア帝国の前衛として草原《ステップ》地帯の守りに任じてきた事実を、不当に軽くみる傾向があった。が、それは主として次のような理由にもとづくものである。すなわち、われわれがロシアの国について考えるとき、ともすればドイツやオーストリアとの国境を出発点として、それから東に何千マイルも遠ざかるにしたがって、だんだんと人口が稀薄になってゆくように、ただ漠然と考えがちである。そして地図の上で見るかぎり、ロシアという国はベーリング海峡にいたるまでただ一色に塗りつぶされていて、西にも東にも何の特徴も見られない。けれども、本物のロシア――つまり今度の戦争の初めの三年間にその兵員の八〇パーセント以上を供給した真の意味のロシア――は、じつはこの単調な地図がしめすよりも、はるかに狭い小さな国でしかないのだ。ロシア民族の故郷としてのロシアは、ことごとくヨーロッパの内部にあり、しかも、それはわれわれがふつうにヨーロッパ・ロシアとよんでいる部分の半分ぐらいを占めるにすぎない。

　以上の意味におけるロシアの境界線は、多くの場所において、ほぼフランスやスペインの海岸線と同じくらいに、かなり正確にたどることができる。まず地図の上で、ペトログラード（現在のレニングラード）から出発して東向きにボルガの上流ぞいに、川が南に大きく向きを変えるカザンのところまで、ずっと線をひいてゆく。それから南向きにボルガの流れの第二の大きな曲がり角にあるツァーリツィン（現在のボルゴグラード）のところまで、同様にたどる。そして最後は、南西の方向にドン川の下流をロストフとアゾフ海のところまで下るものとする。つまり、このラインの内側――その南と西の範囲内に、一億以上のロシアの人口が住んでいるわけである。いわばロシアの基幹民族である彼らの居住地域は、このようにボルガ川とカルパート山脈のあいだ、またバルト海と黒海のあいだの平野部に限られている。その

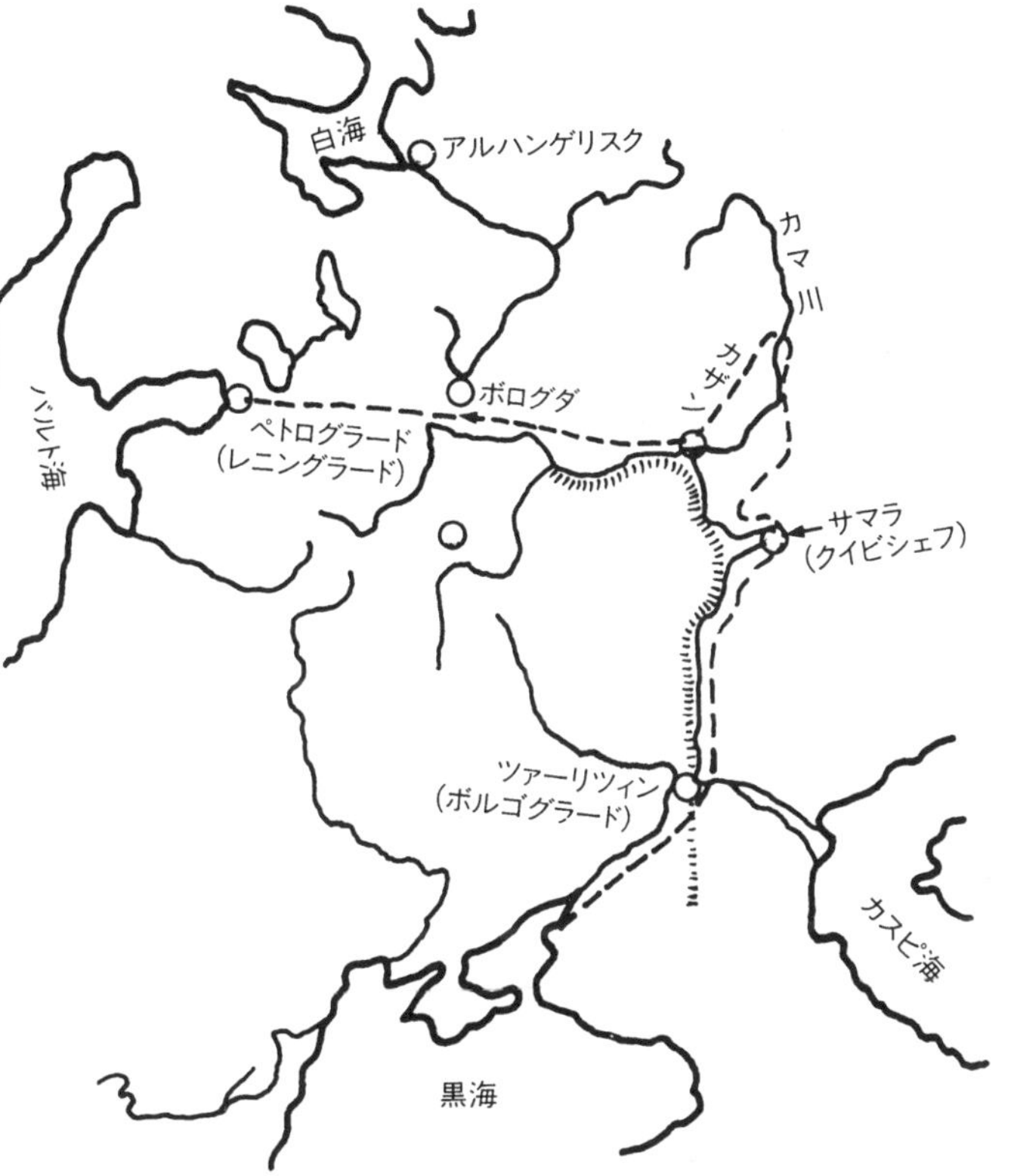

第26図——ロシアの人口稠密な地域の限界を示す。

人口密度の平均は、おそらく一平方マイル当たり一五〇人程度にも達するだろう。ところが、このような密集状態は、以上に描いた線の外側に出ると、とたんにパタリと止まってしまうのである。

　ペトログラードとカザンとをむすぶ線から北が、いわゆる北ロシアだが、ここはところどころに沼沢のある大きな、薄暗い森林地帯で、その広さは先にロシア民族の故郷といった地域の半分以上である。北ロシアの人口は二〇〇万人にみたず、その人口密度は一平方マイルにつき三人にも達しない。ボルガ川とドン川の東、ウラル山脈とカスピ海にいたるまでを東ロシアといい、だいたい北ロシアと同じ程度の大きさで、その人口もまた二〇〇万前後である。しかしながら北ロシアと東ロシアの中間にあるカマ川の流域一帯は、カザンとサマラ（現在のクイビシェフ）から東のほうのウラル山脈にいたるまで、一連の人口定着地帯となっている。それからさらにウラル山脈を越え、エカチェリンブルク（現在のスベルドロフスク）の鉱山のあたりを経て西シベリアにはいり、バイカル湖の手前のイルクーツクにいたるまでが、やはりロシア人の居住地域になっている。このボルガ以東の居住地帯ベルトの全人口を合わせて、だいたい二〇〇〇万前後だろう。彼らのうち、もともと騎馬民族の出身でない者は、比較的最近に入植した農民達である。

　カザンから南のツァーリツィン（現在のボルゴグラード）にいたるまでのボルガの中流は、ただロシアだけでなくヨーロッパそのものにとっても、きわめて重要な外濠の役割をはたしている。東側にある低い〝草原の岸〟（the Meadow Bank）にたいして、〝丘陵の岸〟（the Hill Bank）とよばれる西側のほうはほぼ一〇〇フィート内外の高さがあり、ここからして約七〇〇マイルにわたる川の流れを見渡すことができる。これがロシア人のもとからの居住地域の限界で、ここだけは海面よりやや高くなっている。今この丘陵の上に立って、眼下の川越しに、ずっと東のほうをながめてみることにしよう。われわれの背中には、全ヨーロッパの人口の重みがずっしりと感じられる。が、前方には低い野原がはるかにひろがっており、その先はたぶん半乾燥地帯の、ほぼ不毛にちかいステップにつながっているはずだ。つまり、ここは中央アジアの膨大な空間のはじまりなのだ。

　最近のロシアにおける内戦の状況のなかからも、これらの地形ならびに人間の生活上のいちじるしい対照を雄弁にものがたる、いくつかの実例をひろってみることができる。現に北ロシアには、村より大きな町といえるようなところがほんの二つ、三つしかない。ところが、ボルシェビキは、もともと都会の住民ばかりを相手にしてきている。したがってボルガの北には、ほとんどボルシェビズムの支持者がいないわけだ。それればかりではない。そこここにチラホラとある部落の居住者は、もっぱら森林だけを相手にして最も単純素朴な暮らしにあまんじている人達で、どだい農民としての政治感覚など持ちあわせるだけの余地がない。したがって農民としてのボルシェビズムにたいする共感などを彼らに期待するのが、そもそも無理な話なのである。

まずはそういうわけで、アルハンゲリスクからドビナ川上流のボログダにいたる鉄道路線は、長いあいだ妨害を受けることがなく、海との、また西欧との、連絡の役割をつとめてきた。シベリア横断鉄道は、ペトログラードから出てボログダを通過しているが、一方またモスクワからボログダまでの直通線があって、この線がヤロスラブリでボルガ川を渡る橋のところが、つまりロシアの本部を出て北ロシアにはいる際の境目とみなしてさしつかえないだろう。連合国の大使館がペトログラードとモスクワから撤退した後で、ボログダに落ち着いたのも、またこれらの理由によるものである。それは単に、アルハンゲリスクやウラジオストックとの連絡に便利だったばかりではない。同時に、ここはボルシェビキの影響下のロシアの圏外にあったのである。

さらに象徴的なのが、シベリア鉄道のモスクワ支線にそって行なわれたチェコスロバキア軍の行動である。ウラル山脈から進軍した彼らは、ウラルのコサック達の支援を得て、サマラを奪取した。サマラは、鉄道がボルガ川の〝草原の岸〟に接するところにある。そして彼らは川を越えて対岸のシズランにわたり、大きな鉄橋を占拠した。のみならず、彼らはさらに鉄道ぞいにすこし進んで、ペンザまで到達している。ここはすでに真のロシアの一部だが、しかしながら、いわば人口稀薄な郊外にすぎない。彼らはまた川をさかのぼってカザンにも行っている。が、とどのつまり彼らはただ本物のロシアの周辺をうろつきまわって、外側からおどしをかけていたにすぎなかった。

一方、英国軍の派遣部隊はアルハンゲリスクから船でドビナ川をさかのぼってコトラスまで行き、そこから先は鉄道を使ってシベリア鉄道線上のヴィヤートカに出た。が、前後の事情をよく考え合わせれば、これはより投機性の少ない作戦だったといえるだろう。

ところで以上にのべた本物のロシアの定義を一九世紀のヨーロッパにあてはめると、また別の新しい意味が発生してくる。ここで地図の助けを借りて、このヨーロッパなるものを観察してみよう。まずスカンジナビア、フィンランドおよびロシアの最も北寄りの部分と、それから南のコーカサス地方にいたるまでの東ロシアとは、ほとんど無人の空間にひとしいという理由で除外される。またトルコの支配下にあるバルカン半島の部分も同様だ。一八四四年にキングレイク（一九〇九〜九一年、英国の歴史家、旅行家）が〝イオーセン〟（Föthen）のなかで、サバ川（ダニューブの一支流）を船で渡ってベルグラード（現在のベオグラード）にはいったとき、はじめて東の国に来たことを感じた、と書いているのをここで思い出すことにしよう。一七三九年のベルグラード条約で決定をみたオーストリアとトルコ帝国間の国境線は、一八七八年まで変更されなかった。

このように本物のヨーロッパ、つまりヨーロッパ人のヨーロッパとは、その海外植民地とともに、もともとキリスト教社会であり、その意味においてまちがいなしに完全に社会的な概念である。その

第27図——本物の東西ヨーロッパに、さらにバーバリ、バルカンの両地方と小アジアとをくわえたもの。

陸上の限界はまずペトログラードからカザンにむかってほとんど直線的に進み、それからボルガとドン川のカーブにそって黒海に出る。そして、それから先はトルコとの国境にそって、アドリア海の先端近くまでゆくわけだ。このヨーロッパの一方の端には、サンビセンテ岬が海にむかって突き出している。そして、その正反対の端ではカザンのところで、ボルガの流れがちょうど肱を突き出したようなかたちで、いわば陸の岬を形成しているのが眼につく。サンビセンテ岬とカザンとのほぼまんなかに、ベルリンが位置している。もし今回の戦争にドイツが勝っていたら、たぶんこの国は、サンビセンテからカザンまでの大陸ヨーロッパにさらにアジアのハートランドまで加えて、これを強力な海軍の根拠地に仕立て上げ、英米両国と次回の戦争をたたかう準備態勢にはいっただろうと考えられる。

　ここでわれわれは、さしあたりアドリア海と北海とをむすぶ線で、ヨーロッパを東西の二つに分けて考えてみることにしたい。そうすると、ベネチアとオランダはこの線の西側にはいり、さらにまたヨーロッパの歴史の初期からドイツ民族の領分だったドイツの一部も、西の側にふくまれることになる。けれども、ベルリンとウィーンとはこの線の東側になる（第27図参照）。なぜならば、もともとプロイセンとオーストリアとは、ドイツ民族が征服した後で、多かれ少なかれ強制的な手段でチュートン化した国々だからである。このように地図の上でヨーロッパを分けてみるという考えかたで、一貫して過去約一世紀間の歴史をみると、またそこに新しい整合性がうまれてくるようにおもわれる。

＊＊＊

イギリス革命（スチュアート家のジェームズ二世を追い、ウィリアム三世とメアリ女王とを迎えた一六八八〜八九年の事件で、名誉革命ともいう。）は国王の権力に制限をくわえ、フランス革命は人民の権利を主張した。ナポレオンという名の組織者が出現したのは、フランス国内の混乱に乗じて、他の諸国がこれに干渉しようと企てたからであった。ナポレオンはベルギーとスイスとを征服し、スペインとイタリアとオランダとに自己の分身として副王をおき、さらにライン同盟を結成させて、これをフランスの保護下においた。この最後のものは、別に旧ドイツといいかえてもさしつかえない。要するにナポレオンは、こうして島国の英国だけを除いた後の西ヨーロッパのすべてを、自分の支配下に統一したわけである。

われわれはしばしば、ロシア軍がモスクワの背景にある広大な空間に退いたという説明を耳にする。が、事実ナポレオンがモスクワ遠征に際して通過したロシアの領土は、ほとんどすべて人間が住んでいたところばかりで、考えようによっては、どちら側の軍隊もそこから食糧その他の物資を調達することができたはずである。ナポレオンを敗北させた原因の一つは、たしかに彼のもっていたマン・パワーの極度の疲労だった。しかしながら、その最大の理由は、他の西ヨーロッパにおける領土がことごとく英国のシー・パワーによって包囲されていたことにある。すなわち英国自身は、ヨーロッパ以外のところから自国にたいする補給物資を持ってくることができたが、反面、西ヨーロッパにたいする外部の補給をいつでも断ち切ることができる立場にあった。その際、英国が東ヨーロッパの諸国と同盟をむすんだのは自然の帰結である。けれども、実際問題として東欧の諸国と交通をするには、とどのつまりバルト海を経由するしかほかに方法がなかった。英国の艦隊が二度にわたってコペンハーゲンを砲撃したわけも、これで説明がつく。

同時にまた英国は、その海上における支配をつうじて、オランダ、スペインやイタリアに兵を送り、ナポレオンの勢力の背後を衝いて、これを消耗にみちびくこともできた。海上における勝利の頂点としてのトラファルガーと、それから戦局の逆転をうながしたモスクワとが、いずれもわれわれの真のヨーロッパの極限に近い位置にあることは、きわめて興味がふかい。ナポレオン戦争の本質は、西ヨーロッパと東ヨーロッパとのあいだの一種の決闘であり、両者の面積や人口にはそう大きな甲乙がないくらい、たがいに均衡がとれていた。しかしながら西欧文明の優越からくるナポレオン側の利点は、明らかに英国のシー・パワーによって相殺されてしまっていた。

ナポレオンにとって最後の命取りになったワーテルローの会戦（一八一五年）の後、東ヨーロッパは、ロシア、オーストリアおよびプロイセンの三国が結成した神聖同盟《ホーリー・アライアンス》によって統一された。そしてそれと同時に、これらの三国はいずれも西にむかってそれぞれに足場を進めたが、そのありさまは、あたかも磁石によって一様に吸いつけられたかの観があった。すなわちロシアはポーランドの大部分を手にいれて、ちょうどヨーロッパ半島の心臓部に政治的な半島を突刺したかたちになった。またオーストリアはダルマチアの海岸を取り、北イタリアの大陸部においてベネチアとミラノを合わせた。さらにプロイセンは、西ヨーロッパの部分に属する旧ドイツのなかから一種の飛び地を領土に編入したが、これはラインラントとヴェストファーレンの二州に分割された。

この旧ドイツ領のプロイセンにたいする併合は、ロシアにポーランドが加わり、またオーストリアにイタリアの一部が加わったことよりもさらに重大な意味をもつことが、やがて後ほどわかった。ラインラントは、古くから文明的な土地がらで、またきわめて西欧的な感覚の持ち主であることは、この国が進んでナポレオン法典（一八〇四年に公布されたフランス民法典）を採用し、それを現に使っているところをみてもわかる。しかしながらプロイセンがこのように西欧に侵入をはじめてから、やがて自由主義的なラインラントと保守的なブランデンブルグ支配下のベルリンとのあいだに闘争が起こることは必定だった。ただ当時はヨーロッパ全体が疲れ切っていたために、その闘争が暫く延期されただけの話である。

そのあいだ英国の海軍力は、ヘリゴランド、ポーツマス、プリマス、ジブラルタルおよびマルタ等の基地から、ずっと西ヨーロッパを包囲し、監視しつづけていた。が、一八三〇年から一八三二年にかけて次々に起こった一連の政治的変動によって、西欧における一時的な反動の波は止み、やがて英国、フランスおよびベルギーにおいては、中産階級が政治権力を掌握した。さらに一八四八年から一八五〇年にかけては、デモクラシーの政治運動がライン川の東側にもひろがって、中部ヨーロッパは自由と民族主義思想の炎につつまれた。ただ、われわれの観点からいえば、そのうちの二つの事件だけが、いわば決定的な意味をもっている。

その一つは、一八四九年にロシアの軍隊がハンガリーに進撃した結果、マジャール人がまたウィーンへの従属という、元の鞘《さや》のなかに押し戻されてしまったことである。これをきっかけとして、オーストリアは、イタリアとボヘミアにおける覇権をふたたび主張するようになった。またいま一つは、一八五〇年にオルミュッツで開かれた宿命的な会議の結末である。その前に西欧の世界に属するフランクフルトの市民は、プロイセン王にたいして全ドイツの王冠を受理することを要請していた。が、ロシアとオーストリアとが、これに承認を拒んだのである。これは、東欧側が今後も一致した歩調をとりつづける必要があるという、表向きの理由からとられた措置だった。けれどもこれによってラインラントに源を発する自由主義の運動は決定的な阻害を受けることになった。

ここで、おなじみのビスマルクが登場する。彼はフランクフルトで政治生活を送った体験があり、またパリとペトログラードで大使をつとめたこともある。が、一八六二年にプロイセンの首相にえらばれてからは、ドイツ統一の方針として、フランクフルトによって象徴される西欧の理想主義によらず、もっぱらベルリンが代表する東欧の組織的な理念にしたがうことになった。一八六四年と一八六六年にベルリンは西ドイツを蹂躙《じゅうりん》し、ハノーバーを併合して、ユンカー（プロイセンの地主貴族）の軍国主義がラインラントに侵入する途をひらいた。同時にベルリンは、マジャール人に協力して、オーストリア＝ハンガリーの連合王国をつくることに手を貸し、またオーストリアからベネチアを奪って、その競争相手の気勢を殺《そ》ぐことにつとめた。が、すでにこのときミラノはフランスの努力によって西側に復帰していた。

一八六六年のプロイセンとオーストリアとのあいだの戦争は、しかしながら、実質的には単なる内戦とみなしてさしつかえない。このことは、やがてプロイセンがフランスにたいしてその絶大な威力をしめした後、一八七二年に三帝同盟をむすんで、一時的ながらも神聖同盟時代の東ヨーロッパを再現したことによって明らかになった。けれども東欧における力の中心は、もはやロシアではなくて、プロイセンに移っていた。そして、今や東ヨーロッパは西ヨーロッパにたいして、ラインラントという、かなり大きな〝斜堤〟をすら持つことになったわけである。（訳者注1）

普仏戦争（一八七〇～七一年）後の十数年間、ビスマルクは文字通り東欧と西欧の両方に君臨した。彼は西欧を支配するのに、いわゆるロマンス三国——つまりフランス、イタリアおよびスペイン——をたがいに離間する方針をとった。そして、そのだしに使われたのが、かつてアラビア人達が〝西の島〟といっていたところの、バーバリ地方（エジプトの西から大西洋岸にいたるアフリカの北部）にたいする右の三国の野心である。フランスは、すでにバーバリ地方の中心になるアルジェリアとして知られる部分を取っていた。が、ビスマルクは、さらにフランスをそそのかして、東側はチュニス、また西側はモロッコの方面にその領域を拡大することを勧め、イタリアおよびスペインとのあいだに自然と利害の衝突が発生するように仕組んだわけである。

一方、東欧の内部でも、バルカン半島の問題について、ロシアとオーストリアとのあいだに似たような利害の対立があった。けれども、ビスマルクは、事東欧に関するかぎり、できるだけこれらの両同盟国をつなぎとめることに努力した。一八七九年に彼がオーストリアとのあいだに二国同盟をむすんだ後、さらにロシアとのあいだに再保険条約の交渉を秘密裏に進めたのも、そのためである。(訳者注2)ひとことでいえば、つまり彼はプロイセンの統制下に東欧を固めることを念願した。が、同時にまた、西欧をなるべく分裂の状態におきたかったのである。

***

以上きわめて簡単にのべた事件の経過は、けっしてすでに死んでしまった過去の歴史物語ではない。そのなかには、東欧と西欧とのあいだの根本的な対立関係がしめされている。そして、この対立関係は、時として世界的な意味をもつことがあるが、その理由は、歴史が教えているように、もっぱら東欧と西欧とのあいだの境界線がドイツの国内を通過していることに求められる。同時にまた別な観点からみれば、この境界線は戦略的な意味において、ハートランドを沿岸地帯《コーストランド》から分けているものともみなされる。

もともと西欧側の諸国には、ロマンス系とチュートン系という、二つの大きな要素がある。そのうち英国とフランスという二つの主要な国民については、すでに近代にはいってから、おたがいに一方が他方を征服しあうという関係はなくなった。両国のあいだには、イギリス海峡というものがある。なるほど、中世時代にはフランスの騎士達が、三世紀にわたってイングランドを統治したことがあった。また、その後には逆に英国民のほうが、約一世紀にわたってフランスを統治しようとこころみた時代もある。けれども、このような関係は、メアリ女王がカレーを喪失したとき（一五五八年）に、事実上終わりを告げたといっていい。一八世紀に両国のあいだで起こった大きな戦争は、いずれもフランスの王権がヨーロッパの大陸内部であまり強くなりすぎることを防ぐのがおもな目的だった。その他の点についていえば、これらの戦争の動機は要するに植民地の争奪であり、また商業上の競争であった。

さらにチュートン系の要素についてみても、とりわけラインの沿岸に関するかぎり、これまでフランス人にたいする根づよい敵意はみられなかった。アルザスの住民達はドイツ語をしゃべっているが、心はすでにフランス人になりきっている――これは、これまでの歴史の偉大な成果のひとつだといっていいだろう。現在プロイセンの領土になっているラインの諸州も、かつてナポレオン法典を受け入れた経験があることは、前にもいったとおりだ。

一方、東欧の側にもまた、チュートン系とスラブ系という二つの大きな要素がある。けれどもこの二つのあいだには、西欧のロマンス系とチュートン系の二大要素のあいだにあるような、みごとな均衡の関係はみられない。これまでのすべての東欧問題を解く鍵は、要するにドイツ人がスラブ系の諸

第28図——コトブスの周囲でドイツ語の圧倒的な波に洗われながら、わずかに生き残っているウェンド語　（スラブ系）の流通圏をしめす。

民族の上に君臨しようとしたことにあるので、現在はこのことをきわめてはっきりと胸にきざみこんでおく必要がある。それが証拠には、ウィーンとベルリンとは、いずれもすでに西欧の限界をはみだして、かつて中世時代にスラブ民族の領分だったところに位置している。ということはつまり、これらはドイツ民族が東方の征服者として、その故郷を離れてから最初の第一歩を印した場所だ、という意味である。

　シャルルマーニュの時代には、もっと西寄りのエルベ川とその支流のザーレ川とが、スラブ民族とドイツ人との支配領域の境界になっていた。現在でも、ベルリンからわずか南へ行ったコトブスの周辺には、まだウェンド語――これは、ほんの二、三世紀前まで、このあたり一帯のスラブ民族の共通語だった――をしゃべっている農民の居住地帯がある。が、この小さな陸の孤島の外に住むスラブ系の農民達は、すでに彼らの領主であるドイツ人の言語を受け入れてしまった。これと対照的に、農民そのものがドイツ人である南ドイツでは、農地は比較的小規模な地主の持物になっている。

外国人の眼からみたばあい、たしかにプロイセンとオーストリアの上流階級からは、それぞれかなりちがった印象を受ける。これはプロイセン人が、北の厳しい気候の土地から来たのにたいして、一般にオーストリア人は、その故郷である南ドイツから東方に進出したことによるものである。ともあれわれわれは、ユンカーといえば、プロイセンの出身者だとおもいこんでいる傾向がある。しかしながら戦前はプロイセンでも、またオーストリアでも、要するに大地主がまるで専制君主のようにふるまっていた事実に変わりはない。そして、これら両国の一般農民層は、比較的最近にいたるまで、どちらも同じように農奴的な状態にあったわけだ。

地図の上で歴史を読む者にとって、北東と南東の方向に張り出したプロイセンの領土は、非常に深い歴史的な意味をもっている。この地図の上の歴史こそ、まさにわれわれが再建の事業に取り組むに際して常に念頭におかなければならない、大きな事実の一側面を物語るものである。そのなかでも、ことに言語の分布図は政治的な地図以上に雄弁である。なぜなら、それはドイツ語圏の発展がただ二つではなく、じつは三つの方向にむかっていることをしめしているからだ。

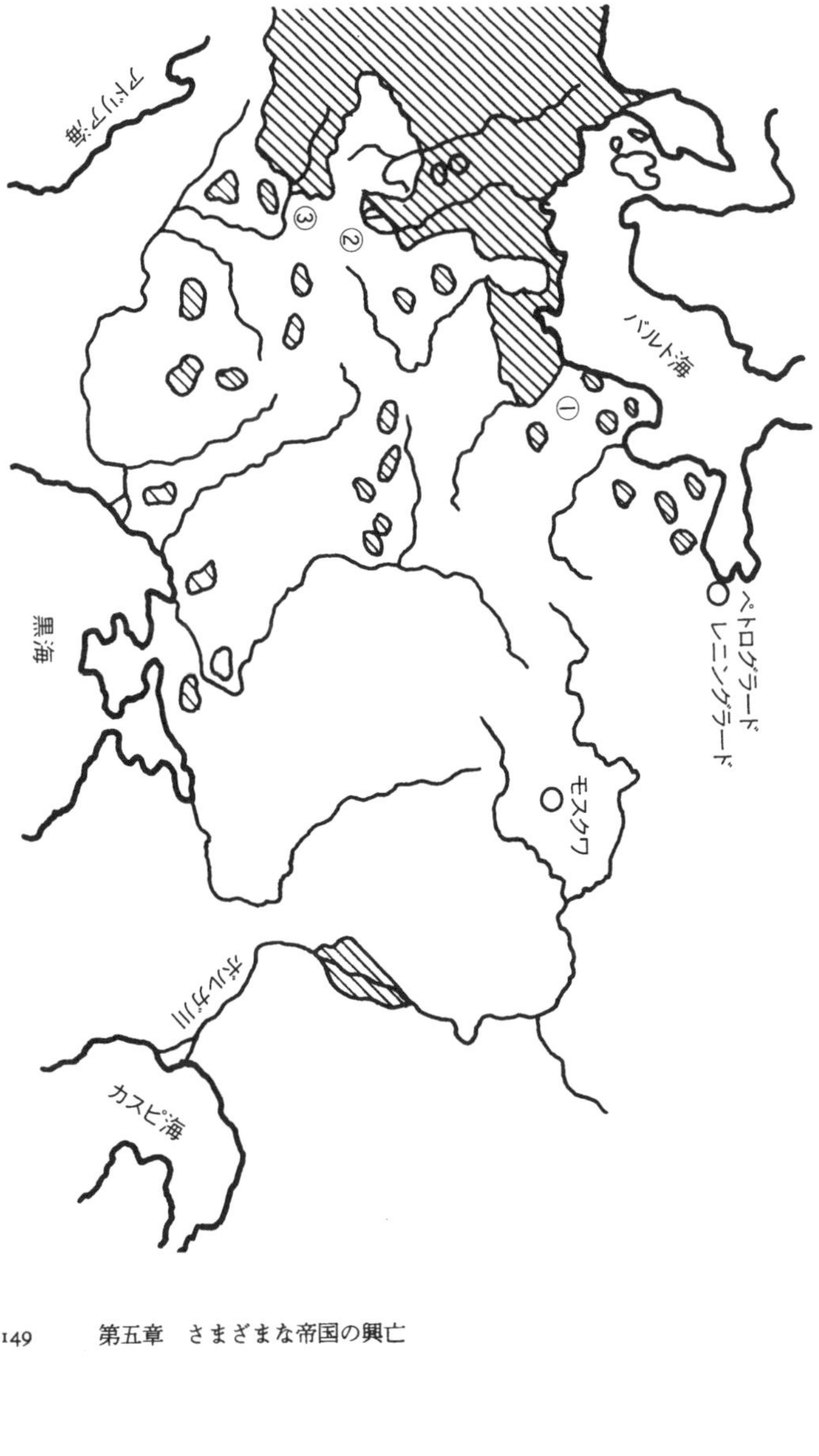

第29図——ドイツ語圏の発展の三つの方向と、ボルガ川にいたるまで散在するドイツ人の居住地域をしめす。①プロイセン、②シレジア、③オーストリア。

その第一の方向は、まずバルト海の岸にそって北東にむかっている。これは、中世時代のドイツ人による征服と、その強制的なチュートン化の事業のなごりである。リューベックを中心にするハンザ同盟の商人達と、十字軍の遠征から解放されたチュートン騎士団とが、それぞれに沿岸の水路を利用しながら、現在のペトログラードにいたるまでの沿岸陸地を次々に征服していった。そして、その後の歴史のあゆみのなかで、このドイツ人の財産（Deutschtum）の半分が現在のベルリン王国のものになり、残りの半分がロシア帝国のバルト諸州になったわけだ。しかしながら、これらのバルト諸地方においては、現在でもまだリガにドイツ人の商人集団があり、またドルパット（エストニア名、タルツ）に堂々たるドイツの大学があって、ドイツ人の領主達が幅をきかせている。ことにブレスト＝リトフスク条約（一九一八年三月に革命後のロシアがドイツおよびその同盟国との間に調印した単独講和条約）の条項のもとでは、なかんずくクールランド（現在ラトビアの一部）やリヴォニア（旧ロシアの一州名で、現在のラトビアとエストニアとにまたがっている）等において、ドイツ系要素の復活する徴候がみられた。

ドイツ人の第二の発展方向は、オーデル川をその源流である〝モラビアの入口《ゲート》〟までさかのぼるもので、この深い渓谷は一方をボヘミアの山に、また他の一方をカルパート山脈でかこまれて、ポーランドからウィーンにいたる経路になっている。このオーデル川上流ぞいのドイツ人の居住地帯が、いわゆるシレジアとなったわけだが、その大半がフリードリッヒ大王（一七一二～八六年）の時代に、プロイセンの手によってオーストリアから奪われている。以上にのべたドイツ語圏の北東および南東における突出部のあいだには、ポーランド語をはなすプロイセンの州ポーゼン（ポズナンのドイツ語名）が凹角的に介入しているために、これらの存在がさらに目立ちやすくなっている。

最後にドイツ人の東方における第三の発展方向は、ダニューブの流れにそって下るもので、また南向きにはアルプス山脈の東部にまではいりこんでいる。これが、やがてオーストリアの大公国となり、またさらにオーストリア・アルプスの山の中でドイツ語をはなすケルンテンの公国となった。シレジアとオーストリアのドイツ人達の中間には、主としてスラブ系の言葉をはなすボヘミアの地方が西にむかって突き出している。ここで忘れてならないのは、ポーゼンとボヘミアとが、いまだにその母国語を保持しているという事実である。また、これによって、右の三つのドイツ語圏の突出方向がそれぞれ三方向にむかった征服のプロセスをしめしていることがわかる。

以上、東欧におけるドイツ人の三つの進出方向と、またその現状における限界とについてのべた。が、問題は、これだけにとどまらない。そのほかにも、さらにその東側にドイツの農民や坑夫達の居留地が点々と存在している。しかも、その多くがきわめて最近のものである。ことにハンガリーの国内には、こうしたドイツ人の集団居住地が多い。ただし、さまざまな政治的理由から、近年これらのドイツ人達はしばしばマジャール族の圧政的な地主達と同化するようになった。ことにトランシルバニア（ルーマニア北西部および中部の地域で、以前はハンガリーの一部だったが、一九一八年にルーマニアに併合された。）在住のザクセン地方出身者は、同地のマジャール人地主族とたがいに特権的な地位を分かちあって、ルーマニア人の農民層の上に君臨している。（原注1）またロシアの領土のなかにも連鎖状のドイツ人の居住地があって、その方向は、だいたいウクライナの北部を通って、東はキエフのあたりまで及んでいる。そして、いよいよ、われわれがこれらのドイツ人達を最後に眼にするようになるのは、やっとボルガの中流、サラトフ市のあたりである。

しかしながら、むろんわれわれは、スラブ系諸民族のあいだにおけるドイツ人の影響力の問題を、単にドイツ語圏の拡大という観点に限ってみるわけにいかない。もとより、それはきわめて大きな要素ではある。なぜならば、ドイツ語の普及するところでは、必ずドイツ文化の政治的な影響がこれにともなっているからだ。たとえばスラブ系のボヘミア王国は、完全にドイツ帝国の組織のなかに組みいれられた。アウステルリッツの会戦（チェコスロバキア中部の町で、一八〇五年にナポレオンがここでロシアとオーストリアの連合軍を打ち破った。）の後、一八〇六年に神聖ローマ帝国の憲法が変わるまで、ボヘミアの王は皇帝選挙侯《エレクター》の一人だった。

ところで宗教的にみると、ポーランド人、チェッコ人、クロアチアの南方《ユーゴ》スラブ人およびマジャール人等は、みなローマン・カトリック教会に属している。ということは、つまりキリスト教社会のうちラテン化された西側の部分にはいっているわけだ。そしてこのことは明らかに、ロシアのギリシャ正教会にたいして、ドイツの影響力が拡大したことを意味している。一六八三年にウィーンを包囲したトルコ軍を撃退した後、一八世紀になってからオーストリアのドイツ人は、しだいしだいにハンガリーからトルコ人を追っぱらっていった。そして、その最後の仕上げが一七三九年のベルグラード条約で、これによって、その後約一世紀以上のあいだ、西欧キリスト教社会にたいするトルコの勢力の限界が取り決められた。このことをつうじてオーストリアがヨーロッパに大きな貢献をしたことは疑う必要がない。けれども、さしあたりクロアチア人、マジャール人、スロバキア人やトランシルバニアのルーマニア人等にしてみれば、これはただそれまでの主人公だったトルコ人がドイツ人によって取って代わられただけのことだった。

一方ロシアのピョートル大帝は、一八世紀の初頭に、その首都をモスクワから今のペトログラードに移しているが、これはつまりスラブ的な環境を離れて、ドイツ的な環境に移り住んだことを意味している。それはだいいち、当時のペテルブルクというドイツ式の呼び名が如実に語っている通りだ。

その当然な結果として、一八世紀から一九世紀いっぱいにかけて、ロシアの政治組織におけるドイツ人の影響力にはただならぬものがあった。とりわけツァーリの政府をささえるロシアの官僚組織の要員は、その多くがバルト沿海地方に住むドイツ系貴族の次男坊以下のクラスから募集されていた。

以上にのべたところからもわかるように、もともと東欧という所は、西欧の人びとが——少なくともアルザス地方がプロイセンによって奪取されるまで——おたがいに他国の干渉を受けることもなく、また深刻な国境問題を経験することもなしに暮らしてきたのと根本的に事情がちがっている。これまでの東欧の特色は、おもにスラブ系から成る人口の上に君臨するロシア、オーストリアおよびドイツの三国を、全体としてまたドイツ人が牛耳る、という構造から成り立っていた点にある。が、これは必ずしもドイツの影響力が、どこへいっても一様に同じだったというわけではない。これをみるのにちょうど好い事件が、一八九五年の露仏秘密同盟である。これはロシアという専制政体の国が、それまでのドイツにたいする徹底した傾斜をやめて、急にデモクラシーの国に接近したという点で、かなりチグハグな感じをあたえる。

ロシアがドイツを対象にしてフランスと同盟をむすんだということは、じつはただゲームの机の上でカードを切りなおすというような、単純な性質のものではなかった。この記念すべき重大な事件に先立って、すでにロシアとオーストリアの両国政府のあいだでは、バルカン半島における両者の競争関係をめぐって、かなり長い期間さまざまな紛争の種がくすぶりつづけていた。けれども、これは、とどのつまり一種の内輪もめにすぎない。その点で一八六八年にドイツとオーストリアのあいだで行なわれた短期の戦争と性格的に似たようなところがある。一八五三年にロシアがトルコ帝国を攻撃しようとして、ダニューブ川まで兵を進めたとき、オーストリアもまた出兵して、カルパート山脈の側からこれを威嚇する態勢をとった。これによって、一八一五年の神聖同盟いらいの友情関係は一見消え失せたようにみえた。けれども、結局は一八七二年にビスマルクが乗り出して、例の三帝同盟によって、またふたたび三帝国のあいだに撚《よ》りをもどすことに成功した。もっとも、そのあいだにロシアはクリミア戦争(一八五三〜五六年)に負けて、その痛手で当分トルコにたいして手出しができなかった、という事情もある。したがって、オーストリアとの友好関係を決定的に阻害するような問題も、また起こりえなかったわけである。

しかしながら一八七八年になって、オーストリアが突然スラブ圏に属するボスニアおよびヘルツェゴビナの両地方を併合したとき、その野心はもはやまぎれもないものであり、神聖同盟のゆくえもまた風前のともしびというほかなかった。その後、何年か気まずい時代がつづいた。そして、けっきょくロシアとしては、かつてオーストリアが落ち込んだようなドイツへの従属的な地位に甘んじないかぎり、共和政体のフランスと同盟せざるをえないという、完全な二者択一の前に立たされてしまったわけである。

＊＊＊

以上は、ビクトリア女王時代の西欧と東欧の関係の歴史である。が、これとならんで、同時にヨーロッパ以外の世界の歴史についても、またいささか言及する必要がある。トラファルガーの海戦（一八〇五年）においてその頂点に達した西欧各国海軍のあいだの戦いは、その後ほぼ一世紀に近い期間中、世界の歴史の潮流を二つに分断する効果をともなった。英国は、そのシー・パワーで、ヨーロッパの大陸を包囲する態勢をとった。ただし、インドに利害をもつ英国として、東地中海一帯の問題に干渉することを必要と感じたとき以外は、めったにヨーロッパ半島の内部の政略に深い関心をしめそうとしなかった。

けれども、英国のシー・パワーはまた、同時に喜望峰にいたる大きな〃世界の岬〃を取り囲んでいた。そして、インド地方の海の正面を守りながら行動する英国のシー・パワーは、そのころしだいにハートランドにたいする支配を固めつつあったロシアのコサック・パワーとのあいだで、競争ないしは敵対の関係にはいっていった。すでにクリミア戦争以前の時代から、ロシアは遙か北のアムール川を下って太平洋岸に出てきている。ふつう日本の開国は、アメリカのコモドア・ペリーの一八五三年の行動による、とする見方が多い。しかしながらロシア人がサハリンから蝦夷地《えぞち》の函館にいたるまで姿を現わしたことは、あるていど開国を促進する意義をもっていた。ただ英国自身の立場からいえば、むろんロシアから直接最大の脅威を感じたのは、インドの北西国境方面においてだった。

一九世紀のあいだ、英国は海上において文字通りおもいのままにふるまうことができた。というのも、アメリカはまだ強力でなく、ヨーロッパの他の諸国は、それ自体の戦争や何やかやで忙しかったからだ。マンチェスター派の政治思想のもとでは、海運と市場の問題がもっぱら商人の国家の主要な関心事であるべきだ、ということになっていた。当時、アフリカはまだ裸族の闊歩するところで、それほど開けていない。それにアメリカの人口も、まだあまり多くはなかった。したがって有望な市場といえば、おもにインドから東の、人口豊かな地域しか考えられない。したがって英国は、心がけしだいでは、あるいはアメリカ合衆国の大西洋岸を除く世界のあらゆる海岸を手に入れることができたかもしれない。けれども、じっさいに英国が意識してしたことは、せいぜいインドから極東にいたる海上ルートのあちこちに寄港地を物色するくらいのことだった。ところどころ帰属が未定の土地などでは、英国人の冒険者がすでにはいりこんでしまって、政府としては止めることができなかったため、やむをえず植民地行政まがいのことをやったところもある。

ただインドだけは、話が別だった。ここでは英国は、いったん地歩を得たら、あとはひたすら占領地を拡大するしかなかった。これはかつてのローマ帝国もすでに充分経験ずみのことだが、ひとつの新しい地方を占領すると、それを領土として確保するために、さらにこれに隣接する地方にも兵をいれて、他人が侵入の準備をする余地をまったくなくしてしまわなければならないからだ。

世界の地図を見ると、一九世紀の英露抗争の戦略的な背景が端的によくわかる。すでにハートランドのほとんどすべてをその勢力下に収めたロシアは、インドの陸側の門を叩きかけていた。が、一方、英国は中国の海側の門を叩くかたわら、さらにインドの海の門からも内陸に進撃して、北の方角からくるロシアの脅威に対抗しようとしていた。ロシアのハートランド支配は東欧のマン・パワーにもとづくものであり、さらにこれをインドの入り口まではこんだのがコサック騎兵の機動力だったことは、いまさらいうまでもない。しかし、インドおよびそれから東の海の前線に配置された英国の兵力は、はるかかなたの西欧の島々から連れて来られたもので、これを可能にしたものはむろん英国の艦隊であり、また商船である。

ところで、ヨーロッパからアジアへ船で行くためには、必ず二つのルートのうちのどちらかを使わなくてはならない。そして、そのおのおののルートの戦略的な要《かなめ》となる部分を称して、現在われわれはただ単に〝岬《ケープ》〟とか〝運河《カナル》〟とかよぶ習慣になっている。そのうちケープのほうは、少なくとも一九世紀いっぱいのあいだ、ほとんど陸からの攻撃を心配する必要がなかった。事実問題として、南アフリカは島も同然だったといっていい。運河にいたっては、一八六九年になるまで、まだ開かれてさえいなかった。ただ、その建設工事そのものがすでに前途に暗影を投げかける事件だった。

エジプトに近代戦略上の重要な意義をあたえたのは、フランス人のナポレオンだった――同時に、これによって、パレスチナ問題もまた新たに浮上した。デリーから外にむかって建設されたムガール帝国の廃墟の上に、さらに海から内陸にむけてインドの帝国を建設する可能性を最初にしめしてみせたのも、またフランス人のデュプレイ(一七四二～五四年、フランスのインド総督)だった。ナポレオンにしても、またデュプレイにしても、その考えかたの基礎は同じシー・パワーである。これが西欧の半島部に位置するフランスから出たこと自体、きわめて自然だったといえる。そのナポレオンが、エジプト遠征によって英国艦隊を東地中海に引きつけた結果、ナイル河口の戦闘が起こり、さらに史上に初めてインドに駐留する英国陸軍を、海を越えてナイル河畔に派遣するという事件が起こった。

したがってロシアのハートランドにおける勢力が増大したとき、英国とフランスの視線がひとしくスエズの方向にむかってそそがれたのは、経過的にみても当然である。むろん英国のばあいは、きわめて現実的な理由によるものであり、フランスのばあいは、大ナポレオン帝国いらいの伝統という、ややセンチメンタルな事情に裏打ちされていた。しかし、いずれにしても、地中海における行動の自由が、西欧の半島におけるフランスの輝かしい地位を守るために欠くべからざるものと考えられたことは、まずまちがいない。

とはいうものの、当時の人達の眼からみれば、まだロシアのランド・パワーがアラビアを脅かしているとまでは考えられていなかった。ハートランドから外へ出る最も自然な途は、ボスポラス、ダーダネルスの両海峡を通過する海のルートである。前にものべたように、かつてのローマは黒海をその最前線とし、コンスタンチノープルを地中海のシー・パワーのための出先の根拠地として、草原のスキタイ人にそなえた。が、ニコライ一世（一八二五〜五五年）治下のロシアは、いわばこの政策を逆手に取って、黒海とその南側の出口とを支配することにより、そのランド・パワーの限界をダーダネルス地方までひろげようとした。

これが西欧の結束をうながしたことは、疑うまでもない。それで中央アジアにおけるロシアの謀略によって、一八三九年にいわゆる第一次アフガン戦争となり、英露間の衝突が起こったとき、英国は当時ボスポラスに駐屯していたロシア軍の存在を、当然のことながら安心して見すごすわけにはいかなかった。ちなみに、ロシア軍の駐留の名目は、そのころ反乱を起こしていたエジプトの副王《ヘディーヴ》メヘメット・アリが、シリアを越えて攻撃してくる可能性にそなえて、トルコの皇帝《スルタン》を保護するというものであった。それで、英国とフランスとは、とりあえず予防的先制の挙に出て、一八四〇年にシリアにいたメヘメットを攻撃し、この問題にひとまずケリをつけようとした。

けれども英国とフランスとは、一八五四年に、ふたたびまたロシアにたいして共同の敵対行動をとることになる。フランスは前々から、レバント一帯におけるキリスト教の保護者としての役割をみずから進んで引き受けていた。ところが、エルサレムの聖地をめぐるロシアの陰謀(訳者注3)によって、その勢威が損われかけたのが事の起こりである。このときもまたダニューブ川流域をめざして進撃してくるロシア軍にたいして、英仏両国はトルコ側を助けて起った。ソールズベリー卿(一八八五～九二年、一八九五～一九〇二年の英国首相)は、死ぬまぎわになって、「われわれは、トルコという間違った馬に賭けてしまった」と、いっていた。が、一九世紀の中頃にも、はたしてそういうことがいえたかどうかは、きわめて疑わしい。なにぶんにも時は国際外交にとって、かけがえのない要素である。政策の要諦は常に時機をみて動くことにある。現に日常社交の場面でも、さほど根本的でないことがらについては、正しいことを不適切なときにいうばあいが、いくらでもあるではないか。

一八五四年という時点において、東欧における機構の中心にあったのはロシアであって、まだドイツではなかった。当時ロシアの圧力は、ハートランド一帯からインド以東の方角にかけて、ひしひしと迫ってきたばかりでなく、さらにハートランドから西欧にむかって侵入する途を、しきりにコンスタンチノープルの海峡に求めようとしていた。そして、このロシアの手助けをしていたのが、ほかならぬプロイセンだったという事の次第である。

一八七六年にトルコはまた新たな危機に見舞われて、再度英国に助けを求める羽目になった。このときフランスは普仏戦争の後で、到底協力できる立場になかった。したがって英国の単独行動で、ロシアのコンスタンチノープルにたいする進出をなんとかくいとめたが、その際にドイツ人がバルカンの回廊に勢力をのばすための最初の足場がつくられてしまった。それはいうまでもなく、従来トルコに隷属していたボスニアおよびヘルツェゴビナというスラブ族の両州を、やがてオーストリア帝国に手渡す結果になったからである。当時、英国の艦隊はトルコ帝国の黙認のもとにダーダネルス海峡にはいって、コンスタンチノープルの回教寺院の尖塔が見えるところまで行った。そのころには、まだ前述したロシアの外交政策の一大転換は起こっておらず、ロシアもまた英国もベルリンの手のうちを読めないでいた。が、それはやがて後でみるように、すぐれて経済的な手段でマン・パワーを動員することであった。

以上で、われわれはフランス革命後約百年間の国際的な事件のあゆみをみてきた。そしてその結果、国際問題のもとでは、東欧が常に一体として作用している事実を知った。ここで考えられるのは、ビクトリア朝の人びとが考えたように、ヨーロッパの政治は非ヨーロッパ社会のそれとは別々で互いに無縁であるとおもうのはまちがいで、事実はそういう区別がないのではないかということである。この間ずっとハートランドは東欧の支配下にあったが、ちょうどそれを取り囲むようにして中国からインドを経てコンスタンチノープルにいたるまで、英国のシー・パワーがハートランドの周辺の約四分の三をおさえていた。そして対トルコ政策に関しては、英国とフランスとがおおむね共同歩調をとってきた。一八四〇年になって、ヘディーブとスルタンのあいだの紛争がきっかけとなり、ヨーロッパに戦争の暗雲が立ちこめたとき、人びとの眼は本能的に最近にプロイセンがその前哨地帯をして手にいれたラインの流域一帯にむかって注がれた。事実、ドイツの軍国的歌謡のひとつである〝ラインの守り〟(“Wacht am Rhein”)が書かれたのは、まさにこのころだった。が、このとき戦争の不安をかきたてたのは、じつはアルザス、ロレーヌの領有権に関する問題ではなくて、むしろプロイセンがどこまでロシアに肩入れするかという恐怖にほかならなかった。ことばを別にすれば、つまり、その本質はあくまで東欧と西欧とのあいだの争いだったのである。

それでは、一八七〇年に普仏戦争が発生したときに、なぜ英国はフランスを助けようとしなかったのか？　いわゆる下衆《げす》のあと知恵で、このときに当然賭けるべき馬に賭けなかった理由が、いまさら問われるのも無理はない。しかしながら、そのころこの島国の人達はまだトラファルガーの勝利の夢から完全に醒めきれずにいた。彼らは、シー・パワーの特典である海洋の自由が何を意味するかを知り、それを思うままに享受した。が、一方そのシー・パワーの基礎となる地域の生産力が非常に広い意味において成否を左右することをまだ充分に悟っていなかった。これをさらに具体的にいえば、つまり東欧とハートランドとを合わせれば、そこに巨大な海洋活動の根拠地ができあがるということである。その上さらにビスマルクの時代になると、東欧の重心がペトログラードからベルリンに移りはじめた。したがって、三つの専制政体のあいだの内輪もめは、本来従属的な性格のものにすぎないのに反して、プロイセンとフランスのあいだの戦争のほうが、むしろ基本的に重要な意味をもっていたはずである。にもかかわらず、同時代人にとってその事情がよくわからなかったのは、当時の人間心理としては、あながち不自然だったともいいきれないだろう。

今回のヨーロッパ大戦争のもとをただせば、それはスラブ民族のドイツ民族にたいする反撃から起こっている。そして、その事の始まりは、一八七八年にオーストリアがスラブ民族に属するボスニアおよびヘルツェゴビナの両州を事実上獲得したことにある。次いで一八九五年に、ロシアはフランスと同盟した。一九〇四年の英仏協商《アンタント》は、これにくらべれば、さほど重要な事件とはいえない。もともとわれわれ二ヵ国は、一九世紀をつうじておおむね協力し合ってきたからだ。しかしながら、東欧における危険の中心がペトログラードからベルリンに移ったことを察知した点では、フランスのほうが時期的にみて早かった。そのため、しばらくのあいだ英国とフランスとはそれぞれおたがいに別の角度から政策を形成するようになった。

いったんどこかの国が東欧およびハートランドの資源とマン・パワーとを組織しようと試みたばあい、西欧の島国とその半島に属する国々とは、事のいかんにかかわらず、これに対抗する必要に迫られる。それで、この基本の心がまえに関するかぎり、最近百年間における英仏両国の政策は、ほぼ一貫性をたもってきたといえるだろう。われわれが半分ドイツ製の露帝《ツアーリ》の支配に反対したのは、それが半世紀にわたってハートランドと東欧に君臨し、また暴威をふるったからだ。さらにわれわれが純ドイツ製のカイゼルの支配に反対したのは、ドイツが東欧の主導権をロシアからもぎとった上で、反抗するスラブ族を押しつぶし、東欧とハートランドに君臨しようとしたからにほかならない。ドイツが誇る文化《クルツーア》とは、いわばその恐るべき組織力の別名である。したがって、その支配の方法は、さだめしロシア式の長い大きなむちのかわりに、さそりむち（鉛などのおもりをつけたむち）による懲罰のような、有効な手段を考え出したにちがいない。

＊＊＊

郵便はがき

料金受取人払郵便

新宿局承認

779

差出有効期限
2024年9月
30日まで

切手をはらずにお出し下さい

160-8791

343

東京都新宿区
新宿一ー二五ー一三
（受取人）

株式会社 原書房
読者係 行

1608791343　7

図書注文書（当社刊行物のご注文にご利用下さい）

書名	本体価格	申込数

お名前　　注文日　年　月　日

ご連絡先電話番号（必ずご記入ください）
□自　宅　（　）
□勤務先　（　）

ご指定書店（地区　）（お買つけの書店名をご記入下さい）

書店名　書店（　店）

帳合

4182

マッキンダーの地政学

H・J・マッキンダー 著

愛読者カード

より良い出版の参考のために、以下のアンケートにご協力をお願いします。＊但し、後あなたの個人情報(住所・氏名・電話・メールなど)を使って、原書房のご案内なを送って欲しくないという方は、右の□に×印を付けてください。 □

リガナ

名前　　　　　男・女（　　歳）

住所　〒　　－

市　　町
郡　　村

TEL　（　　）

e-mail　@

職業　1会社員　2自営業　3公務員　4教育関係
5学生　6主婦　7その他（　　　）

お買い求めのポイント

1テーマに興味があった　2内容がおもしろそうだった
3タイトル　4表紙デザイン　5著者　6帯の文句
7広告を見て（新聞名・雑誌名　　　）
8書評を読んで（新聞名・雑誌名　　　）
9その他（　　　）

お好きな本のジャンル

1ミステリー・エンターテインメント
2その他の小説・エッセイ　3ノンフィクション
4人文・歴史　その他（5天声人語　6軍事　7　　　）

ご購読新聞雑誌

本書への感想、また読んでみたい作家、テーマなどございましたらお聞かせください。

これまでわれわれはさまざまな帝国の興亡を、もっぱら戦略的な利点または欠点という角度から考察してきた。そして、けっきょくそこから得た結論は、シー・パワーおよびランド・パワーの観点からみるとき、世界島とハートランドとが究極的な地理学的事実であり、かつまた東欧はその本質においてハートランドの一部である、ということだった。けれども、まだマン・パワーのもつ経済的な事実の側面について、一考を要する問題が残されている。シー・パワーにとって、ただ安全というばかりでなく、同時に生産力にすぐれた根拠地が不可欠なことは、前にも言及した。このような性質の基地は、ただ艦船の要員をやしなうばかりでなく、同時にその運用に関連したあらゆる陸上のサービスを提供するためにも必要である。とくに戦争の苦い経験をなめさせられたわれわれ英国人は、深くこのことを痛感した。

また一方ランド・パワーに関連してわれわれがみてきたことは、過去の歴史においてラクダに乗った遊牧民族や騎馬民族などが彼らの帝国を永く維持できなかったのは、要するに充分なマン・パワーに欠けていたためである、ということだった。そしてロシアの時代になってはじめて、真に脅威的なマン・パワーの持ち主がハートランドの住人になったことを知ったようなわけだった。

もし他の条件がすべて同じなら、マン・パワーの優劣は一応それぞれの頭数によってきめられるが、事実は必ずしもそう単純でない。たとえば、健康の度合とか技術の優秀性といったことは、第一義的に重要である。といって、有能な人材が多ければ、それでいいというわけでもない。マン・パワー――すなわち、人間の集団が発揮する威力――は、もとより現代においても、組織の力に依存するところがきわめて大きい。これはまた言葉をかえていえば、企業組織や社会組織の問題でもある。ところで、これまでドイツの文化的な思考が外部にとって有害だったわけは、それがもっぱら地理的な事実と経済的な事実とに意識を集中して、そのほかのことをまったく考えようとしない傾向があったからである。

英国流の″政治《ポリティカル・エコノミー》″経済学も、ドイツ流の″国民《ナショナル・エコノミー》″経済学も、そのもとは同じで、いずれもアダム・スミスの書物から来ている。どちらも、労働の分業化をその根底におき、さらに労働の生産物が交換される際の価格決定の基礎を競争に求めている点で変わりがない。その点で、二つとも、たまたま一九世紀の思想の主流であったダーウィンの適者生存説の趣旨にぴったり合っていたわけだ。

ただ一点ちがうところは、その競争の単位についての考えかたである。政治経済学では、その単位を個人ないしは会社組織に求めた。が、国民経済学説においては、これが諸国家のなかの国家となる傾向が強かった。とくにこの事実を強調したのが、ドイツ国民経済学の創始者であるフリードリッヒ・リストで、やがてドイツのほとんどすべてを包含するようになったプロイセンの関税同盟（Zoll-verein）は、彼の思想の刺激によって出来上がったものである。英国の政治経済学の理論家達は、このドイツの関税同盟を自分自身の自由貿易論の片割れとして歓迎した。が、事実をいえば国民経済学は、多かれ少なかれ内部の競争を外部に転換することによって、個人間の競争を巨大な国家組織間の競争に置き換えようとしたものである。別のことばでいえば、国民経済学者達は、物事を動態的に考えた。が、政治経済学者達は、おもに統計的に考えるというだけの差があった。

以上にのべたドイツ文化とデモクラシーのあいだの発想様式のちがいは、はじめあまり大きな意味をもたなかった。とりわけ一八五〇年代と一八六〇年代とは、ドイツ人同士がたがいに戦争をしていた時代である。したがって英国の工業経営者達は無条件に勝者の地位を占めていた。ビスマルクもいつかいったように、自由貿易論は、じつは強者のための政策理論である。ところが一八七八年にいたって、ついにドイツ経済学の伝家の宝刀が抜きはらわれた。これは、科学的な関税理論が現実に導入された最初の年である。またこの年は、輸送の手段にほとんど革命に近い変化が起こった時期とほぼ一致している。このことについては従来あまり関心がはらわれていないが、じつは英国の会社がアメリカで敷設した鉄道が営業を開始したのも、また英国製の鋼鉄船が大西洋でバラ積みの輸送をはじめたのも、いずれも同じころのことである。

ここで起こった小麦、石炭、鉄鉱石、石油等の大量輸送という新しい事実が、いったい何を意味するか？　それは、次のようなことをちょっと考えてみたら、およそわかるだろう。現在カナダでは、約一〇〇万人の人間が二〇〇〇万人分の食料になる穀物を生産している。そして他の一九〇〇万人は、カナダの東部やアメリカの東部、またヨーロッパといった遠隔の土地で、それぞれ暮らしているわけだ。一八七八年以前には、木綿、木材や石炭のような比較的軽い荷物が、ほとんど帆船によって海上を運ばれていた。けれども、その量全体は、今日の基準からいえば、およそたかが知れたものである。こうしてうまれた新しい条件のもとで、ドイツは食糧と原料を輸入しさえすれば、たとえどんな場所でも――むろんドイツの国内でも――戦略的な役に立つマン・パワーを育成できる、という考えかたにたどりついた。

このころまでドイツ人は、英国人と同じように勝手気ままに海外に移住していた。が、その移住先の国々では、ドイツ人もまた英国系の人口に劣らず、ますます英国産の製品を必要とするようになっていった。そして、英国系の人口は、本国でも植民地でも、またアメリカ合衆国においても増加した。これは、まさにコブデンやブライト（いわゆるマンチェスター派に属する英国の経済理論家）達が予測していたところである。しかしながら、その他の世界の人びとは、われわれの自由貿易論を本当の自由ではなく、むしろ帝国建設の方法だとみなしていた。つまり、常にその裏側をみせつけられる立場にあったこれらの人びとは、要するに自分達が大英帝国の手となり足となって働く以外にない境遇におかれていることを自覚していたからである。

英本国という島国に住む人達は、もっぱら輸入の自由に、その繁栄の由来があるように錯覚していた。が、事実はそうではなくて、われわれはただ競争者のいない時代に事業をはじめたというだけの理由で、目下のところは企業の採算が成り立っているにすぎないわけだ。つまりそれだけのことで、理由はきわめて単純明快である。これを要するに、一八四六年（穀物の輸入に重税を課した穀物法が廃止された年で、これが自由貿易論のはしりとみなされる）という年に、われわれはすでに強者の地位にいたわけで、そのために自由貿易は当座の利益を生んだが、反面さしあたり大きな不利益はなかったといえる。

ところで一方ドイツは、一八七八年を境にして、国内における雇用の増加を促進するという方法で、マン・パワーの育成をやりはじめた。その作戦のひとつが科学的に策定された関税率で、これは輸入品目を選別する際の一種の篩《ふるい》の役目をはたすものであり、これによって労働力――なかんずく熟練労働力――を最も含まない商品が優遇される結果になった。そのかわりに国内では、最大限の生産の利益をあげるために、企業を育成するあらゆる手段がとられた。鉄道は国有となり、企業優先の運賃率がみとめられた。また銀行は、複雑にからみあった持株の制度によって、国の管理下におかれ、産業育成のためのクレジットが組織された。カルテルやトラストの結成による、生産や分配のコストの低減もまた行なわれた。そしてこのような政策の結果、ドイツ人の海外移住はしだいに減りはじめ、やがて一九〇〇年ごろを境にして、まったく途絶えるようになった。仮に多少の移住者があっても、それは入国する者の増加で充分に埋め合わせがついたわけである。

ドイツ経済の攻勢転移の姿勢は、その海外への進出という手段によって、さらに高められた。海運業には助成が行なわれ、また銀行は、外国の都市における貿易の前哨の役割をはたしていた。さらにまたドイツの管理下で国際的なトラストも組織されたが、これにはフランクフルト在住のユダヤ人達がきわめて大きな貢献をしている。そして、これらの総仕上げとしてドイツは一九〇五年に、隣接する七ヵ国とのあいだで一連の精緻な通商条約を取り交わしているが、これはほとんど強制的な措置だったといってよく、明らかにこれらの諸国を経済的にドイツに隷従させるという効果をねらったものだった。日露戦争に負けた上に、さらに革命で苦しんでいるロシアもまた、その被害者のなかまの一員である。ちなみに、これらの条約体系を考え出すには、約一〇年間の歳月を必要としたといわれる。が、これこそまさに世界に誇るドイツ文化の精粋だった、といわなければなるまい。

ドイツの急激的な成長は組織力の勝利だった。さらにいえば、それは戦略的な方法論的メンタリティの勝利である。けれども、その基礎科学的なアイデアのほとんどは、輸入されたものばかりだった。さらにドイツが誇りとする技術教育も、とどのつまり組織力のひとつの形態にすぎない。そのシステムのすべては、企業体のもつ真理——つまり組織されたマン・パワー——の意味の明らかな了解の上に成り立っていた。

しかしながら、企業体の論理はきわめて苛酷である。なぜなら人間と称する動物の政治的属性の最初のものは、すなわち飢えであるからだ。戦争に先立つ一〇年のあいだ、ドイツの人口は毎年約百万人の割でふえつづけた——これがつまり死んだ者と生まれた者の数の差だったということになる。その結果として、生産的な企業はただ維持されるだけではまにあわない。その成長は不断に加速される必要があった。そのため約四〇年のあいだに、国外の市場を求めるドイツ人の飢餓状態は、世界が最も恐れる現実の一つになってしまった。ロシアとの通商条約がやがて一九一六年に更新の時期をむかえるという事実が、おそらく戦争の発生を不可避にする原因の一端になっていたのではないかとおもわれる。ドイツは、ドイツ人のために食糧を生産させ、またドイツの工業製品を買わせるために、スラブ民族をその支配下におこうとして全力をあげていたわけである。

一九一四年になって、ドイツのマン・パワーは、まるで堰を切ったように溢れだした。当時ベルリンにいて、そのレバーに手をかけた人びとの責任は、現在われわれがつたえ聞くところによれば、心ならずも恐るべき決闘に駆り立てられた不幸な世代の人達によって真剣に追及され、またその結果もすでに出はじめたもようである。が、歴史の審判は、そう甘くはないだろう。それ以前にそもそも発端となった経済闘争に火種を提供した人達も、同様に罪をまぬがれることはできまいとおもわれる。そして、この点については、英国の政治家や国民も、また完全に無罪とはいいきれないのである。

自由貿易の理論にしたがうと、世界の各部分はそれぞれに自然から与えられた便宜にもとづいて発展をとげ、またさまざまな性格の社会は、めいめいに分業の体制をとった上で、それぞれの独特な産物を自由に交換しあうことにより、おたがいに利益を受けるものとされている。しかも自由貿易は、このような過程をつうじて、平和と人類愛の達成に役立つものだと確信されてきた。これはアダム・スミスの時代から一世代か二世代後のころまでは、あるいは通用した学説かもしれない。しかしながら近代的な条件のもとにおいては、巨大な企業体――あるいはまた、しだいに肥大する金融機関ないしは産業の勢力といってもいい――は、もともと自然が与えてくれた便宜をあらかた打ち消してしまうだけの恐るべき力をもっている。現にランカシャーの綿織物業などは、この種の巨大な企業の一例である。その各市場向けの輸出価格のほんのわずかな差によって、マーケットの得喪が決まってしまう。しかもカットされた価格のもとで勝負できるのは、ただ巨大な企業だけなのだ。原材料の供給源も、また完成された製品の主な市場も、いずれもそれぞれ遠く離れた海外の各地にあるにかかわらず、ランカシャーがこれまで約一世紀のあいだあらゆる競争相手に打ち勝って、その綿織物業を維持してこられたのは、もっぱら以上のような理由にもとづくものである。その自然が与えてくれた便宜といえば、ただ石炭と湿気の多い気候ぐらいのもので、こんなものは世界のどこででも真似ができる。これを要するに、ランカシャーの綿織物業が今日もまだつづいているのは、ただひたすらな惰性の作用によるというほかにない。

しかしながら、あらゆる産業の分化はおよそ成長を不均衡なものにする傾向をまぬがれない。一八七八年以降にその緊張がはじまったとき、英国の工業は依然として成長をつづけたが、農業は衰退した。ただし英国の工業のなかでも、やがて不均衡の状態があらわれてきた。綿織物と造船の部門はそれでもなお成長しつづけたが、化学と電気の部門の発展はこれにともなわなかった。これはただ単にドイツの市場進出が、われわれの基幹産業から意図的に顧客を奪ったためばかりではない。すでに英国以外の世界でも、工業化が積極的に行なわれているところでは、自然に産業分化の現象が起こって、そのために、どうしてもこうした対照が目立ってくる。英国は、これらの産業部門に手をひろげて、やがてしだいにそこに努力を集中した結果、ドイツに負けず劣らず市場を渇望するようになった。そもそも英国の流儀にしたがえば、全世界を市場にしないかぎり、やがて間尺に合わない計算になるからだ。

だいいち英国は、貿易交渉の基盤となる保護関税という名武器を持たない。その点で、いわば裸の姿で全世界に立ち向かっている。したがって、もし致命的に重要な市場を脅かされたばあい、英国としては、ただシー・パワーで仕返しをするジェスチャーを試みるほかに芸がない。コブデンがその晩年になって英国の海軍を強化する必要を論じたころには、たぶん彼もこうした可能性を見越していたわけだろう。しかしながら他のマンチェスター派のお歴々は、腹の底から自由貿易は平和の役に立つと確信していたから、産業政策の格別な要求からやがてシー・パワーが必要になるだろうなどとは、夢にも考えたことがなかった。彼らの腹の底は、要するにどんな商売でも、ただもうかりさえすれば、それで万事オー・ケーだったのである。

しかしながら一八九八年に、マニラ事件が発生したとき、英国の艦隊がアメリカ合衆国のモンロー主義を支持して、ドイツの艦隊を牽制する立場にまわったのは、もっぱら南アメリカにおける英国自身の市場を守るためだった。また南ア戦争の際にも、やはりシー・パワーを発動して、ドイツ海軍の動きをおさえているが、これはむろんインドの市場を守ることが目的である。それから日露戦争に際して日本を支持した目的は、英国の伝統的方針である中国の門戸開放《オープン・ドア》体制をつらぬくことだった。ランカシャーの人達は、はたして綿花の無税輸入という制度が、武力によってインドに押しつけられた経過を知らなかったのだろうか。むろん、インドが英国に統治されたために、差し引きして大きな利益を受けたことは事実である。その意味で、ランカシャーの人達はあまり深い罪の意識を感じないでいいのかもしれない。が、それでもなお自由貿易を説き、平和を愛するランカシャーの人びとが、英帝国の内外において度重なる武力の保護を受けてきた事実は、厳然として消えないのである。

ドイツは、この教訓によく学んで、その艦隊の建設に精を出した。そして、その艦隊は、戦争の末期にいたるまで、ほとんど健在だった。この艦隊がいるかぎり、英国の大海軍もその場に釘づけになって、フランスの戦場にいるわが陸軍を援護するために、充分な役割をはたすことがついにできなかった。

ところで、以上にのべたような大々的な企業がもつところのはずみの力は、とくにデモクラシーの社会では、なかなか方向を変えることが困難である。ただ今回の戦争によって教えられた結果、われわれが将来に託するひとつの希望は、たとえデモクラシーの国でも、それこそ努力しだいで、いくらか長期的な視野が持てるようになるのではないか、ということである。とかく経済的に不均衡に発達した社会では、多数派は常に発達しすぎた側につく傾向がある。そのうえさらに、デモクラシーにおいては、多数派が為政者をえらぶ権利をもつ。そのために既得権はますます深く社会に根をおろすことになる。労働側は労働側で、その特殊な賃金の体系や消費の習慣にもとづく利益を主張し、資本の側もまた同じように、みずからの利潤拡大の方式に固執する。大きな視野でみれば、こうした点では、労働側も資本の側もほとんどえらぶところがない。要するに、どちらも近視眼的である。

とはいうものの、専制的な政体のばあいでも、やはり大企業体の方向を転換させるには大きな悩みがある。ただちがうのは、その困難さの性質である。デモクラシーの体制における多数派は、とかく永年の経済的なしきたりを変えることを望まない。が、専制政体のばあいは、しばしばその勇気に欠ける、という差がある。カイゼル支配下のドイツは世界的な帝国の建設をめざして、その実現に必要なマン・パワーを育成するために、最も適切と考えられる経済的な手段にうったえた。しかしながら、それが一時あまりにも成功したため、いざ戦争におもむく以外にない段階に立ちいたっても、なおそのやりかたを変えるだけの勇気がなかった。というのも、戦争に代わる途は、要するに革命しかなかったからである。まさにフランケンシュタインのように、ドイツはその手におえない怪物をつくり上げてしまったわけだ。

今私が考えるところでは、自由放任《レッセ・フェール》式の自由貿易主義も、また略奪型の保護主義も、どちらも帝国指向型の政策であることにかわりない。したがってまた、戦争をともないやすい。英国人とドイツ人とは、たまたま同じ線の急行列車に乗った。が、その走る方向は、まったく正反対だった。というわけで、おそらく一九〇八年ごろから、衝突は必至だったとおもわれる。そして、とうとうブレーキをかけても止まらない瞬間まで来てしまったのである。英国とドイツの責任のちがいは、たぶん次のようにいえるだろう。英国側の機関士は先に出発して、信号を無視しながら、のらりくらりと運転をつづけていた。一方ドイツ側の機関士は、わざと衝突に堪えられるように列車を強化し、装甲まで取りつけて、おまけに走らせる線を完全にまちがえてしまった。そして最後の瞬間になって、彼のスロットル・バルブを全開にしたのである。

ただ何といっても、このような大企業型態は今日の経済の巨大な現実である。それをドイツ人は意図的、犯罪的に使い、英国人は無意識に心なしに使ったといえるにすぎない、が、ロシアのボルシェヴィキ派の人達は、どうやらこの重要な事実を完全に忘れているようにみえる。

原注

(1)ここでのべたことは、わざと戦前のままの状態にしておいた。その未来像はまだかなり漠然としているのに反して、過去の記憶はなお強く人びとの頭に残っているからである。

訳者注

(1)斜堤（glacis）というのは、かつての築城用語で、城郭の周囲や堀の外側などの傾斜した部分をいう。が、今日では一種の国際政治の用語として、広く勢力範囲とか、または緩衝地帯などの意味にもちいられる。

(2)ここで二国同盟（Dual Alliance）というのは、当時ロシアを対象にした秘密の防御同盟条約のことで、一八八二年にはイタリアをも含む三国同盟に拡大された。また再保険条約（Reinsurance Treaty）は、ドイツがフランスを攻撃したとき、またはロシアがオーストリアを攻撃したときのほかは、両国のあいだでたがいに中立を守り合うことを約束したものであり、一八八七年に成立して、一八九〇年に失効した。これによって一般に三帝同盟は解消されたものとみなされる。

(3)当時エルサレムの聖地は、ローマン・カトリック教会の管轄に属するか、それともギリシャ正教の保護下に立つかで、深刻な摩擦があった。ここではロシアが武力を背景にした外交干渉で、後者を支持しようとした事件をさす。詳細は、Philip Warner, *The Crimean War—A Reappraisal*, London, 1972 を参照。

第六章　諸国民の自由

連合国側は、今回の戦争に勝った。が、どのようにして勝てたかを考えると、その経過は多くの警告に満ちている。まず最初にわれわれが救われたのは、英国の艦隊の臨戦態勢が完備していたおかげであり、そのためにいちはやくこれを海に送る決定ができた。したがって、英国はフランスとの連絡を断たれることとなしにすんだわけである。この準備と決意とは、じつに多くのことをいいかげんに見過ごしてしまうなかで、ただひとつ肝心な事にだけ気をくばるという、英国人に独特な習慣がしたことだった。これは、いわば有能なアマチュアの態度である。それから第二にわれわれを救ったのは、マルヌの戦線でフランスの天才が勝ち取った奇跡的な勝利だった。これはフランスの士官学校で、永年の歳月をかけて深く研究しつくされた戦術によるものである。が、その勇気だけを例外とすれば、他の点ではフランスの陸軍も、われわれがおもうほどに良く戦争にそなえていたとは、義理にもいえなかった。第三番目に、われわれはイープル（ベルギー北西部の都市）の戦場において、古い歴史をもつ英国の職業的陸軍の健闘に負うところも、また以上にくらべてけっして少なくなかった。その名前はおそらくテルモピレーとならんで、将来の歴史に語りつがれるだろう。以上を要するに、われわれはただ比類のない天才と英雄的行為とによって救われたのであって、そうなったのも元はといえば日ごろの予測と準備とを怠っていたからだった。これはデモクラシーの長所と短所とをまことに雄弁に物語る良い例である。

それから約四年間のあいだ戦線は固定し、陸においては塹壕《ざんごう》戦となり、また海においては対潜水艦戦となった。このような消耗戦は、長い眼でみれば英国にとっては有利だが、しかしながらロシアには不利に作用した。一九一七年になって、ロシアはついに国内的に分裂し、戦列を離れてしまった。それでドイツは東部戦線を軍事的に制圧したが、しかしながら、まず最初に西側の敵から始末しなければならない必要上、スラブ民族を徹底的に征服する事業は当面先に見送られた。

一方、西欧側は、ただ西欧諸国の力だけでは東方における情勢を完全に転換することができないため、どうしてもアメリカの来援を待たなければならなかった。しかし、これにはまたたいへんな時間がかかった。というのも、アメリカは今度の戦争に参加する第三番目のデモクラシーの大国として、英国やフランスよりもっと準備に欠けていたからである。その時を稼ぐためにも英国海軍の乗組員達は勇敢に海上で戦ったが、一方、商船の犠牲もまた少なくなかった。さらにフランスの戦線で英仏両国の陸兵達は、ともすれば圧倒的な敵の攻勢にたいしてよく堪えぬいた。つまり、われわれはドイツの組織力に対抗するために、ただ強靭な意志の力と本質的なことがらにたいする直観の力とに頼りながら戦って、ようやく勝利を得たといえるにすぎない。そして最後の土壇場になって、やっとフランス陸軍の正統派が主張する戦略的な統一指揮の原則を受けいれたようなしだいである。

この栄誉と汚辱に満ちた西部戦線と海上における戦闘の全歴史は、しかしながら、さしあたりわれわれが当面する国際的再編成の計画とほとんど何の関係もない。現に東欧と西欧のあいだでは、直接の闘争がまったく行なわれなかった。フランスがアルザスとロレーヌとを回復するために、ドイツを攻撃するというような時代はすでに過去のものになっていた。ここで絶対に忘れてもらいたくないのは、そもそも今回の戦争が、ベルリンに反抗して起とうとするスラブ人種を制圧するための、ドイツの努力から始まったということである。われわれは、スラブの土地であるボニアにおいてオーストリアの大公フェルディナント――つまりドイツ人――にたいして行なわれた暗殺行為が、ただの口実にすぎなかったこと、またさらにオーストリア――つまりドイツの同盟国――が同じスラブの国であるセルビアに送った最後通牒は、とどのつまり戦争を強いる手段にすぎなかったことをすでによく知っている。しかし以下のことだけは、たとえ何度繰り返しても、けっして多過ぎはしないだろう。これらの事件は、そのことごとくが東欧の主人公になりたいとおもうドイツ人と、それから彼らに服従することをいさぎよしとしないスラブ民族とのあいだの、反目の結果だったのである。もしもドイツがフランスとのあいだの短い前線では守勢に立ち、そしてその主力をロシアに投入するという途をえらんでいたら、現在、世界はあるいは形の上では平和だったかもしれない。が、そのかわりドイツの支配下に全ハートランドを掌握する東欧の影に絶えずおびえていなければならないだろう。それにもかかわらず、英国やアメリカのような島国の国民は、ひょっとしてついに手遅れになるまで、その戦略的な危機に気がつかずにいるかもしれない。

もしわれわれが将来にわざわいの種を残したくないと考えるなら、この際、東欧におけるドイツとスラブ間の問題に最終的な結末をつけないような戦争の善後策を絶対に受け入れてはならない。われわれが必要とするものは、ドイツ人とスラブ民族のあいだの適正なバランスであり、しかもその両方が、それぞれ真の独立を享受できるような解決策でなくてはならぬ。かりそめにも東欧やハートランドにおいて、将来の野心に余地を残すような状態をそのままにほうっておくわけにはいかない。ともかく、われわれは最近の危険をやっとかろうじて切り抜けたばかりであることを、よく肝に銘じておこう。

あるローマの将軍が戦いに勝って町に帰ったとき、まるで身も心もとろけるような歓迎の渦のなかで、彼の戦車の後ろに乗っていた奴隷が、「あなたには死の影が迫っています」と、そっと彼の耳のなかにささやいた。今われわれの政治家達が講和会議の席上で、敗者と差し向かいになって話しているとき、優しい姿をした守護天使《ケルビム》が時折彼らの耳に次のようにささやくありさまを想像してみたい。

東欧を支配する者はハートランドを制し、
ハートランドを支配する者は世界島を制し、
世界島を支配する者は世界を制する。
Who rules East Europe commands the Heartland:
Who rules the Heartland commands the World-Island:
Who rules the World-Island commands the World.

＊＊＊

サー・エドワード・グレイ（一九〇五〜一六年、英国の外相）は、かつて最近における一連の悲劇的な事件の原因を説明して、次のようにいった。一切の事の起こりは、一九〇八年にオーストリアがベルリン条約（一八七八年）を無視して、ボスニアおよびヘルツェゴビナを正式に併合し、これによってヨーロッパの公法を破ったことにある、と。これが歴史の節目の一つだったことは、たしかに疑いない。しかしながら、もともとトルコ帝国に属していたこれらスラブ系の両州をオーストリアが占領したのは一八七八年のことで、その事実はベルリン条約そのものによっても確認されている。したがって、いっそのこと、そこまで問題をさかのぼるのがむしろ適当だろう。

ちなみに、これらの両州はもともとスラブ系の民族がトルコ帝国と戦って奪還しようとしていた地方に属する。ところが、この地方に進出をはかったオーストリア系のドイツ人の背後には、同じ血を分けたプロイセンのドイツ人が味方についていたので、この事実はベルリン条約の結末によって、スラブ人の胸のなかに明らかに刻みつけられた。そもそもベルリン会議を開催する有力な原因になった一八七六年の戦争は、ボスニアおよびヘルツェゴビナに在住するスラブ民族のトルコにたいする反乱からはじまったわけで、それがやがてヨーロッパ的規模の問題にまで発展したのは、隣り合わせの同じスラブ系の国民であるセルビアとモンテネグロとが彼らに同情し、やはりトルコにたいする闘争の過程にはいったからだった。

一八七八年後になると、ドイツはそろそろマン・パワーの準備にとりかかったが、ロシアのほうは、やや遠慮がちになった。そして一八九五年になると、ツァーリの帝国とフランス共和国とのあいだに同盟がむすばれた。フランスはアルザスとの国境にまだぽっかりと傷口があいているのに不安を感じたし、ロシアにはドイツというたちの悪いいじめっ子がついていたので、それぞれたがいに同盟の相手がほしかったわけである。ロシアとフランスとは直接国境を接していないので、片方がデモクラシーで片方が専制政体であるという事情のちがいは、当面そう結合のさまたげにはならない。が、それにしても、ロシアはよくよくの窮境におかれていた、というほかにない。

それから一九〇五年に、ロシアは日露戦争における敗北と第一回目の革命という二重の傷手を受けた。が、この年にドイツはロシアにたいして、ほとんど懲罰的ともいえる不公平な関税率を課してきている。その結果、とうとう一九〇七年のロシアは、かつてのライバルであり、また最近には敵国日本の同盟者だった英国と協商するというところまでいった。ロシアの宮廷とその官僚機構におけるドイツ人の勢力の強さについては、前にも言及した通りである。彼らがいかに大きな心理的負担をロシアの為政者にあたえていたかということの新しい証拠が、またここにも見出される。

それで先にグレイ侯がとりわけ力をこめていわれたように、一九〇八年にオーストリアがボスニアおよびヘルツェゴビナに関してさらに積極的な行動をとったとき、それはまだ治らない傷の上に重ねて打撃をあたえるような効果をともなった。まず隣の小国セルビアがこれに抗議をし、ロシアがさらにそれを支持した。なぜならば、このオーストリアの行為は、一四世紀におけるコソボの大敗北（一三八九年にここでセルビアの貴族達が虐殺され、セルビアは一三九六年以降トルコの属邦になった。）いらい、セルビアの国民が誇り高くかかげていた失地回復の歴史的使命にたいして、決定的に門戸を鎖ざそうとするものだったからだ。しかしながら、このときベルリンの皇帝《カイゼル》はきらびやかな軍装でウィーンに姿を現わし、さらにペトログラードでも、その力こぶしを振り上げて露帝《ツアーリ》を威嚇した、とつたえられている。

それからさらに何年かの不穏な状態がつづき、一九一二年に第一回目のバルカン戦争が起こった。このときはバルカン半島のスラブ民族が力を合わせて、ドイツ人の訓練したトルコの軍隊に体当たりをこころみている。ところが一九一三年になると、ブルガリアのスラブ人達が、バルカン同盟条約の規定にしたがってトルコ帝国から取り上げた領土の分配に関する紛争を露帝《ツアーリ》の調停にゆだねるかわりに、かえってドイツ人の入れ知恵にしたがって、セルビアのスラブ人を攻撃するということが起こった。それで第二回目のバルカン戦争がはじまったが、この戦争ではルーマニアの介入があったため、ブルガリアの敗北に終わった。その結果、ブカレスト条約（一九一三年七月調印）では、ドイツ人の野心に厳しい歯止めをかけ、さらにオーストリア帝国内に住むスラブ系の民族にたいしても新たな希望を与えるにいたっている。

けれども、ブカレスト条約の約三ヵ月後に、当時のフランス駐独大使ジュール・カンボンがベルリンからパリに宛てた注目すべき報告書によれば、そのころすでにドイツは今後機会のありしだい、これまで代理戦争によって勝ち取れなかった地位を、みずからの武力にうったえても手にいれる決意を固めていたという話である。現にこれまでに集まった証拠によれば、サラエボにおけるオーストリアの大公フランツ・フェルディナントの暗殺事件（一九一四年四月二八日）からまだ一週間とたたないうちに、ドイツはこの事件を機にみずからの意思を貫徹する意向を明らかにしている。

当時オーストリアは、この暗殺事件の責任がセルビアにあるとして、おそらく他の自由国家なら到底受け入れられないような懲罰的条件をセルビアに課した。が、セルビアがその極限まで譲歩し、オーストリア自身ですらそれ以上の強行をしぶっていたとき、ドイツは、とうとうスラブ民族の総本山であるロシアを相手に喧嘩を売りに出た。このとき、もしもロシアが一九〇八年のときのように屈服していたら、結果はおそらく一九一六年にドイツとの関税条約を更新する問題に巻き込まれていたにちがいない。どのみちロシアはドイツの経済的な奴隷という身分になるしかなかった。ここまでは、すでにわれわれが聞き馴れた話である。しかしながら、決戦場は西欧の舞台にあったにもかかわらず、本来の再編成の鍵はむしろ東欧の方面にあることを知れば、以上の諸事実は、常にはっきりとわれわれの記憶にとどめておく必要がある。

いったいドイツは、なぜ中立国のベルギーを蹂躙《じゅうりん》してフランスに攻め入るという、二重の誤りを犯したのだろうか？　ドイツは、ロシアの弱さをよく知っていた。したがって、ロシアにたいしては〝蒸気《スチーム》ローラー〟の力を使う必要をさらに感じなかった。ドイツがこれよりもさらに困難の予想される方面にあえて攻勢に出たのは、たぶんまちがいなく英国のデモクラシーは冬眠の状態にあり、さらにアメリカのデモクラシーにいたっては確実に眠りから醒めることはあるまい、と踏んでいたからだろう。つまり一度島国の相手からフランスという橋頭堡《ブリッジヘッド》を奪い取ってしまえば、たとえハートランドを直接攻撃するという面倒な手間暇をかけなくても、いずれはその支配権が熟柿のように手元に転がりこんでくるという計算の上に立って、目的にたいするショート・カットの途を選んだのである。

けれども、ドイツにはさらにもっと強い別の理由もあった。これは急速に経済発展する国の宿命のようなもので、ドイツがスラブから奪おうとしたものは、マーケットであり、原材料であり、またドイツ人に穀物を提供する広い土地であった。すでに定住している国民に加えて、毎年さらに百万人もの人口がふえるというのは、けっして容易なことではない。その一つの解決策として考えられたのが、貿易港ハンブルクの建設である。これは海外進出と国内産業の育成を念頭においてつくられた港だが、ドイツ民族の強力なマン・パワーとその飽くことのない発展意欲をもととすれば、母国そのものが健在であるかぎり、あるいは植民地の獲得も夢ではなかったかもしれない。しかし、ハンブルクにはそれ自身の独特な指向性があって、それはけっして東を向いていなかった。そうして、ドイツの戦略は政治の要求から、いちじるしく偏りを生じたのである。

その結果、ベルリンの政府は、根本的なあやまちを犯した。ドイツは二つの戦線で戦いながら、どちらで決定的に勝ったらいいかをはっきり考えようとしなかったのである。敵の左右両側を攻撃することはかまわない。が、もしただちに敵を圧倒するだけの力がないかぎり、どちら側が陽動で、またどちら側が必殺の攻撃であるかを、まずもって決めてかからなければならない。ところが、ベルリンは、二つの政治目的——つまりハンブルクを基点にして、海外植民地帝国の建設をめざすか、それともハートランドを指向してバグダッドにいたるか——のうちでどちらをえらぶかを、あらかじめ決めておくことをしなかった。したがって、その戦略目標もまたおのずから曖昧にならざるをえなかったのである。

＊＊＊

運命の必然とはいいながら、ドイツがヘマをやってくれたために、われわれは勝ち残ることができた。それでわれわれが当面意識を集中しなければならない問題は、いかにして東欧とハートランドの事情を調整し、これを安定にみちびくかということである。もしわれわれが東方問題をその大筋において完全に解決しようとせず、中途はんぱな妥協にはしるとすれば、われわれはただ一時休憩の時間を稼いだにすぎないことになる。そしてわれわれの子孫は、またふたたびハートランドを攻囲するために、新たな大軍を編成しなければならない必要に迫られるだろう。調整の中心になるのは、領土問題である。目下のところ東欧はやっと経済発展の初期の段階にはいったばかりであり、その他のハートランドの大部分は、まだもっと未開発のところばかりである。したがって、われわれはよほどよく前途の見通しを立てなければ、やがて人口の増加によって、しだいに各国の領土のあいだのバランスが崩れる結果になるだろう。

ドイツの敗戦によって、ドイツ人の心理が変わることを予想する向きもある。が、これは本当のお人好しといわなければなるまい。この種の人びとは、どこぞの国民の心理が変わることによって、将来世界の平和が実現されることに期待をかけている。それなら、いっそのことフロワサール（一四世紀フランスの年代記作家・詩人）かシェイクスピアでも読んでみるがいい。イングランド人、スコットランド人、ウェールズ人そしてフランス人の性格は、昔も今も一向に変わっていないことがわかるだろう。プロイセン人は、なかんずく長所と短所のはっきりした人種である。それでわれわれとしては、彼らの子孫もまたその性格に忠実にしたがうと考えたほうがむしろ無難だろう。なるほど、われわれが最後に敵の中心的な存在にむかって加えた打撃は大きかった。しかしながら、北ドイツ人はおそらくこの地上で最も元気のいい三つか四つの人種のなかの一つである。もしこのことを忘れれば、せっかくの成果を台なしにすることにもなりかねない。

たとえドイツに革命が起こっても、その最終的な効果をあまりあてにすることは禁物である。とりわけ一八四八年にドイツのあちこちで起こった革命はほとんど喜劇的といいたい空騒ぎに終わった。ビスマルクが失脚してから後、ドイツには政治的な見識をもった宰相がただひとりしか現われなかった。その彼――フォン・ビューロー（一九〇〇～一九〇九年、ドイツの宰相）――が、その著書、『ドイツ帝国』のなかで、「ドイツ人は、常に強力、着実で、また断固とした指導のもとに、その偉業を成し遂げてきた」と、いっていることに注目しよう。現在の無秩序に終わりを告げるものは、あるいは新しい冷徹な組織であるかもしれない。そして冷徹な組織者というものは最初に自分に課した目的が達成されるまで、けっしてそのあゆみを止めようとしないのである。

以上の所見にたいして、むろん次のように答える人もあるだろう。たとえプロイセン人の気質はそのままで変わらないと仮定しても、また、たとえ本当に安定したプロイセンのデモクラシーが実現されるまでにはなかなか時間がかかるとしても、どのみち現在のドイツは非常に困窮しているから、おそらく今世紀が終わりに近づくころまでは実害をともなわないだろう、と。しかし、こうした考えかたのなかには、近代的な条件のもとにおける貧富というものの性格について何か読みちがえがありはしないかとおもう。現在、問題になるのは、死んだ富ではなくて、むしろ生産的な能力ではないだろうか？　ある意味で、われわれのすべて――ということはつまり、あるていどアメリカ人までふくめて――は、現在死んだ資本を使い尽くして、ドイツ人と共に事実上無一物から新たな生産の競争をはじめようとしているのではないか？

かつてフランスが一八七〇年の不運からいちはやく立ち直ったときですら、世間の人びとはその速さにおどろいたものである。ところが、現在の工業生産力の大きさは、およそ当時とは比較にならない。たとえば英国のばあいについて冷静な計算をしてみても、戦争の必要に迫られて機構の改革をしたり、または新しい生産手段を導入したりした結果、その追加された生産能力は優に膨大な戦時債務の利子や減債基金の額を上回るものがある、という結論が出ている。むろんわれわれの側にはパリ決議というものがあって、ドイツがわれわれのいうことをきかないばあいには、ドイツ人がわれわれと競争するのに必要な原料の供給を断つ、という途もある。しかしながら、もしそうしたばあい、せっかくの国際連盟の誕生も当分先に見送るほかはなく、ただ旧連合国だけによる連盟の結成に終わってしまうだろう。

そもそもわれわれが経済戦争に勝てるという保証を、いったい誰がしてくれるのだろう。なるほどドイツ人にハンディキャップをつけることはできるだろう。しかし彼らは不利な条件をつけられればつけられるほど、かえってますます努力する気になるかもしれない。ナポレオンはイエナの戦闘で勝った後、プロイセンの常備軍を四万二千人に制限した。が、プロイセンの軍政家達は、兵役の期間を短縮して人員の回転を早くするということで、この禁止規定をみごとに出し抜いた。そして、この短期現役の国民軍という制度が、現在、世界全体の軍隊のごくふつうな習慣になってしまったことを、われわれはこの際忘れるべきでないだろう。

経済戦争の結果、やがてドイツがスラブ民族を搾取するようになれば、いずれその勢いはハートランドにも及ぶ時期がくるだろう。これは長い眼でみれば、けっきょく大陸と島嶼国家群、つまりランド・パワーとシー・パワーとのあいだの性格の差をますます大きくするものとおもわれる。いわんや今日では、大陸内部の鉄道の発達によって、全体としてコミュニケーションと統一がいっそう容易になった。この条件のもとで不日新たな世界戦争が準備されたばあい、いったいその結末がどうなるであろうかを考えれば、誰しも一抹の不安を感じないではいられまい。

われわれ西側の国民は、ともかく今回の戦争でたいへん巨大な犠牲をはらってしまった。したがって今後は、ドイツでたとえ何が起ころうとも、それをそのままうっかり見過ごすわけにはいかない。われわれは、これから起こるあらゆる事態に対処できるようにしなければならない。そのためにも、われわれは、以上にのべたドイツ人とスラブ民族とのあいだの問題に、ぜひとも決着を与える必要がある。そしてその趣旨は、つまり東欧においても西欧と同じように、全体を分割して、それぞれに独立自足した国家群をつくることである。そうすれば、われわれはドイツ人にも、その本来の世界的地位にふさわしい限度のもの、そして一国民としてけっして恥ずかしくないだけのものを与え、同時に国際連盟の成立に先立つもろもろの条件をつくりだすことができるようになるはずだ。

読者のなかには、あまりに決定的な平和の条件を課すると、相手の心のなかに非常に苦々しい思い出を残すことになり、そのためにかえって国際連盟の円滑な運用ができなくなる、と考えている人もあるだろう。その際むろん引き合いに出されるのは、一八七一年のアルザス併合の後日談である。が、歴史の教訓は、たった一つの事例から引き出すわけにいかない。現にアメリカの南北戦争は、双方が疲れ切るまで戦われた。けれども今日南部諸州の人達は、北部の人達と同様にアメリカ合衆国にたいする忠誠を誓っている。戦争の原因となった二つの問題――つまり奴隷問題と、それから個々の州が連邦から脱退する権利の問題――は、どちらもすでに喧嘩の理由にならなくなってしまった。ボーア戦争もまた、最後の最後まで戦われた。が、ボーア人と共に戦ったスマッツ将軍は、現在、英国内閣の閣僚として名誉ある地位についている。一八六六年のプロイセンとオーストリアのあいだの戦争は、いったいどうなったか？　その戦いの激しさにもかかわらず、両国はわずか一三年後に二国同盟を結んでいるではないか？

もし現在われわれも勝利という好機会をフルに利用して、ドイツとスラブの宿怨にケリをつけることをしなければ、かえって後日にたがいに悪感情を残すことになる、と私は考える。敗北の思い出は、やがて時とともに消えてゆくものだ。が、何百万という誇り高い人びとの日々の苛立ちはけっしてそういうわけにはいかない。

＊＊＊

東欧における領土の再編成にあたって安定を期するための条件は、国家群を二つではなく、三層のシステムに分けることである。すなわちドイツとロシアのあいだには複数の独立国家からなる中間層があることが、どうしても必要である。(原注1)ロシア人は、今後数十年たつまでとはいわないが、少なくとも三十年やそこらのあいだは、軍事的な独裁をやらないかぎり、ドイツの侵入に抵抗することが絶望的に不可能である。またもしこれを避けようとすれば、ぜひともロシアが直接の攻撃にさらされないようにしてやらなければならぬ。

ロシアの農民はほとんどが文盲である。彼らは都会出の革命派に協力して、やっと年来望むところのものを得た。が、今や小地主となった彼らには、はたして自分の土地をどう管理経営していいものやら、ほとんどわからないしまつだ。またロシアの中産階級は、あまりに手ひどく傷めつけられたため、たとえ憎むべきドイツ人でも、革命派よりまだましだという心境になってきている。さらにロシアの人口のほんの一部にすぎない都市の労働者にいたっては、最もドイツの〝文化〟の影響を受けやすい地位にある。これは中途はんぱな教養のせいでもあり、また彼らが最も時の為政者の宣伝工作にさらされやすい場所に住んでいることも、その理由になっている。ロシアという国をよく知っている人びとの意見によれば、この国が独力でドイツの脅威に立ち向かおうとするかぎり、なんらかの意味の独裁政を避けることはほとんど不可能である。

ドイツ人とロシア人のあいだで隣り合って暮らしているスラブ系またはこれに近い諸民族は、しかしながら質的にかなりロシア人と異なっている。たとえばチェッコ人のばあいを考えてみよう。ロシアが極度の混乱に陥っているときに、彼らはボルシェビズムの脅威に屈することなく、よくその民族国家としての自治能力を立証してきた。三方向をドイツに囲まれ、また残りの一方向をハンガリーによっておさえられたこの国が、ともかくスラブ系のボヘミアを維持し、またその存在を新たに誇示できたということは、けだし驚くべき政治的才能というべきではないだろうか。それればかりではない。彼らはさらにボヘミアを近代工業と近代科学の中心に仕立て上げてきた。いずれにしても、彼らが国内秩序の確立と自立の志向を立派に持ち合わせていることだけはたしかである。

バルト海と地中海のあいだには、七つの非ドイツ系民族が住んでいるが、その規模はだいたいそれぞれ第二級のヨーロッパ国家並みとみていい。ポーランド人、ボヘミア人（チェック人とスロバキア

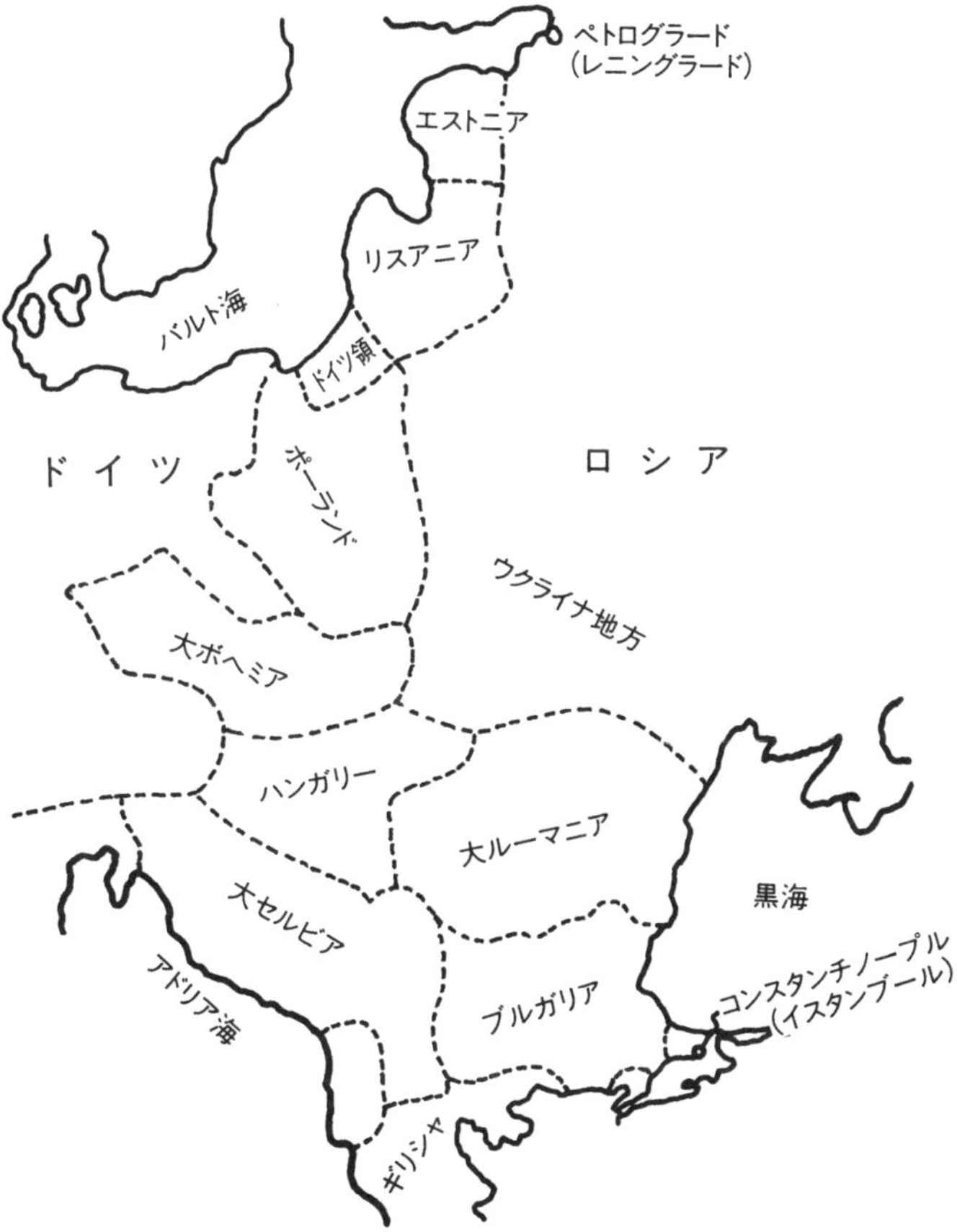

第30図——ドイツとロシアの中間に位置する諸国家群の概略をしめす。その境界については、まだ未定の部分が多い。

人）、ハンガリー人（マジャール族）、南スラブ族（セルビア人、クロアチア人およびスロベニア人）、ルーマニア人、ブルガリア人およびギリシャ人がすなわちそれである。ただし、マジャール族とブルガリア人とは、他の五つの民族によって取り囲まれている関係上、とくにプロイセンからの支持がないかぎり、他に迷惑を及ぼすほど強力になることはありえないとおもわれる。

今これらの七つの民族を逐次に検討してみよう。ウィスラ川をその動脈的な水路とし、クラクフとワルシャワの両古都をその歴史的な背景にもつ約二〇〇〇万のポーランド人は、一般的にいってロシア人よりも文明度が高い。これは、現在ロシアに吸収されたポーランドの部分についてみても、やはり同様である。とりわけプロイセンの一州になったポーゼン（ポーランド名、ポズナン）においては、彼らはドイツ文化の恩恵に浴したが、その半面、支配民族のドイツ人が犯したドイツ文化の劣悪化という弊害に陥らなかった。ポーランド人には、明らかに党派的な傾向が強いという欠陥がある。しかしながらハプスブルクの王室が金の力でガリチア地方（現在のポーランド南東部からソ連領ウクライナの北西部にかけての旧名）に住むポーランド人貴族をそそのかして、ガリチア東部のルテニア人（小ロシア人またはウクライナ人）を抑圧させることができなくなった今、少なくとも党派のもとになる既得権益の一部はすでに消滅したものとみなしていい。

新生国家のポーランドには、なんらかの方法で、必ずバルト海への出口をあたえることが希望される。これは、ただポーランドの経済的な自立に必要なばかりでなく、戦略的な観点からも、ハートランドの閉鎖海《クローズド・シー》であるバルト海にポーランドの船を浮かべることが望ましいからである。それと同時に、ドイツとロシアとのあいだには、さらに完全な緩衝地帯が入り用である。ただ不幸にして、ポーランドに海への出口をあたえれば、どうしても言語的にドイツ系が多く、またユンカー的な気質が強い東プロイセンの地方をドイツから切り離さなければならなくなる。それでわれわれは、ここでウィスラ川の東のプロイセンとポーランド人の居住地域であるポーゼンの人口を、たがいに交換することを考えてみてはどうだろうか？(原注2) 戦時中、われわれは単なる輸送の面でも、また人的な組織の面でも、もっとずっと大きなことを考え、かつ実行してきた。また過去の外交家達は、この種の困難な問題に対処するために、しばしば土地問題に関係した法律家の口にするいわゆる〝役権〟の、あらゆる形式を適用してきた。ただ、いずれにしても他国の領土の内部に通過権をみとめることは、不便が多いばかりでなく、しばしば紛争のもとになりやすい。したがって、この際はむしろ思い切って抜本的な解決――しかも個人にたいしては公平で寛容な対策――にうったえたほうが、かえって人類全体のために利益ではなかろうかとおもう。

すなわち個々の土地の所有者には、彼の財産を交換して国籍を保持するか、それとも財産はそのままに持って国籍のほうを変更するか、のオプションが認められるべきである。しかしながら後者を選択したばあいは、学校とかその他の社会的な権利や資格について、特権を留保することが許されない。現にアメリカ合衆国の学校では、あらゆる国々からの移民にたいして、厳格に英語の授業を課している。フランスや英国のような国が、人種的にほぼ均質な国家になったのは、かつて征服者達が遠慮も会釈もなしに、その統一策を強行したからだった。これは近東の国々の国民の顔つきが雑然として、いつも人類の悩みの種になっているのと、まさに対照的である。それこれを考えれば、われわれとしてもさらに近代的な輸送と組織の能力を駆使して、公平でまた寛大なやりかたで、同じように望ましい状況をつくりだすことになんのさしつかえもなかろう。とりわけポーランドのばあいは、これをぜひとも実行すべき理由が非常に大きい。もしこのままポーゼンがポーランド領になれば、それはドイツの東部国境にしっかり食い込んだかたちで、ドイツにとって大きな脅威になるだろう。またドイツ領の東プロイセンをそのままに残しておけば、将来ふたたびドイツがロシアに侵入するばあいに恰好な飛石の役割をはたすだろうと考えられる。

　次にわれわれが問題にしなければならないのは、チェック人とスロバキア人である。これらの両民族は、ちょうどポーランド人がロシア、プロイセンおよびオーストリアのあいだの境界で分断されていたように、つい最近までオーストリアとハンガリー間の国境線によって分断されていた。チェック人とスロバキア人とを合わせれば、たぶん九〇〇万程度になるだろう。この両者は、おそらくヨーロッパのなかでも最も活気にあふれた一小国家を形成するにちがいない。彼らの国は、石炭および各種の金属、木材、水力、穀物類ならびにワインなど、各種の産物をもつ恵まれた国情にあり、またバルト海からワルシャワ、ウィーン等を経てアドリア海にいたる鉄道幹線の中枢に位置している。

　それから次が、南《ユーゴ》スラブ族――つまりスロベニア人、クロアチア人およびセルビア人の三種族――の番である。その人口は一二〇〇万前後といわれる。彼らもまた、オーストリアとハンガリーのあいだの国境線によって分断されてきた。のみならず、彼らのあいだではラテン系の教会とギリシャ正教会と両方入り込んでいる。そして一九一五年にローマン・カトリック教会に所属するスロベニア人とクロアチア人とが、ギリシャ正教会に属するセルビア人とのあいだに、例のコルフ島協定(訳者注1)を結んだ。が、およそバルカンの事情にくわしい人ならば、このようなことはオーストリア＝ハンガリー帝国の威令をもってしないかぎり絶対に不可能だったことが、すぐに理解できるだろう。

ユーゴスラブの人びとには、アドリア海に面するダルマチアの諸港を自由に使える便宜をあたえよう。それにヨーロッパの鉄道幹線の一部が、サバ川の流域を下ってベルグラードに行き、そこからさらにモラバとマリーツァの〝回廊〟を経て、コンスタンチノープルに出ることも可能だ。

次にルーマニアもまた、このヨーロッパの中東部に属する国の一つである。自然地理からみたルーマニアの焦点は、むろんカルパート山脈系の一部を形成する大トランシルバニア山脈の山ふところだ。ここには豊かな水脈にめぐまれた渓谷があり、また各種の豊富な鉱脈もある。油井もあれば、さらにみごとな森林地帯もある。トランシルバニア地方の農民は、ルーマニア人である。が、彼らはこれまで少数のマジャール族とザクセン出身の特権階級によって統治されてきた。ここでもまた適切な政治性を発揮すれば、土地所有名義の変更や、完全なルーマニア市民権の獲得もあえて不可能ではあるまい。それに幸いなことに、ザクセン人と土着のルーマニア人とのあいだの敵対的な感情は、プロイセン人とポーランド人のあいだほどに激しくはなかった。

ルーマニアの残り、つまり現在のルーマニア王国の部分は、東と南におけるトランシルバニアの延長であり、トランシルバニア山脈から流れ出る川によってうるおされている。この豊饒な平地は、とりわけヨーロッパの石油、小麦およびトウモロコシの主産地の一つである。一二〇〇万のルーマニア人は、さだめし豊かな暮らしが楽しめるだろう。ガラッ、ブライラおよびコンスタンツァは、彼らの黒海に臨む港である。黒海にルーマニア籍の船を浮かべることは、あらゆる自由国民の最大の利益につながるだろう。なぜなら、黒海はしぜん、ハートランドの閉鎖水域になるからだ。今後、国際連盟がバルト海および黒海から眼を離せる時期はおそらく永久にこないだろう。というのも、ハートランドはきわめて強力な軍国主義の基盤になりうるからだ。文明は、自然をたくみに管理し、またわれわれ自身の行動をも自制することによって、はじめて成り立つ。人類団結の至高の機関たるべき国際連盟は、ハートランドの動向を厳格に見守り、またその組織者の動きをも絶えず監視しなければならぬ。これは、ロンドンやパリの警察行政が単に市民の事業であるだけにとどまらず、広く国民的な意味をもつものとみなされるのとまったく同じ理屈である。

ギリシャ人は、先にのべた中間地帯に住む七つの民族のうちで、最も早くドイツの軍事的支配から解放された。が、その理由は極めて簡単で、要するにギリシャがハートランドの域外にあり、またしたがってシー・パワーの接近が可能だったからにほかならない。しかしながら現代のように潜水艦と飛行機の時代になると話はまた別で、おそらくハートランドの大国がギリシャを占領したばあい、それはただちに世界島の支配につながるだろう。これは、とりもなおさずマケドニアの歴史の拡大再生産である。

最後に、マジャール族とブルガリア人の問題についてのべる番がきた。ありていに事の次第をいえば、これまで彼らはプロイセン人によって支配されてきたというと、やや言い過ぎになるが、少なくとも搾取されてきたことは確かである。ブダペストの事情に通じている者なら、誰でもマジャール族のドイツ人にたいする深い疎外的な感情に気がつくだろう。最近の同盟関係はむろん単に便宜的なもので、けっして心からのものではなかった。在来約一〇〇〇万人のマジャール族のうち、ほぼ一割程度の支配層が残りの九〇〇万を、まるで異国人を支配するように圧政的に支配してきた。プロイセンとの同盟――というのも、事実上これはオーストリアとの同盟ではなくて、むしろプロイセンとの直接の結託だったからである――は、要するにマジャール族の寡頭支配にたいする支持以外の何物でもなかった。むろんスラブ族一般およびルーマニア人のあいだには、マジャールの支配階級にたいする敵意のただならぬものがある。けれども、これまでとちがって、もはやドイツ人の代理としてスラブ民族から取り立てることから生ずる利益がなくなってしまえば、遅かれ早かれ、ハンガリーの政府もまたデモクラシーのもとで新しい環境に適応することを迫られるだろう。

ブルガリア人は、かつてセルビア人と同盟して、一緒にトルコ帝国と戦った仲であることを、われわれは記憶しておこう。それでセルビア人とブルガリア人のあいだの感情のもつれは、一時は激しいようにみえても、所詮は身内のなかのいざこざにすぎない。しかも、それは比較的歴史が新しいもので、その主な原因は、最近にできた教会組織のあいだの競合関係にある。もとよりブルガリア人は、第二次バルカン戦争当時のような裏切り行為に、さらに輪をかけることはゆるされない。しかしながら、もし連合国が公正な解決策を強く示唆すれば、おそらくはブルガリアもセルビアも、どちらも戦争に疲れ果てているから、きっとそれをよろこんで受け入れるにちがいないとおもわれる。ともかくも最近の二〇年間、ブルガリアで通用したたった一つの意思は、オーストリアの大公フランツ・フェルディナントのそれだけだった。

東欧の中間地帯に属する上記の諸国に関して、戦略的な意味合い上最も重要なポイントは、そのなかでも一番文明度の高いポーランドとボヘミア(つまり大体において今日のチェコスロバキア)の両国が、いずれも北にあって、そのためにドイツの攻撃にさらされやすい位置にある、ということである。これらの両国が確実に独立を維持できる途はただひとつしかない。それは、すなわちアドリア海ならびに黒海からバルト海にかけて創設された、一連の独立国家群の先頭に立つことである。しかしながら、合わせて約六〇〇〇万の人口をもつこれらの七ヵ国がたがいに鉄道交通によって確実に結びつけられ、またアドリア海、黒海およびバルト海を通じて外洋に進出することができるようになれば、全体としてほぼプロイセンおよびオーストリアのドイツ民族と拮抗できるようになるだろう。この目的に関しては、これ以下の対策はありえない。が、これとならんで絶対に必要なのは、国際連盟が常時国際法のもとに艦隊を黒海およびバルト海に送れるようにしておくことである。

＊＊＊

デモクラシーの旗印を高くかかげた国際連盟の理想は、まるで戦場という砂漠のかなたにみえる蜃気楼のように、はるばる海を越えて、今やわれわれ西欧人の心をとりこにしつつある。(訳者注2)が、以上にのべたような主旨で、まずは国際政治家的な手腕が完全に発揮できるかぎり、その理想の実現も、あながち夢ではあるまいとおもわれる。それでは、有力な実体のある国際連盟をつくるためには、いったいどういう基本的な条件を満たしたらいいか？　その点についてサー・エドワード・グレイは、最近に彼が書いたパンフレットのなかで、次のような二条件を提示している。その第一はまず、「各国の行政的な首脳が、本気で、自信をもって、その構想を受け入れること」である。次に二番目にいわれたのは、「それを進んで創設しようとする各国の政府と国民とが、このたぐいの組織は当然自国の行動にある種の制限を課し、また時としてしばしば不便な義務すらともなうこともありうることを、よく理解しておかなければならない」ということだった。

これは立派で、また非常に重要な前提である。が、その主旨は、やや高遠に過ぎはしまいか？　われわれは一般的な義務を引き受ける前に、まず具体的にそれが何を意味しうるかを、よく考えたほうがいいのではなかろうか？　ともかくも連盟が取り扱わなければならないのは、ある種の具体的な現実である。かつて戦前にも、国際連盟の雛形のようなものはあった。そしてそのメンバーは、一連の国際法体系に締約国として参加した諸国家だった。しかしながら、そのうち二つの大国が、次々と小国にたいする国際法上の義務を破ったために、ついに戦争になったのではなかったろうか？(訳者注3)　しかもこれらの二大国は、その法の名において介入した有力な諸国家の連合をほとんど打ち破る寸前にまでいった。強い国が弱い国にたいして、力の手段にうったえてまで自国の利益を守る権利は、この際放棄すべきだというようないいかたは、前述の事例に照らしても、なお不充分といえるのではなかろうか？　つまりここで私がいいたいのは、よくよく物事の真相をみきわめないと、われわれはかえって理想にふりまわされて、どうどうめぐりを繰り返す結果になりかねない、ということである。

もしかりそめにも人類全体の意思に逆らえるような例外的な強国があれば、われわれの連盟はけっして永続きしないと私はおもうが、はたしてどうだろうか？　また別ないいかたをすれば、連盟のなかには、けっして他に卓越した力をもったメンバー、ないしはメンバーのグループすら、あってはならないとおもう。とびぬけた力をもったメンバーをもつ連邦の制度は成功したためしがない。現に、アメリカ合衆国にはニューヨーク、ペンシルバニア、イリノイ等々の州があるが、そのどれをとってみても、合衆国の全体からみれば、ほんの一部にすぎない。またカナダでは、ケベックとオンタリオの両州がたがいに勢力の均衡をたもっているために、同自治領内の他の小さな諸州がこれらの両州から意地悪をされるというようなことは、めったにありえない。さらにオーストラリアの連邦《コマンウエルス》では、ニューサウスウエールズとビクトリアの両州が、ほぼ対等の地位に立っている。またスイスでも、ベルンのような大きな県《カントン》がとくに優勢だとは義理にもいえない。

これらにくらべれば、プロイセンがひとりで勝手に取り仕切っていたドイツ連邦などは、ただの見せかけだけだったといえないだろうか。イギリス諸島（the British Isles）の内部では、たとえアイルランド人自身のあいだでは相互の了解が成り立っていたにしても、イングランドの地位の優越が、自治計画推進の最も大きな妨げになっていたようにおもわれる。今回の戦争が起こったのは、ヨーロッパで独占支配的な傾向をしめすドイツのような国の存在をゆるしたことが、そもそもの原因ではなかったかとおもうが、はたしてどうだろう。過去の大戦争は、ことごとくヨーロッパの国際組織のなかで、ある特定の一国だけが強くなりすぎたことに起因していると考えられる。ルイ一四世やナポレオン時代のフランス、フェリペ二世時代のスペインなどが、その例だ。もし国際連盟の事業をうまく成功させようとおもうなら、これらの累積的な証拠を念入りに分析してみることが大事で、ゆめゆめこれをおろそかにしてはならないと考える。

それから今ひとつ考慮に入れなければならないのは、現に成立しているさまざまな国家の内情である。もし連盟の参加国が今後平穏な暮らしを楽しもうとすれば、物事にはおよそ二つの考えようがある、と私にはおもわれる。つまり、さしあたり現在の問題と未来の問題に分けて、これを考える必要があるということである。そのうちことに現在の事実に関連があるのは、具体的にどういう国が単位として連盟に参加するのかということである。

まず英帝国のばあいについて、考えてみよう。読者諸君としても、これまでかくも立派に戦争の試練に堪えぬいてきた帝国全体の結合を、たった一枚の紙切れにすぎない普遍的な連盟のために、みすみす犠牲にするようなことは、夢にも考えておられぬだろう。これは、大方の英国人の反発をまねくにちがいないからだ。したがって英帝国内部の各行政単位は、ただ漸進的に連盟の個々のメンバーとしての資格を得るようにすべきだ、ということになる。しかしながら、ただ英国人どうしの連合という範囲内に限ってみれば、すでに六つの自治領《ドミニオン》はたがいに同格の独立性をもつところまできている。ただ具体的にこれが決定をみたのは、つい昨年のことだった。今後は、各自治領の首相は、直接に連合王国《ユナイテッド・キングダム》の首相と交渉をもつことになるので、これまでのように一閣僚にすぎない植民地相の仲介を経る必要がなくなる。ウェストミンスターの議会もまた、すでに帝国議会（the Imperial Parliament）ではなく、単なる連合王国の議会にすぎないことになった。

今後に残るのは、ただ国王の称号の問題で、もし連合王国ならびに海外自治領の国王という呼びかたが不適切だとすれば、すべての自治領の平等性を尊重して、何か全英国の王というような名前にすべきではないか、ということである。現に事実上の問題として——といっても、本来この種のことがらについては、名前が即座に事実になる——連合王国とカナダと豪州とは、すでにそれぞれに艦隊を持ち、また陸軍を持つようになることが確実であり、ただ戦争が発生したばあいにだけ、これらが戦略的な統一指揮権のもとに立つものと考えられる。さらに人口の点からみても、カナダや豪州が英本国と比肩できるようになるのは、おそらく時間の問題である。とすると、後に残るのはただニュージーランド、南アフリカと、それにニューファウンドランドという、三つの比較的小さな自治領だけになってしまう。が、すでに前記の三大自治領のあいだに均衡状態が成り立てば、これらの自治領の格も、またしだいに上昇してゆくものと考えられる。

次にフランスやイタリアのばあいは、どうか。これらの国々は、やはり英帝国と同様に一単位として連盟に参加することになるのか。幸いにして、われわれは戦争の後期になってから戦略的な統一指揮の原則を確立した――これによって、ベルサイユの名前は、また一つの新しい歴史的意義を加えることになった。とりわけ英国、フランスおよびイタリアの三ヵ国は、それぞれの大使を介するだけでなく、しばしば首相がみずから会合するというかたちで、おたがいの意見を交換する習慣ができた。今後これにさらにカナダや豪州の首相が加わる機会があっても、さして不自然ではなかろう。もしただ書類上の形式的な手続きにとらわれることなく、各国の現状をよく認識すれば、今後こうした機会のもつ意味はますます大きくなるものとおもわれる。ともかくも、われわれが戦略的な統一指揮の原則を確立するためには、一九一八年におけるドイツの大攻勢という危機を必要としたことを、ここで改めておもいだしておきたい。(原注3)

それから次が、アメリカ合衆国の取り扱いをどうするかという問題である。ここでアメリカの個々の州を連盟構成の一単位としてみとめるという主張にはあまり実益がない。すでに今回の戦争に先立って、合衆国の内部では、バラバラの州を打って一丸とするために、史上空前の大戦争をやっている。とはいうものの、西欧の個々の国家にとってみれば、アメリカ合衆国という単位はあまりにも大きすぎる感がある。アメリカ合衆国が連盟に加わらなければならないのは、もちろんである。だとすれば、前記の六英自治領が一体となり、対抗上のバランスを形成することによって、はじめて連盟の健全な運用が期待されることになる。幸いにして北アメリカには三〇〇〇マイルにわたる無防備の国境地帯がある。が、あからさまにいって、もしもアメリカとカナダの国力の差がもっと少なかったら、かえってやっかいなことになっていただろう。

　おそらく連盟の参加国は相当の数に達するだろうが、その各国のあいだにあまりひどい国力の差がなく、結果的にみて将来の戦争――これは早晩必ず起こるだろう――に際して、とくべつに優勢な国から脅かされることのないように配慮することは、むろん必要である。が、これは島国のばあいは、大陸の国にくらべて、さほど緊急事ではない。シー・パワーには、明らかに固有の制約がある。つまり島国のばあいでも、あるいは半島国のばあいでも、その勢力を拡張するにはやはり自然の限界というものがある。連盟の試練は、おそらく大陸のハートランドで訪れるだろう。ここでは、自然が世界を究極的に支配するための、あらゆる前提条件をそなえているからだ。それゆえ、それがそうならないようにするためには、われわれはひたすら先見の明を発揮して、着実な保障の手段を講ずべきである。ロシアとドイツでは、すでに革命が起こった。にもかかわらず、その国民は依然として強力な事業体としての性格を失わない。ともかくも彼らには歴史的なはずみの力がある。

　だからこそ、世界の諸国が一つの組織に融合された今、この世の地獄に代わる唯一のものとして国際連盟を支持する世の理想主義者達は、その全神経を東欧における国境の適正な配分にそそいでもらいたいのである。改めていえば、すなわちロシアとドイツのあいだに、どちらからも支配されない一連の真の独立国家群から成る中間地帯を形成することによって、その目的は達成される。が、これがができなければ、話はそれで終わりだ。かつてフリードリッヒ・ナウマン（第一次大戦前進歩党に属したドイツの政治家）がその『中欧論』でいったように、ドイツの勢力とロシアとのあいだにずっと大きな塹壕を掘ってみたところで、二つの民族が対抗している事実には変わりない。これでは到底永続きする安定は得られないだろう。けれども、世界的な連盟に属する外部の国々から支持されることによって、右の中間地帯は、東欧を三つないしはそれ以上の国家グループに再編成する役割をはたすだろう。のみならず、この地域にはいる諸国はもともと相互にそう国力の差がないので、おそらく連盟の結成にとって必ずや歓迎すべきグループとなるにちがいない。

このように世界帝国への誘惑とそのきっかけになるものを取り除いてしまったら、いったいドイツとロシアそのものはどうなるだろうか？ これは、たいへんに興味のある問題である。英国やフランスとちがって単なる人工的な寄せ集めにすぎなかったプロイセンの国内では、すでに数個の州からなる連邦制に移る徴候をしめしている。プロイセン人は、ある地方では歴史的に東欧に属し、またある地方では西欧に属している。ロシアもまた、いくつかの国家から成るゆるい連合体に変化する可能性が皆無だとはいえない。ドイツとロシアとは、おたがいに対抗しながら、やがてしだいに大きな帝国になっていった。が、先ほどから問題にしている中間の地帯に住む人びと――つまりポーランド人、ボヘミア人、ハンガリー人、ルーマニア人、セルビア人、ブルガリア人およびギリシャ人――は、おたがいにあまりにちがっているので、純然たる防衛以外の目的では、まず自然に連合することは考えられない。のみならず彼らはドイツ人とも、またロシア人とも、非常に異質的な存在である。したがって、もしもこれら隣邦の巨人がふたたび世界帝国をめざして新しい組織づくりをはじめるようなばあいは、必ずこれらの中間地帯に住む民族が抵抗の姿勢をしめすものとみてまずまちがいない。

＊＊＊

ハートランドからアラビアにかけて、世界的に注目しなければならない、いくつかの戦略的な地点がある。ここを誰が所有するかによって、世界の征服が容易になったり、また妨げられたりするからである。しかしながら、これらをただちに未経験な国際的行政機関の手にゆだねるべきだ、という結論にはならない。ここでもまた既得権の真理が強く作用していることを、よく心にとめておくことが必要である。いわゆる共同統治の形態は、あまり成功した例が少ない。その理由は、共同で保護の責任にあたる国々の出先機関が、それぞれ勝手に地元の民族なり政党政派のたぐいと結びついてしまう傾向を、どうしても避けられないからである。

国際管理の最も効果的な方法は、ある一定の国を人類全体の受託者として、これにすべてを委任することだとおもう。これは一八七八年のベルリン会議において、オーストリア＝ハンガリーにボスニアおよびヘルツォゴビナの行政を委託したときに、実験的に試みられた方法だった。そして、それは保護下におかれた両地方が物質的に進歩したかぎりにおいて、まず成功だったといえる。

この新しい原則を今の世界の現実にあてはめて考えたばあい、アメリカ合衆国と英帝国とが世界全体の受託者となって、海洋と各海域のあいだをつなぐ重要な海峡とを管理し、その平和を保証するという案が自然に浮かんできても、べつに不思議はないだろう。その対象としては、パナマ、ジブラルタルマルタ、スエズ、アデンおよびシンガポール等の名が挙げられる。けれども、これはとどのつまり、ただ既成の事実を規則によって正当化するだけのことだろう。

むしろこの原則——この点、他の世界的な原則もまた、ほとんど同断である——がテストを受けなければならないのは、ハートランドおよびアラビアとの関連においてである。世界の島国の人びとは、おしなべてコペンハーゲンやコンスタンチノープルの運命について、無関心ではありえない。キール運河についても、また然り。なぜならば、東欧とハートランドに君臨する大国が海洋における戦争の準備を進める場所は、バルト海と黒海の内部だからである。現に今回の戦争でも、北海と東地中海における航海の安全を確保するために、じつに連合国の全海軍力を必要とした。もし戦争の初期の段階から、ドイツ側が黒海をベースにして充分な潜水艦作戦を展開していたら、あるいは陸路兵をスエズ運河に送ることも、また可能だったかもしれない。

以上の事実から出てくる結論として、まずもってパレスチナ一帯、シリアおよびメソポタミア、ボスポラスとダーダネルスの両海峡、それにバルト海からの出口などは、なんらかの方法で国際化されなければならない。これらのうち、パレスチナ、シリアおよびメソポタミアについては、最近英国とフランスとが国際的な信託を受ける了解が成り立った。ここでいっそのこと提案したいのは、コンスタンチノープルという由緒の古い歴史的な都市を国際連盟のワシントンにしたらどうか、ということだ。

世界島をカバーする鉄道のネットワークが完成した今日、コンスタンチノープルは、汽車でも、汽船でも、また飛行機でも行ける、世界中で最も便利な場所にある。コンスタンチノープルを中心にして、われわれ西欧の主要な国民は、これまで数世紀間まさに最大限に抑圧されていた地域、人類全体のなかでもとりわけ光明を必要としている地方に光を投げかけることができる。またコンスタンチノープルを中心にして、われわれは西洋と東洋とをつなぎあわせ、自由な海洋の力を永久的にハートランドに〝浸透〟させることも、また可能だろう。

＊＊＊

パレスチナにユダヤ人の国民的なホームを提供できたことは、今回の戦争の最大の成果の一つだろう(訳者注4)。今でこそ、歯に衣を着せずにいえるが、ユダヤ人はこれまで何世紀ものあいだゲットーに閉じこめられ、社会的に最も名誉ある途を閉ざされてきた。にもかかわらず、ある面では度はずれて傑出したため、その性格的欠陥もさることながら、むしろそのすぐれた才能のために、一般的クリスチャンの憎悪の対象になっていた。とはいうものの、ドイツ人が世界の商業的センターに進出できたのは、もっぱらユダヤ人のエージェントのはたらきによるところが多い。またドイツ人は東南ヨーロッパで、マジャール族やトルコ人を駆使して、その支配を拡大してきた。が、その陰の力になっていたのは、やはりユダヤ人だった。

ロシアのボルシェビキの有力者のあいだでも、またユダヤ人が多数を占めている。この世界のなかに住むべき故郷をもたず、しかも頭脳の力にすぐれた彼らは、自然これに類した国際的な事業に打ちこむようになった。クリスチャンには、いまさらこの事実に驚く権利がない。しかしながら連盟という、独立国家相互の親善団体のなかで、この種の陰謀的な政治活動をゆるすわけにはいかない。したがって、ユダヤ人には、地理的にも歴史的にも世界の中心であるパレスチナの地方に母国をあたえ、彼ら自身の才覚で、その国家の方向をきめるように仕向けるべきである。さらにパレスチナ以外のところで現に活動している他の大きなユダヤ人社会でも、ユダヤ人自身ユダヤ人として物事を判断する基準をきめることが期待される。

これまでのところユダヤ人の一部は、すでにみずからの国家をつくろうとする意気ごみをなくしてしまっている。けれども、以上にのべたところは、いずれはユダヤ人にたいしても、一国民としての資格を公然とみとめることにつながるだろう。なかには、ユダヤ教とヘブライ人種とは切り離して考えなければならないという論者もいることは知っている。しかしながら、一般的にこれらを同一視する見方が、そうひどく誤っているとはおもわれない。

最後に、広大な砂漠と高原地帯によって隔てられたアジアやアフリカの膨大な人口をかかえる地域にも、また現に活動している国家や社会があることを付記しておきたい。たとえば、いまだに英国の統治権下にあるインドなどを、国際連盟の規格に合わないという理由で性急にその枠の外にほうり出してしまうことは、愚かなわざだといわなければなるまい。

ただここで特記しておきたいのは、中国の膠州湾や東アフリカなどを、その元の持ち主であるドイツ人の手に返すのは絶対に禁物だということである。これらはもともと、大陸の国家がいつの日か陸兵を展開する時期のくることを夢みて、その既成の拠点として使おうという深遠な戦略的目標のもとに、あらかじめ占領しておいたものである。のみならず、彼らには、もとから中国人や黒人達を世界的征服のための補助的なマン・パワーとして利用しようという、見え透いた意図があった。

インド以東の地域に住む人類の半分が、今後どういう役割をはたすかについては、まだ誰も正確に予言できない。ただはっきりいえるのは、インド人や中国人をハートランドの侵略から守るのは島国の国民に課せられた義務だ、ということである。

旧ドイツ領の南西アフリカと南太平洋に散在する元ドイツ領の島々もまた、ドイツに返還してはならない。連盟がかかげる民族自立の原則にしたがえば、二、三の戦略的にみて例外的に重要な場所を国際的な信託にゆだねるほかは、あらゆる民族がすべて一国一城の主として自分の家に収まる計画になっている。そしてこの原則は、むろんアフリカや南太平洋の島についても例外ではない。これ以外の原則は、ことごとく将来の紛争の種を残し、ひいてはまた軍縮を阻害する要因になりかねない。

＊＊＊

さて以上にのべたのは、国際連盟の発生と、もろもろの国際システムの現状に関することがらであった。今これからのべようとするのは、もっぱら国際システムの未来における運用方法についての考えかたである。この国際的な大事業に取り組むに際して、われわれがもつべき心がけについてサー・エドワード・グレイが語った言葉は、前に引用した通りである。が、何かとくにこれについて、さらにつけ加えるべきことがあるだろうか。

私は前に、レッセ＝フェール型の自由貿易主義も、ドイツ流の掠奪的保護主義も、どちらも帰するところは帝国主義の原則であり、いずれは戦争をまねく、という所信をのべておいた。が、幸いにして、現代の若い英国人はマンチェスター派の自由貿易説を信じない。彼らは母国が自治領にあたえた財政独立の機会を利用して、それぞれに独自な経済的理想を追求しようとしているが、これはすでにアメリカの偉大な政治家アレグザンダー・ハミルトンが暗示したところと一致する。その理想を要約すれば、つまりすべての発展方向において均衡のとれた、真の独立国家ということである。が、これはもちろん国際貿易の大きな発展をすこしもさまたげるわけではない。ただその貿易を適切に管理して、絶えず所期のバランスを達成するように心がけ、また回復の見込みがないような、一方的な国際経済のひずみを生じないようにする、というだけのことである。

私が考えるところでは、たとえいかなる国家のばあいでも、その商業的な〝浸透〟を放置したら、国際連盟はけっして安定したものにはならないとおもう。なぜならば、このような浸透の目的は、そもそも他の国民から、より適切な雇用関係を実現する機会を奪ってしまうことにあるからだ。したがって、その目的が成功すればするほど、相手の国内に一般的な不満が高まることは必然である。また従来のコブデン派の処方箋に忠実にしたがって、ある一国の特殊な産業化を徹底させたばあい、他のいくつかの国民は、ただその手足となってはたらく運命を甘受するほかはない。はっきりいって、結果的にみれば、どちらも同じようなものである。

およそある一定の国のなかの特殊な産業が発達した結果として、その製品に関するかぎり世界的な市場以下のものでは満足できない状態に達すれば、他の諸国の経済的なバランスはたちまちにひっくり返ってしまう。今回の戦争以後、世界の主要な国々は、いずれもその〝基幹〟ないしは〝重要〟産業を奪われないようにつとめるだろう。(原注4) が、いずれはこの二つのカテゴリーを存分に利用し尽くしてしまったばあい、はたしてどうするのか。諸君はきっと、あれこれの防衛対策に次から次と追いまわされるよりは、むしろ初めからいっそのこともっと均衡のとれた、積極的な経済発達の政策を採用していればよかった、と後悔するにちがいない。またもし仮に例外を設けて、自由貿易派の政策の消極的な運用を試みたばあいを考えてみよう。今の世界の現状をみれば、おそらくわれわれは膨大な臨時の調整機関の群れをつくりだすのが関の山だろう。が、これもまたかなりやっかいな仕事だ。あれこれの品目の関税率を下げてみたり、また助成金を出したりして、いろいろと困難な問題が出たばあいにこれに敏活に対処することができるのは、要するに適切な調整機関が手元にあればこその話である。

しかしながら、ここで私は、これらの機構の問題に深入りするつもりはない。自由貿易派の見解にしたがえば、国際貿易はそれ自体が善であり、かつまた国際的な分業も、それが自然な原因によって知らず知らずのうちに行なわれるかぎり、あながちに逆らうべきものではないとされる。一方ドイツの国民経済派もまた、国家間の経済的な分化を提唱した。ただし彼らは科学的な分析にしたがって、産業のなかでも最も利潤の度合が高く、また最も熟練した労働に雇用の機会をあたえるものを、自分の手元に集めるように努力した。が、結果は、どちらも同じようなものだった。このようにして企業化された産業は、やがて国民の全生活をしっかりとつかまえ、本当の意味の独立を奪ってしまうのである。おまけに他の国民まで、その巻き添えをくらう羽目になる。こうした摩擦が積み重なると、やがてそれが衝突となり、戦争になっていくわけだ。

国家の経営上、悲劇をもたらす考えかたに、およそ三通りのものがある。その第一が自由放任主義だが、これはあきらめと宿命論のもとである。この精神的な態度から生まれる状況は、いわば自分の健康をなおざりにしたため、自然にかかる病気に似ている。人間の身体もまた一種の企業経営体みたいなもので、そのさまざまな機能のあいだにアンバランスを生ずると、有機体としての作用が障害を受け、最後には医者の意見も手術も何の役にも立たないようになってしまう。こうなると、病気を止めるためには、生命そのものの息の根を絶つしかないからだ。前世紀のなかばごろ暖かい英国の日射しのもとで、最も賢明な政治哲学は、ひたすら最後の審判の日のために生き、一切を神の摂理にゆだねることであると考えられていた。幸いにしてわれわれが一九一八年の八月に外科医のテーブルについたときには、病気は命取りになるまでに進んでいなかった。けれども、優に百万人にのぼる適齢者が、兵役に不適という烙印を押されている。いわば戦争は、ちょうど良い時にきてくれたので、その点に関しては、つい思わず神に感謝をささげたい気持に駆られる人もいるだろう。

第二の精神的な態度は、恐慌的な心理状態から生まれてくるものである。プロイセンのばあいがそれで、それは自己陶酔的な超人哲学の衣を身にまとっていたが、それが信じられているかぎりにおいては、自己満足的な自由放任の宗教にくらべて、当人にとってそれほど不愉快なものでもなかった。けれども、あからさまにいえば、プロイセンの文化《クルツーア》は、ダーウィンが最後に説いたような生存競争と自然陶汰の観念に取り憑かれたドイツ人の、不安な心理状態から発展したものである。その結果プロイセン人は、もしも人間が生き残るためには、所詮人間同士が食い合うほかにないとすれば、ともかくも自分達は人を食う側にまわろうと観念したような次第だった。そのために、彼らは一生懸命に身体を鍛えて、プロボクサーのようになろうとした。けれども遺憾ながら怪物のような企業体に発展してしまった彼らの国家は、日増しに飢えを感ずるようになっていった。そして最後にとうとう、勝手に餌を食うように追っぱなすほかはなくなってしまったというわけだ。およそこの世の中で起こる強欲で残忍な出来事のなかばは、恐慌的な心理がそのもとになっている。

それから第三の態度を取る者が、無政府主義者とボルシェビキ達である。彼らのあいだでは、むしろ両者を区別しているにちがいない。けれども企業体としての国家を破壊するか、それともバラバラに分解するかということは、実質的にみて大差がない。要するに、その態度は社会の自殺を意味する。たとえば中欧と東欧においてボルシェビズムがどう猖獗しようと、再建の期間中は西側のデモクラシー諸国が、責任をもって秩序の回復にあたることが、ぜひとも必要である。われわれ西側は、勝利者である。したがって、個々の国がしばしばたどる理想主義、無秩序、飢餓、暴政の悪循環の過程から全世界を救えるものは、われわれをおいてほかにない。現に作動している社会の機構を解体することなしに、一連の社会秩序をつうじて漸進的にわれわれの理想を実現しようとするならば、まず着実に生産を維持しなければならない。これが最も基本的な現実であって、およそ前にも後にも、これなくして文明はありえないはずである。ひとたび全世界が無秩序の状態に陥ってしまえば、だいいち秩序回復の挺子《てこ》となる国民的な基盤が、どこにもなくなってしまうことを絶対に忘れてはなるまい。もしそういうことになれば、無秩序と暴政が無限につづくだろう。古代ローマの世界が崩壊した当時、人類が到達していた文明の段階を再現するには、じつに数世紀にわたる時間を要したのである。

もし経済のあゆみに身をまかせれば、国家はいつか病気になる。が、恐慌的な心理の結果は、犯罪に終わる。それかといって自殺的な反乱もまたゆるされない。とすれば、われわれに残された途は何か。いうまでもなく、それは管理の概念である。これはデモクラシーにおいては、自己管理を意味する。もし戦争が何か教訓を残したとすれば、それは、かの巨大な近代的生産の能力も、いずれは管理が可能であるとわかったことにほかならない。かつて戦前に多くの人びとは、戦争は到底許しがたいほどに広範な国際金融の崩壊をともなうから、絶対に起こさせてはならない、と説いていた。しかしながら、じっさいに戦争が起こったとき、われわれは敵の領土から引き上げた民間の信用を国家による信用に置き換えるという実に簡単な方法で、当時、英独両国のあいだに存在していた相互の信用供与のシステムをおたがいに切り離すことに成功したおぼえがある。

もし今後世界経済全体のあゆみを管理することを目的にするならば、連盟を構成する理想的な単位は、経済的にみて均整のとれた発展をとげた国家でなければならない。たしかに原料資源の国際的な分布そのものは不平等である。しかしながら、各地域に固有な主要食料の生産を除けば、今日、産業全体のなかで一次産業の占める比率は比較的に少ない。鉱物資源は鉱山以外では得られず、熱帯の産品は、やはり熱帯でなければできない。しかしながら鉱石類も熱帯の産物も現在では容易に運搬できるので、高度な産業は人間の思うままの場所へ持っていくことが可能だ。

われわれの性格は職業によってきまる。すべての成人には、その職業の特性がしっかり身についている。国民のばあいにも、やはり同じことがいえる。とりわけ自尊心の高い国民は、今後、高度な産業に応分のシェアを確保していくことが大切だ。とはいうものの、これらの産業は、おしなべて相互に連動しているものゆえ、常に他とのバランスを考えて発展させなければいけない。結論として、各国家は、それぞれの主要産業の線にそって発展をとげるべきであり、それを外部から阻害するようなことがあってはならない。

以上の理想は必ず平和の役に立つ、と私は確信している。ふつう社会では、はなはだしく生活水準のちがう人達が本当の友達になれる機会はめったにない。いわゆる親分子分の関係のもとでは、美しい友情は芽生えない。いうまでもなく、文明社会はサービスの交換から成り立っている。が、それは、平等な交換でなければならない。ところが、これまでの金銭経済学では、産業雇用の観点から質的にみてははなはだ価値の異なるものを等価のサービスとみなしてきた。今後、世界の各国民を満足させるためには、それぞれの国家的発展にとって今すこし平等な機会が与えられるように、われわれは努力すべきだとおもう。

原注

(1)ここでのべた領土再編成の細部にわたる点は、むろんパリ平和会議の決定がありしだい大幅に修正する必要があるとおもわれる。が、私の当面の意図は、直接目前にさし迫った問題をどう解決するかということよりも、むしろ私が構築しようとしている一般的概念に具体的なイメージを提供することにある。要するに、ここに書いたことは一九一八年のクリスマス当時の観測にもとづくものであることを了解しておいていただければ、それで私の目的は充分に達せられたものと考える。

(2)私がこの部分を書いた後、ギリシャの首相ベニゼロスが、一九一九年一月一四日に『タイムズ』紙通信員とのインタビュー記事のなかで、次のようにいっていた。「これでは、まだ小アジアの真っ只中で、数十万のギリシャ人がトルコの統治下に取り残されてしまうことになる。対策は、たったひとつしかない。それは、おたがいに全面的な人口の交換を奨励することだ。」

(3)私がこれを書いてから、パリの平和会議では、英帝国のばあいを一種の雑種（a hybrid）として取り扱ってきた。これはつまり特定の目的に限って、ひとつの単位とみなすということである。

(4)この二つの用語のあいだの区別は、必ずしも厳密に守られていない。基幹産業というのは、たとえそれ自体規模は比較的小さくても、他のより大きな産業にとって不可欠なものをさしている。たとえば戦前の英国では、年額約二億ポンドの織物および製紙工業に年に約二百万ポンドのアニリン染料が使われていた。この割合は、いわばドアを開けるための鍵のそれに似ている。が、いわゆる重要産業のなかには、このドアを開ける小さな鍵の性格をもたないものもある。二〇世紀における製鋼業などが、その例である。この二つの区別は、やはり守ったほうが賢明だろう。なぜなら、それぞれのばあいに防衛の手段が異なるからである。

訳者注

(1)一九一七年七月二〇日にギリシャ領内のコルフ島（当時自国の領土を占領されたセルビアの政府が、ここに亡命していた）でセルビアの首相とユーゴスラブ委員会の代表とのあいだに取り交わされた協定のこと。ユーゴスラブ委員会とは、オーストリア＝ハンガリー帝国内の南スラブ地方から亡命してきた人達によって、一九一五年にロンドンでつくられた組織であり、すべての南スラブ系民族を一つの国家にまとめることをその目標にしていた。この協定は、セルビア人、クロアチア人、スロベニア人およびモンテネグロ人が、セルビア人の国王のもとに一つの王国を形成することを宣言している。デモクラシーの憲法と地方自治の原則とが、その要件だった。これがやがてユーゴスラビア国家の形成につながったことはいうまでもない。

(2)国際連盟は、第一次大戦中、ロバート・セシル卿などをはじめとする英米の著名な政治家達によって提唱された。しかしながら、連合国側の勝利にとって、最終的にはアメリカの貢献が大きかったため、戦後の平和機構の成立には、アメリカの向背が自然大きな影を落とすようになった。とりわけアメリカの第二八代大統領ウイルソンの名において公表された一四ヵ条の原則は、連盟のよって立つべき政治的な方針をかかげたものとして大きな影響をあたえた。

(3)ここでは、主として一九〇八年にオーストリアが一八七八年のベルリン条約を無視してボスニアとヘルツェゴビナとを併合したことや、また一八三九年のロンドン条約によって保証されたベルギーの中立が一九一四年にドイツによって侵犯されたことなどをさしているとおもわれる。

(4)英国のバルフォア外相は一九一七年一一月二日に当時シオニズムのリーダーだったロスチャイルド卿に宛てた書簡のなかで、現存する非ユダヤ系社会の安全が保証されるかぎり、英国はパレスチナにユダヤ人の国民的なホームを設ける案に支持をあたえることを言明した。通称これをバルフォア宣言という。

第七章　人類一般の自由

今やわれわれは世界の地理がさししめす現実から出発して、もし諸国民のために自由を確保しようとおもうならば、一連の比較的大きな国家のあいだで資源の公平な配分を期する以外に、さしあたり賢明な方法はありえないという結論に到達した。われわれはまた企業の当面する仮借のない現実を目の前に見ながら、国民経済の成長に一定の管理の手をくわえて、それが無軌道に走り出したり、また衝突したりすることがないようにすべきだ、ということを確認した。しかしながら、そもそもこれらの原則は生身の男女人間の自由の問題と、いったい何のかかわりがあるだろうか？　連盟に所属する自由な諸国家は、その市民にたいしても、従来より多くの自由を提供できるだろうか？　いうまでもなく、これまで戦場で勝ってきた人達や危険でいっぱいの海で勇敢に船をはしらせてきた人達、またさらに家庭にあって働き、待ち望み、そして嘆いてきた母や妻達は、ただ単に目の前の危険を追い払えば、それで事がすむと考えていたわけではあるまい。彼らはたぶん自分達の生涯や、その愛する人びとのために、より多くの幸福をという積極的な夢をえがいていたにちがいない。

今このような観点から、すでに本書の冒頭でのべたところのデモクラシーの理想が通過した諸段階に、ふたたび分析をくわえてみようとおもう。まずアメリカ合衆国の独立宣言では、あらゆる人びとが幸福を追求する権利を要求した。それが、フランス革命では、これを自由というたったひとつの言葉に結晶させてしまった。そして、それにつけくわえられた平等というのは、要するに管理社会の概念であり、博愛というのは自己抑制《セルフ・コントロール》のことにほかならない。なかでも博愛はデモクラシーが有効に機能するために必須の条件だが、およそ政治の原則でもこれぐらいむずかしいものはまたとない。なぜならば、これは平凡な市民にたいして、ぎりぎりの能力の放出を要求するからだ。が、ともかくも、こうしてデモクラシーの哲学の最初の一巡が終わる。いずれにせよ、これらが直接個人の自由に関連していることだけは明らかである。

そして一九世紀のなかばごろから第二の段階がはじまるが、これは民族ないしは国民の自由を追求することをテーマにしたものだった。民族的な自立の要求とは、つまり一定の地域に属する人びとが共同で幸福を追求する権利の主張にほかならない。そして、そのばあい、地域の住民のあいだでどうして平等を保証するかは、彼ら自身が考える管理の方法にまかされることになる。博愛的な感覚は、ちいさい時からいっしょに暮らしていないと、なかなか育たない。いわゆる国民感情が歴史に果たした役割は、もっぱらこれに由来している。しかしながら一般に単にナショナリズムとよぶものは、ただ単に共同で幸福を追求する権利を要求するだけである。

ところが国際連盟の段階になって初めて、われわれはさらに一歩進んで、フランス革命の際に盛られた自由・平等・博愛の三大原則を、理想として国際社会に持ち込むことになった。諸国家の法の前における平等を確立するために、連盟があるていどの管理を行なわなければならないことは、すでに明らかである。のみならず、各国家が均整のとれた発達をとげるという理想のなかに、われわれは博愛の理念にふくまれた自己抑制の原理を見るおもいがする。均整のとれた発達をしない国家は、やがて必ず独特な飢えの状態に見舞われる。これは不注意の結果でもあり、また時としてわざと犯罪的に計画されることもある。が、いずれにしても、その飢えは他国民の犠牲においてしか満たされない。いいかえれば、すなわちわれわれは内と外の両方から管理を実施することによって、はじめて末永く諸国家間の平等を保証することができるわけである。しかしながら、これには、内政は常にその外交にたいする影響を考慮に入れながら行なわれなければならない、という付則がつく。これは一見して自明の理のようにみえるが、その意味はふつうに考えられているよりもはるかに深い。

まず最初に、国家とは一種の地域社会の別名である以上、それが永続きするためには、その組織は、さらに国家のなかの地域的なコミュニティーを主な母体として行なわれなければならず、いわゆる国民全体の〝利害《インタレスツ》〟を考えの基本にしてはならない。英国の下院（the House of Commons）のもともとの考えかたは、そういうものだった。いうまでもなく〝commons〟という言葉は、フランスの〝communes〟と同じに、もともとコミュニティーを意味する。つまり州（shires）や自治都市（burghs）のようなコミュニティーの議院というのが、下院の本当の意味で近代的な訳語である。実際問題として、むしろ中世の騎士や市民達のほうが、現代の人工的に画一化された選挙区よりも、はるかに完全でバランスのとれた生活のコミュニティーを代表していたといえる。

もし地域社会を組織の母体とする代わりに、階級や利害をもとにして国家を組織するのが本当だとしたら、いったいどういうことになるか？　その結果は、必ず隣接諸国の同じ階級どうしの利害が一致して、そこに相互の結びつきを生ずることになるだろう。これが、いわゆる国際社会の水平的分化と称されるものである。幸か不幸かバベルの塔の伝説どおり、言葉のちがいが、これまでインターナショナリズムの成立をさまたげてきた。しかしながら近代における資本と労働のあいだの闘争は、いくつかの国際的に共通な用語を生み出したため、これによって若干の基本的な観念が、あたかも共通の通貨のように国境を越えて流通するようになってきている。

事実、戦争直前の段階では、不幸にしてこれらの言葉が、当時しきりに世上の注目を集めつつあった社会的な現象にぴったり適合していた。資本の国際的な合併の結果、その力は巨大なものとなり、ゆうに世界の中小国を脅かすまでになった。のみならず、ドイツは、これを商業的な浸透の目的に使用した。というよりは、むしろこれは競争の相手国の経済的、社会的バランスを破壊するためだったといったほうが、いっそう目標がはっきりする。

こうなれば労働の側も、やはりこれに見習って国際的な組織をはかるしかない。こうして、国際的なプロレタリアートと国際的な資本主義とのあいだの階級闘争という観念がうまれた。

われわれは戦争の進行過程において、資本の国際的な組織を打破するために、たいへんな苦労をした。が、労働側は、まさにその国際資本と戦う目的をもって誕生した国際的な組織に固執することによって、せっかくわれわれが得た成果をすべて台無しにしてしまう恐れはないか？　その結果は、また戦前への逆行以外の何物でもなかろう。なぜならば、国際的に組織された労働の勢力が強くなれば、国際的な資本主義の再活性化もまた不可避となるからだ。そして、これにつづく経済戦争の果ては、ボルシェビズムが世界的に発展するか。さもなければいずれか一方の当事者が勝って、その者がやがて真の世界政府を取り仕切るようになる。つまり新しい組織者の帝国の誕生である。

仮にもし労働側が勝ったとしても、その組織者は軍国的ないし資本主義的な前任者と、肝心な点において寸分変わりないことが、やがてわかるだろう。それはつまり、彼らもまた権力にしがみつき、盲目的な組織づくりを進めた末、やがて新しい革命が起こるようになるまで引きずりおろすこともできない仕末になるだろう、ということである。

こうして歴史の歯車はまた一回転し、あいかわらず無秩序と暴政の循環過程を繰り返すことになる。そしてたぶん将来の学生は、教会の権威主義、軍国主義ならびに資本主義の時代に引きつづいて、さらにもう一つの〝年代〟、つまりプロレタリアートの時代を記憶させられるようになるにちがいない。かつてハートランドの荒野から風を切って殺到した騎馬の軍勢と同じように、労働側の指導者達もまた将来権力を取った暁には、おそらく平気で民衆にむかって機関銃を発射するだろう。

話はまた元に戻るが、はたして平和な安定した国民生活のために地域的なコミュニティーを基礎とする組織づくりが必要だとすれば、次にはその地域的なコミュニティー自体が、また国民全体の生活とよく調和がとれるように、たくみにバランスのとれた生活をいとなまなくてはならない、という話の順序になる。これ以外には、地域社会を強力に横切る〝階級と利害〟の組織の成立を防ぐ方法はない。現に進行中の一例を引けば、今のように地域的なコミュニティーから大都会にむかって、若い優秀な頭脳が滔々と流れ込む状況を放置するかぎり、組織の力は不当に都会に集中し、やがて国民全体をつうじて階級と利害を基調とした組織に必然的にみちびくほかはない。

個人の自由からみても、また国民の自由という角度からみても、結論はいっこうに変わらない。最も大切なことの一つは、いたずらに戦闘的な叫び声をあげるばかりで、ただ一時しのぎの救済策しかひねり出せない階級本位の組織をやめて、もっと有機体にふさわしい理想を追求することである。つまり、各地方のそれぞれが良く均衡のとれた生活をし、それ以外の地域社会も、またそれなりに内部的なバランスを熟考する必要がある、というのが私のいいたいところだ。

＊＊＊

ここでまた人間の基本的な自由ということから、新たに問題を考えてみることにしよう。ごくふつうの人間は、いったい何を求めているのか？　ジョン・スチュアート・ミルの説によれば、食物と住居の要求が満たされた後に次に人間がほしがるものは、自由だという。しかし、もっと近代的なデモクラシーの理論家ならば、おそらく機会をつかむための自由だけではなくて、むしろ機会そのものの平等の意義を強調するだろう。健康な人間――その数は、日増しにふえている――が求めるものは、自分がもっている素質を生かして、意味のある生活、またその意味を具象化するための行動の日々を送ることのできるチャンスである。その対象は恋愛でもいいし、あるいは自分の子供に高尚な教育をあたえることでもいい。なかには、自分の特殊な技術を生かしたり、また手先の器用さを発揮することに生き甲斐を感ずる人もあるだろう。あるいはまた宗教に凝ったり、人の魂を救済することに情熱を燃やす人もあれば、スポーツで身を立てようとする人もあろう。その他、社会の運営や、その改良に一生を賭けるとか、また美を追求したり、芸術を鑑賞したりするとか、その目的はさまざまである。いずれにしても、これらの人びとは、その知的な人生に輝きを求めている。そして、そのかたわら人生の尊さをしみじみ味わおうとしているわけだ。

最近にわれわれは、一般的な基礎教育の普及によって、古代ならさしずめ奴隷の境遇にあったであろう人びとにも、さまざまな観念をもてあそぶことを教えるようになった。まったく文字の無い人達は、物事を具体的にしか考えない。したがって昔の宗教の偉い指導者達は、寓話の力を借りて、ゆっくりと道を説いた。文字の無い人達は、理想主義にともなう愉悦にも、またその危険にも、ひとしく無関心である。が、今やわれわれの西欧社会は明らかに危険な段階にさしかかっている。なまなかな教育を受けた人びとは、心理的に非常に動揺しやすい状態にある。しかも、現在の世界は主としてこの種の人びとから成り立っている。これらの人びとは、観念に飛びつきやすい。が、その観念を実際に検証したり、またその間自分の心の不安定な状態に堪えたりできるところまでは到達していない。いいかえれば、つまり現代の人びとの大部分は非常にさまざまな〝暗示〟にかかりやすいわけだ。これは、たびたび選挙を経験した人なら、たいてい誰でもよくわかっていることだが、聴衆と絶え間のない問答をしているうちに、だんだんとそのコツがわかってくる。とりわけドイツの宣伝家達は、この暗示を最大の特技にしている。

ところで、いわゆる機会の平等には、およそ二通りの意味がある。その第一はまず、管理的な概念である。ふつうの人間のばあい、何かしら管理を行なわなければ、とても平等は保証されない。それから第二の意味は、ただ考えるばかりでなく、考えたことを実行に移す自由ということである。いいかえれば、すなわち自分の思想を行動によってテストする機会のことだといってよかろう。バーナード・ショー氏は、「できる者は、実行する。が、できない人は、教える」（"He who can, does; he who cannot, teaches."）といった。（原注1）が、もしこの〝できる〟、〝できない〟ということが機会の有無を意味するものとすれば、彼のやや皮肉な警句も、じつは非常な真理をいっていることがわかる。自分の思想をじっさいに試してみる機会にめぐまれた人達は、責任をもって物を考える職業につく。けれども、さしあたりそうした機会のない人達は、いわば無責任に——つまりわれわれの言葉でいえば学問的《アカデミック》に——観念をもてあそぶようになりやすい。現代の、いわゆる学があって新聞を読む勤労者階級の人びとの大部分は、まさにこの後者にあたるわけで、さらにそのなかの一部は、このことを充分に自覚して、自分でもしきりに悔しがっていることが多い。

そもそも近代産業社会の最大のわずらいは何か？　いわずと知れた、その単調さである。仕事そのものが単調な上に、さらに社会生活上の小さな悩みごとが絶えない。それをまぎらすために、戦前ラグビーのゲームに賭ける人がふえたのもわかる気がする。ほとんどのばあい、責任のある決定をくだせるのは、ほんのひとにぎりの人達だけだ。が、彼らは常に隔離された大きなセンターで働いているので、そのじっさいに仕事をしている姿を見かけるのは、きわめて稀である。

ここで前世紀から今世紀にかけて、民族主義の運動にあれほど大きな活力をあたえたものは、いったい何であったかを考えてみることにしたい。もともと中世時代には、民族という観念などなかった。それどころか、これは近代でもせいぜい一九世紀以降になって、はじめてやかましくいいだしたことである。だいたい民族主義などといって騒ぐようになったのは、近代国家が形の上でかなり大きくなったばかりでなく、社会のなかでも国家がすでに大きな役割をはたすようになってからだった。しかも、それをいいだしたのは、比較的若い知識階級の人達で、彼らは思想内容の豊かな生活をおくりたいという、やむにやまれぬ気持ちに駆られて動いていた。つまり彼ら自身、社会的に認められた、〝できる〟仲間にはいりたかったわけである。

古代ギリシャや中世の時代には、まだ社会機構そのものがルーズだったため、自分の住む都市のなかで、かなり自由勝手にふるまうことができた。一八世紀ごろまでの都市の歴史は非常におもしろいが、それ以後になると急に退屈でつまらなくなるのは、そのためである。現に英国のあれこれの大都市の歴史を振り返ってみれば、ただちにその真実であることがわかるだろう。ことに過去数十年間の歴史は、ただ経済成長の統計記録だけにとどまっている。せいぜいよくいっても、何々の部門で専門化して有名になったというのが関の山で、それですら生物的な有機体としての面影はほとんど失ってしまっている。制度的な機能の面をみても、また明らかに二流である。そのわけは、いちばん良い人達があらかた他所へ出てしまっているからだ。たまたま特殊な施設や産業があって、その地方以外で知られているばあいもないことはない。しかし、そのために地方色豊かな生活が発展するどころか、かえって逆に押し殺されてしまっている。

アテネやフィレンツェからみごとな文明がほとばしり出て、そのためにこれらの都市が世界中の教師として仰がれるようになったのは、いったいなぜだろう。これらは現在の大都市の規格からみたら、要するに小都市としかいいようがない。にもかかわらず、これらの都市は、政治的、経済的に独立した主権をもっていた。そして、その街路上で行き逢う人びとは常に握手を交わし、また家族同士が婚姻関係で密接に結ばれていたので、現在同じ業種のなかでたがいに競争しあっている経営者達や、それから同じ取引所でせめぎ合っている商売人達の仲間とは、およそ関係そのものの性質がちがう。それで、あらゆるたぐいの知的に高級ないとなみは、ことごとくおたがいに良く知り合った人達のあいだで行なわれていた。

たとえばここで、かつてのフィレンツェの有能な一青年が、彼の生まれ故郷の町のなかで、彼の住む町のために、遠い離れた大都会に行くことなしに、いったい何ができたかを考えてみよう。彼は、ただの市長ではなく、総理大臣になることもできた。また地方の軍団のボスとして身を終わるかわりに、実際の戦闘に際して町全体を指揮する将軍になることもできた。むろん、その戦いは小規模のものにちがいなかったにしても、しかしながら彼の器量を存分に発揮するには、おそらくそれで充分だったろう。また彼が絵かきや、彫刻家や、建築家になったばあいを仮定しても、外部の偉い訪問者からデザインの注文を受けるかわりに、自分自身の町の紀念物のためにおおいに自分の腕をふるう機会を持てただろう。もちろん、われわれがアテネやフィレンツェのしきたりに戻るべきだというつもりはないし、またそれができるわけもない。けれども、国家全体にわたって階級的な組織を発展させてしまったため、われわれの地方生活がその固有の価値や面白味を失ったことは、あくまでも事実である。

アイルランドの自治にたいする要求にしても、やはりそうだ。あるいは、やや程度の差はあるが、スコットランドのばあいについても同じことがいえる。その原動力になっているのは主として青年で、彼らは口を開けば、常にイングランドの悪だくみを非難している。が、それよりも真の動機になっているのは、たとい彼ら自身よくそのことを自覚していないにしても、むしろ機会の均等化にたいする要求だといってはいけないだろうか？　ボヘミアの住民達は、オーストリアの圧政のもとでめざましい経済的な繁栄をなしとげた。が、それでもなお、彼らはチェコスロバキアの国家的独立のために戦っている。地方の工場の職場代表委員達が、遠く離れたロンドンの事務所にいる組合の執行部のいうことをなかなかきかないのも、やはり同じ人間心理のうごきではないかとおもわれる。

これまでのところ、自由放任の経済原則は地方の生活にたいへんな打撃をあたえてきた。一世紀のあいだ、われわれはまるで霊験あらたかな神の前に仕えるように、自由経済に奉仕してきた。残念ながら、これは目前の事実である。しかしながら、これは一定の理想にそった政策によって、かならずわれわれの役に立つように改善できるとおもう。ともかくも過去における自由放任の原則は、けっして政策とはいえなかった。それは単に運命に身をまかせた者の姿だった。ひょっとすると、中央への集中現象は時代の〝大勢〟だ、といいたい人がいるかもしれない。しかし私にいわせれば、この種の盲目的な大勢は、過去のいつの時代にもあった。すでに一九〇〇年も前から、「持っている人は与えられて、いよいよ豊かになる」といわれていたではないか。

さらにロンドンの成長について、考えてみることにしよう。一世紀前に一〇〇万人前後だった人口が、現在ではすでに七〇〇万を越すようになった。が、もっと肝心な事実は、一世紀前のロンドンには英国全体の人口の一六分の一しか住んでいなかったが、現在ではそれが国中の五分の一にまでなってしまった、ということである。いったい、これはどういうわけだろう。そもそも議会というものが最初に開かれたとき、選ばれた代表達は、あまりにも地方の仕事に忙殺されていたので、彼らを出席させるために手当をはらう必要があった。のみならず、代表の選出を怠った地方には罰金が課せられた。これが本来の姿で、つまり地方の吸引力に逆らうかたちで、国民の連帯が進められたわけである。

ところが、そのうちにやがて舗装された道路が、ロンドンを中心にして放射状に地方に伸びるようになった。これらの道路は、地方の生活をロンドンに運び込むことによって、ロンドンの繁栄をまねくと同時に、地方生活の根を枯らした。そして鉄道ができたとき、これもまたロンドンを中心にして放射状に幹線網ができあがり、急行列車が往復してはロンドンを肥大させ、地方はさらにその犠牲になっていった。おまけに最近、国では郵便小包の制度などを設けて、この集中化にいっそう輪をかけるようなことをしている。こうしてロンドンの周辺一〇〇マイル内外のマーケット・タウンでは、みなその地方色を喪失する結果になってしまったのである。

この変わりようから本当に利益を得たロンドンっ子は、五人に一人もいない。彼らはたいていロンドンの郊外に住みながら、地下鉄で市内のオフィスにかよい、仕事が終わるとまたいそいそと帰って、郊外の自宅のベッドのなかにもぐり込む。隣りづきあいの暇があるのは、ほぼ土曜日と日曜日に限られている。それは一見楽しそうにみえるが、しかしながら何も真剣な話題はない。ほとんどのばあい彼らは、ただ新聞や雑誌をつうじて、せいぜい物事の広い見方や専門家の意見のたぐいに接するだけである。彼らにしても、また地方の労働者にしても、どのみち同じことだが、およそ彼らの考えかたは自分自身で是非善悪の判断をする立場から程遠い。

集中化ということは、しかしながら、私が社会的機能と経済的機能との分離とよぶところの、より一般的なプロセスの一部分にすぎない。そして、これが大規模な経済現象のもとで生ずる国民的な諦めムードによってさらに促進されていることは、これまで繰り返してのべた通りである。これまでは一部の地方だけに産業が集中し、そして他の地方はさびれるままにまかされてきた。かつては炭坑の近くに発電所を建てる必要から、こうした現象があるていど不可避だったことは、私もみとめる。しかしながら、それでも今日ほどひどくはなかった。もうすこし良く考えさえすれば、いわば〝工場村〟のようなものをあちこちにつくって、そこでは一つないしは数軒の小工場のグループがコミュニティーの中心となり、金持ちも貧乏人も、親方も職工も、みんな一緒になって、おたがいに隣人としての責任を分かちあう社会関係ができたかもしれないとおもう。が、これまでのところは、どこの大都市をみても、それぞれのイースト・エンドとウェスト・エンド（ロンドンの貧民街と高級住宅街との通称）のようなものが、すでに出来上がってしまっている。

　真の政治家とよばれる人びとの最も大切な資格は、その予見の能力にある。つまり、これによって社会的な弊害の発生を未然に防止するわけである。しかしながら、ここ一世紀ばかりのあいだ、われわれはただ情勢に押し流される以外に何の能もなかった。そして、状況が極端に悪くなると、やっと彌縫策を考え出した。いわく工場立法、いわく住宅立法、エトセトラである。が、すでに現在の状態に立ちいたっては、もはや都市区域を拡大する以外に当座の療法はない。

　以上の考えかたは、ただ産業の面ばかりでなく、さらに学校教育制度やその他の知的職業一般についても、同様にあてはめられる。最もわかりやすいいいかたをすれば、要するに今の英国の教育制度の特色は、国民的な競争の途を開かれた各種の奨学金制度をつうじて、若い優秀な頭脳を買い取ることである、といってさしつかえないだろう。そのために、学寮《カレッジ》のあいだの競争が激化している。かつては特定の学校《スクール》を特定のカレッジに結びつける〝特別奨学金《クローズ・スカラシップ》〟の制度があったが、これは一九世紀の中頃までにほとんど廃止されてしまった。しかし、私自身はこのほうがむしろよっぽど健全だったとおもっている。
ところが、今は社会的な習慣として、国中の裕福な家庭から一定数の幸運にめぐまれた子弟を狩り集めて、奨学生の数に加えるようになっている。パブリック・スクールも、オックスフォードも、ケンブリッジも、みなことごとく募集の対象になる。こうして諸君の子弟は、そもそもの出発点からして、地方的な環境から切り離されてしまうわけである。やがて大学を出た彼らの多くは、中央集権化された公務員の椅子につく。が、今日では法律職はもとより、医者の職業ですら中央集権化されている。

彼らはロンドンで、もっぱら〝待ち〟の生活を送り、その神経をすりへらして、生涯の最良の年を過ごすことになる。が、大規模でまた極端に細分化された知能の競争に打ち勝って輝き出る者の数は、ほんのわずかしかない。それで諸君は、今の政府には法律屋が多過ぎる、といって嘆くのである。

これらの風習のすべては、しかしながら、もっぱら歴史的な惰性によるものといっていい。かつてイングランドの中部地方《ミッドランズ》と、その東部と南部だけが、事実上イングランドのすべてであったころは、オックスフォードやケンブリッジは要するに地方の大学であり、また、ロンドンは地域一帯のマーケットの中心にほかならなかった。しかしながら一九世紀中に道路が完備し、鉄道ができてから、物事の姿がすっかり変わった。これまで地方の仕事に生き甲斐を感じていた若者達は、みなロンドンに集まるようになった。が、本来格別にすぐれた頭脳の持ち主がやるべきことは、その周囲の人びとをリードして、できるだけ彼らの心の負担を軽くしてやることである。その意味においても、才識にすぐ

れた上に、さらに土地独特の風格をそなえた人が、最も国民に奉仕する資格をもった人だといっていいだろう。(原注2)

よく均整のとれた地方社会を実現するために最大の障害になるものは、一般大衆と上流階級とのあいだにおける言語のちがいである。ノルマン人のイングランド征服（一〇六六年）後、一般の農民は英語を話していた。が、騎士《ナイト》の階級はフランス語を使い、また僧侶はラテン語を使っていた。その結果として、騎士達はその支配下の民衆よりも、むしろフランスの騎士に親近感をもつようになった。僧侶についても、やはり同じようなことがいえた。ところが現在では、この点に関して、スコットランドとイングランドのあいだに奇妙な相違点がある、と少なくとも私にはおもわれる。

イングランドでは、専門職の上流階級に属する人びとと地主階級とは同じ学校にかよい、また同じ大学に行く。商人や大企業の経営者達も、やはり同じ学校に子弟を送っている。したがって言語や服装および態度等の社会的な区別は、むしろ上流中産階級と下層中産階級のあいだに現われてきている。ところがスコットランドでは、社会の最上層に属する人びとが、もっぱらその子弟をイングランドのパブリック・スクールや大学に送る傾向がある。けれども、スコットランドの教会の牧師やスコットランドの法廷弁護士、また医者や学校の先生などは、だいたい地方の大学で教育を受けるのがふつうである。そしてまた、これらの大学にかよう小売店主や職人階級の子弟の数は、イングランドよりかなり多い。したがって結果的にみて、スコットランドの貴族階級は、イングランドのばあいより、もっとひどく一般大衆からかけはなれているようにみえてならないのである。

私には、彼らを責めるつもりはない。なぜなら、これもまた、ただ運命のいたずらにすぎないとおもうからである。これには、次のような喩えばなしもある。あるスコットランドの準男爵《バロネット》に八人の美人の娘があって、そのなかの何人かが、すでに適齢期に達していた。それで彼は、その娘達を全部大型の四輪馬車にのせて、はるばるエジンバラからロンドンまで連れていった。というのも、彼の知り合いの金持ちの青年、ないしは金をかせぐ才覚のある若者達は、ことごとくロンドンに行ってしまっていたからである。一八世紀の終わりから一九世紀の初めにかけて、エジンバラはヨーロッパ全体を照らす燈明の一つだった。それほどに、その焰は特異な輝きをもっていた。が、悲しいかな現在では、これもまた単に経済的な側面を他のさまざまな生活の面からけっして切り離すことができない、という一般的な物語の一例にすぎない。このことは、国家全体についてみても、また地方都市についてみても、いずれ同じことである。

話を国民全体としての自由という次元からだんだんに引き下げていっても、また個人の自由から出発して物を考えてみても、どのみち結論は同じことになる。他の諸国にたいして友好的にしようとつとめる国民は、経済的な面においても、またその他の側面においても、ひとしく主体性をもつ必要がある。つまり、それは完璧にバランスのとれた生活をいとなまなければならない、ということである。しかしながら、もしも国民が階級や利害によって分裂していたら、真の意味の自立は不可能である。なぜならば、そのばあいはどうしても闘争の目的上、同じ階級に属し、同じ利害をもつグループどうしが、てんでんばらばらに国境を越えて勝手に結びついてしまう傾向があるからだ。

したがって当然、国民的な組織は地域的なコミュニティーを基礎にしなければならないということになる。が、その地方において独自の理想を満足させようとおもえば、国民的な連帯に支障をきたさないかぎり、こんどはその地方自体が、また充足したバランスのとれた生活をいとなむ必要がある。めいめいが住む地方において、それぞれ満足できるような生活を送れるようにすること――これが真の人間的な自由の要求である。これに反して国民全体を階級または利害の差別によって分断する方式は、とどのつまり、ある種の闘争の結果である。が、これは前にもいったように人材をすべて首都に集中してしまうことになるので、けっして人びとに本当の満足を与えられない。さらにいわゆるスラム化の現象とか、あるいはその他もろもろの大衆の経済生活における苦情は、ことごとく地域の生活の無気力からきている。なぜなら、これらはすべて充実したバランスのとれた生活という原則に反した結果だからだ。

地域的生活の充実ということは、むろん国民全体の連帯をおのずから前提にしている。したがって、その目標とするところは、けっして単なる地方分権化ではなく、むしろ本質的にいって、さまざまな社会的機能を、それぞれの地方単位に分属させることにおかれている。そしてこれが現在、アングロ＝サクソン社会の全体を通じてみて、すでに政府の行政面における大勢を制していることは、もはや疑いをいれない。アメリカ合衆国、カナダ、豪州そして南アフリカは、多かれ少なかれ連邦的な制度をとっている。英国もやがてこれに近い体制をとる日がそう遠くはないとおもわれる。ただ、いかんせん、アイルランド問題がその行く手を阻んでいるが、しかしながら、これは本来小さな問題であり、われわれとしては四〇〇万人の私的な闘争が、永遠に四〇〇〇万人以上の人間の不幸の救済をさまたげている事実をそのまま容認するわけにいかない。

どちらかが決定的に優勢になることを避けるためには、おそらくイングランドを北と南の両地方に完全に分けてしまうのがいいだろう。けれども上記の見方にしたがえば、分割そのものが、すでに望ましいという結論になる。ただし、右にのべたような目的を達成するためには、ただ地方に〝ガスと水道〟の権力をあたえるだけではだめである。これらの地方的な権力は、要するにその土地の経済生活に徹底的に密着して、そこに住む者の誰彼を問わず、組織の基礎を土地の内部に置けるようにすることが必要である。もしあらゆる社会の単位——国家、州および市町村等——が、それぞれに充足した均衡のとれた生活を維持することができるようになれば、情報や教育に関することがらだけは例外として、その他のことで階級や利害にもとづいた広範な国民的組織を維持する必要は、しだいにそれほど痛切に感じられなくなってくるだろう。これは、ぜひそうありたいものである。

ここで樹木の生涯について考えてみることにしよう。自然のままの森林では非常に生存競争が激しいので、すべての樹々がその本来の能力のままに、完全に均衡のとれた発育をとげるということはありえない。森の中心にある木は光を求めて上に伸べる。が、森の周辺の木は一方的に外部にむかって枝葉を伸ばすようになる。そしてスラム街に相当するような森の深みでは、あらゆる腐朽や寄生の現象がみられる。

もしダンテが夢みたように、樹木のなかにいろいろな精霊が閉じ込められているとすれば、木の葉の同盟が根にむかって、あまり多くの幹を伸ばすなといい、また根っ子の同盟は木の葉にむかって、せっかくの日の光や良い空気の邪魔をするなと要求するありさまを想像できるだろう。しかしながら、これは所詮むだな同盟関係である。ということは、つまりどの樹もみな根と葉から成り立っているからだ。

ここで、文明的な庭師の役割が出てくる。植物の生活機能を知り尽くした彼にして、はじめて個々の樹の完成した美しさを演出することができるからだ。彼はまず、樹々がそれぞれの理想にしたがって支障なく育つように、一本一本を離して、間隔をおいて植えつける。それから苗木をよく育て、若い樹の枝のかたちをととのえ、また成長した樹からは害虫を駆除したり、その他もろもろの手当をする。その結果、われわれはどの木をみても整然と美しい姿をした、高貴な樹木の公園という、この世で最も感動的な眺めに接することができるわけだ。ただ、いささか迷惑をこうむるのは、これまで森林を恰好の遊び場にして、枝から枝へ飛びまわっていた猿やリス達である。が、これはある意味で、複雑な国際関係を食いものにしている闇の商人達にたとえられよう。

以上の庭師の譬え話には、さらに成長と管理とはおのおの別作用であり、またあくまでも別にしておくべきものだ、という基礎の観念がふくまれている。国の官僚が社会主義者になり、ただ成長の世話をやくだけでなく、自分自身で物事を始めようとすると、彼らにはだんだんに批評——たとえ理解ある、同情的なものでも、批評は批評だ——という独特の機能が欠けてくる。批評的な気質は、芸術的、造形的な熱意となかなか調和しない。われわれに最も欠けているものは、成長におけるアンバランスの徴候を鋭く見わけることのできる着実な批評家の存在である。

自由放任の体制下における英国の商務省は、徹底して何もしないほうがいいという精神で貫かれていたため、企業の現状を監視するに適切な機構はほとんどないにひとしかった。国際連盟であれ、また個々の国家であれ、事由はまったく同じことである。ともかく連邦ないしはこれに似た政治体制をとるものの政府機関には、防衛的な機能をもつものと監視的な機能をもつものとの両方がぜひ必要である。そして、監視をし、ないし判断をするほうの機関は、地域の世論が介入をしはじめるまで、絶えず所要の警告を発し、これを繰り返し行なうことによって、いわゆる啓蒙の役割をはたさなければならない。これは、ある種の企業が怪物のように肥大して、その結果、世界または国内の均衡を破壊するようになるのを未然に防止するために絶対に欠かせないことである。

アメリカ合衆国における農業の管理は、私が知るかぎりでは、それぞれの州の権限に属している。が、国全体の天然資源の監視にあたり、所要の警告を発するのは連邦農務局の役割である。現在われわれはローマに国際農業研究所（International Agricultural Institute）という名の機関をもっているが、これは世界中の収穫の統計を寄せ集めて、時どき必要な警告を発することによって、市場と価格の安定をはかろうとするものである。この機関は、今回の大戦中にも、連合国にとってかなり重要な役割をはたした。

今私が、各地域ごとに充足した、均衡のとれた経済の発展という理想論を説いていると、それは時世に合わない、どちらかというと古めかしい考えかただという実際家の批評の声がどこかから聞こえてくるような気がする。これらの人達は、おそらく世界的な組織化と地域的な分業とによって、はるかに安い品物が豊富に生産できる、というだろう。これが現在の傾向であり、また少なくとも当分のあいだ、それによって最大限の物質的利益を受けるようになるかもしれないことは、私もまた認める。ただし動物を飼った経験のある人は誰でも知っているはずだが、近親交配をあまりつづけていると、いずれはその限度が来る。それで、どうしてもまた異種交配に戻らなければならない時期が必ずあるものだ。

アテネとフィレンツェが偉大だったのは、生活を全体として見る眼があったからである。諸君がいつまでも能率と価格の合理化という偶像《アイドル》を追いつづけていると、やがて青年達は人生のある一面だけしか見ようとしない時代がやってくる。そして、その時に全面的に物事を見渡せる立場に立つか、ないしはその鍵をにぎっているのは、国内かあるいは国際的な組織者だけである。このようにして諸君は、絶え間なく創造的な頭脳を確保してゆくことがはたしてできるだろうか？　また知的で積極的な労働者にも満足をあたえられるだろうか？

あらゆる専門化は、そのなかに必ず死の種を宿している。最も勇敢な軍隊にも、また適時に充分な補給のゆとりが必要である。頭脳の発達とその満足のためには、単なる技術教育や健康な居住環境などをはるかに越えた、もっとずっと微妙な心理的なことがらが要求される。やがて一日も早く金持ちになりたいなどという願望の起こらなくなる時代がやってくるかもしれない。が、その世紀の終わりめのころの人達が考えてみて、われわれのほうがずっと裕福でなかったといえるだけの保証がどこにあるだろう。

今回の戦争のために、われわれはいろいろな管理制度を創設し、世界全体の貿易を一体として運用するための国際管理委員会までつくった。われわれが飢えをまぬかれたのは、そのためである。むしろ危機のばあいのほうが、われわれのこれまでの知能や経験の蓄積をはるかに正しく使いこなす機会が多い。しかも、これらの人材は、絶えず破産の恐怖を目の前にしながら、営々として自分自身の事業を築きあげてきたようなタイプの人達ばかりだった。いいかえれば、つまり常に事業の成否を自分の手のなかににぎりながら育ってきた人達である。ところがカルテルや政府機関のような巨大な組織のもとでは、人びとはその組織のかげにかくれて、ぬくぬくと暮らせるような錯覚を与えられている。こういう組織のなかから、みずから進んで危機を切り抜けるような人材が続々と出てくるとは、到底想像できない。

今の世の中には、信用や保険の制度の基礎を拡充すべきだ、と説く人が多い。私もまた、これには賛成である。これは、気候の影響や特定の企業の成功の度合などによって生ずる地方的な格差を是正するのにも、あるていどまで役に立つからだ。けれども、これがまた世界全体の金融的支配をもたらすという危険な側面も、どうか忘れないでほしい。われわれが国際社会のなかの極く一部の利益によって支配されないために、国際連盟を利用するのも、またひとつの方法かもしれない。

こうした観点からいうと、われわれには二つの方法がある。その一つは、今いったようなやりかたで、国際連帯的にこれを管理することである。それからいま一つは、ほかのもろもろの利害を代表する国際組織の手で巨大な金融機関と戦い、いわば勢力的にこれと相殺する効果をねらうことである。国際連盟のばあいでも国家のばあいでも同じことだが、おしなべて完全に発達しきったコミュニティーから成り立つ連合組織は、その性質上帝国になる危険性がない。なぜなら、そのどの部分をとってみても、バランスのとれた人間関係を基礎にもっているからだ。しかしながら一方、その途の専門家の手で指導されるスペシャリストの組織体は、必ず上昇志向をもってたがいに戦う宿命にある。そして、その闘争の果ては、いずれ何かの種類の専門家の勝利に終わるだろう。これがすなわち帝国といわれるものの正体である。なぜなら、それはどこかが必ず偏っているからだ。

＊＊＊

これで、私達は今の世界の光景をざっとひとわたり見てきた。今やあらゆる組織がすっかり閉鎖的なシステムになってしまっている。そして諸君は、全体のバランスを変えることなしに、何物をも変えることができない。たまさかにどこかの風来坊が中途はんぱなことを考えてみても、それが役に立ちそうな世界はもうどこにもなくなってしまったというわけだ。が、このことが、はたして充分におわかりいただけただろうか？

ともかく、われわれは論理的にバランスのとれた考えかたをしなければいけない。が、同時にまた現実的で、慎重な行動を必要とする。なぜならば、われわれの相手はきわめて強力な世界的な事業体だからだ。諸君がひとたびそのあゆみを止めるか、またはただそのテンポをすこしゆるめただけでも、報復の手は遠慮会釈もなく諸君を襲うだろう。が、もし反対に、何の目標もなく勝手にそれを走らせたら、諸君はまたふたたび大瀑布の上につれて行かれるのが必至である。諸君は、ただ垣根をつくったり、あるいは壊れた垣根を直したりしたぐらいで、その動きを誘導することはできない。とにもかくにもこの大事業体は、何億人という〝幸福〟を追求する人間の群れをそのなかにすっぽりかかえこんでいるからだ。彼らは、きっと諸君のつくった垣根の上に、まるで蟻の群れのように殺到してくるだろう。

人類を誘導できるのは、ただ理想のもつ魅力だけである。キリスト教の教義や奇跡は、これまでさんざん批判されてきた。が、それでもこれらの障害をよく乗り越えて、一九世紀後の今日なお世界の大勢を支配しているのが、その何よりの証拠である。

思うに、われわれの再建を進めるにあたって最も切実なことは、まず政治家が思いきってバランスのとれた国民生活、そしてバランスのとれた地方自治に肩入れをする意見を表明することである。自由貿易論も過度の保護政策も、ともに大きなまちがいのもとである。そして、こうした理想のもとに二、三十年ないし数十年を経過すれば、前述の大事業体の性格も徐々ながら変えることができるかもしれない。その結果、これまでのように利害の相対立するグループがたがいに先を争って国際的な場面に進出し、まだ一国限りの規模に低迷している他の企業を出し抜くといった競争関係は少なくなり、そのかわりに、国民同士、また地域同士が相互に提携しあうといった世の中が、あるいは実現できるかもしれない。過去数十年のあいだ、自由放任という奇妙な消極的理想が全英国の社会組織をそのとりこにしてきた。その結果、われわれはしだいに積み重なった既得権益を排除するために、今回の戦争をやらなければならなくなってしまった。このことだけはくれぐれも忘れないようにしたい。

現在のところ、われわれは再建の計画を何となく小出しにしているように私にはおもわれてならない。そのなかには戦前の慈善運動の名ごりである住宅の供給とか、禁酒のすすめとか、産業の和解とかいった、くさぐさのものがふくまれている。が、たとえば、ここでわれわれが三〇万戸の新住宅を建てて、それを所要の向きに配給してみたところで、いずれはまた新たな成り行きにまかせるほかはないという情勢に立ち至るだろう――しかし、もっと大きな重荷を背負って。

戦時中に、われわれはしだいに戦略的な統一指揮の考えかたに近づいていった。また国際経済の面でも、これを一体として管理するという思想に傾いていった。むろん物事を建設的に考えるのは、破壊するのにくらべてずっと難しいし、なかなか機械的に簡単にはゆかない。が、それにしても、せっかくの共同の体験を生かして、同じような規模の構想をもって平和の問題にも対処する勇気を、われわれとして持ち得ないものだろうか？

ねえ、ブルータス、僕等がうだつの上がらないのはね、
なにも運勢が悪いんじゃない、僕等自身が悪いんだ。
（中野好夫訳、シェイクスピア、「ジュリアス・シーザー」）

原注

(1) Bernard Shaw, Man and Superman, 12th edition, p. 230.

(2) 私自身は母校に深い恩義を感ずるオックスフォード出身者の一人として、けっして心からその没落をねがう者ではない。ただ望むのは、むしろ程度の低い学科をさらに引き上げるための努力である。

あとがき

この本を書き終えてから、私はスコットランドで、一人の自由党員と一人の社会主義者を相手にして、議会の選挙を戦った。まず自由主義の問題については、さしあたりあまり多くのことをいう必要を感じない。たとえ一九世紀いらいの政党の名前がどう変わろうとも、したたかな個人主義は、これまで常に英国人の土性骨の一部を形成してきたからだ。

ただし社会主義者の度重なる宣伝にいたっては、今やほうっておけない段階にきている。ただの官僚的な社会主義の傾向は、最近の事件によっても批判された。われわれは戦時中の官僚の横暴な態度を知れば知るほど、彼らがこの国の永久的な主人公になることを望まないだろう。

私に対抗して立った社会主義者は、まず土地の所有権を取り上げ、それから資本にたいする利子を廃止すべきだといった。つまり、まず没収による革命から手を着けるというのが、その発言の要旨だった。けれども、これは必ずしも肝心な点ではない。彼の支持者達——彼ら青年達は燃えたぎる信念をその眼光に宿していたが、その議論には必ずしも充分筋が立っているとはいえなかった——は、勇敢にロシアのボルシェビキ達を擁護していた。が、もともとボルシェビズムには二つの側面がある。その一つは、単なるジャコバン派的な暴力と独裁主義で、これは多くの大革命の一定の段階に必ず顔を出す。それからいま一つは、〝サンジカリスト〟的な理想主義の面である。あえて彼らのために弁護すれば、わがスコットランドの若き競争相手の心をとらえていたのは、じつはこの後のほうの側面であった。

ところでボルシェビスト達は、今や地域的なコミュニティーにもとづく議会政治そのものにたいして反乱をはじめている。これを彼ら自身の言葉でいえば、つまりあらゆる社会のピラミッドの頂点には必ず資本家がいる、ということだ。彼らが理想とするところは、職業別の集会ないしは組合――工場労働者、農民、それにいわゆる専門職のグループ等々の集合組織――の横の連帯である。そのために彼らは、ペトログラードでもベルリンでも、西欧〝ブルジョワ〟的なモデルによるところの議会制憲法を採用しようとする国民的集会のうごきにたいして、絶えず一貫して反対してきている。要するに、彼らの反乱はむしろ利害にもとづく組織の連帯をめざすものであって、地域を尊重するものではない。(原注1)

すでにこの本のなかでのべた理由の数々によって、この種の組織運動は必ずやプロレタリアート対ブルジョワジーという、国際的階級闘争のマルクス主義的な図式に発展せずにはいないだろう。そしてその先では、さらにプロレタリアートの一部が他の部分と衝突をきたす、といった場面が予想される。すでにロシアでは、都市労働者と農民とのあいだで、いざこざが起こりかけている。やがてその行きつく先は、世界的な無政府状態か、さもなければ世界的な暴政の流行ということになりかねないだろう。

かくて静かな書斎に戻ってきたばかりの私は、いまさら最近に私の書いたことが今の世の中の現実に的中しているという自信のほどを強めた。いままさに人類は大きな危機にさしかかっている。

古い歴史をもつ英国の下院――コミュニティーの議員――の制度にしても、州と地方の連合体であるアメリカ憲法の基本思想にしても、またさらに新しい国際連盟がかかげる理想にしても、いずれもみな東欧およびハートランドの暴政圏内で発展した政策的な思想にはすべて反対である。それが帝政であろうと、ボルシェビズムであろうと、反対であることには変わりがない。おそらくは帝政による暴力主義への極端な反動から、ボルシェビキの暴政になったというのが事の真相だろう。

何はともあれ、ロシア、プロイセン、そしてハンガリーのだだっぴろい平地は、その広漠とした社会的構造の一様性のゆえに、まさしく軍国主義の行進に適している。サンジカリズムの宣伝にとっても、また事情は同様である。このランド・パワーの双頭の鷲《わし》にたいして、われわれ西欧人は世界中の島国の人びととともに、決然と戦いを挑まなければならない。近代的な交通や通信の手段が発達した結果として、今や島々や半島に住むわれわれのばあいでさえも、自然な国境の区別がしだいに曖昧になってきた。したがって、利益を共通にする横断的な組織の結成は、ことのほか脅威である。

一方また、自然の対照がきわめて乏しいハートランドの内部においては、民族国家の方向づけとなる政治生活を形成するために、ぜひともはっきりした理想の力を借りなければならない。それで、このハートランドに〝浸透〟する目的上からも、われわれ海洋国民（the oceanic peoples）は、これまでよりいっそう努力して独自な地域的体制にもとづいた組織の充実と強化とをはかるべきである。すなわち、あらゆる地域が、その環境条件のゆるすかぎりにおいて、できるだけ充足した、また均整のとれた生活をいとなむというのがわれわれの理想であり、このことはやがて地方から末端の市町村にまで及ぶ。現在みられるイースト・エンドとウェスト・エンドのような階級《カースト》の差による区別は、たとえいかなる犠牲をはらっても、しだいに解消の方向にむかわせなくてはならない。このような大都会ではない、むしろ成功した指導者が弱い仲間達をはっきりと助けている地方の政治のありかたのほうが、われわれの真の理想である。

かつては、「友人ならびに隣人の諸君」というあいさつのしかたがあった。今でもわれわれには友人がいる。けれども、これらの友人達はほとんどのばあい、国中に散らばって暮らしながら、しかもなお同じ社会階級に属している。たまさか近くにいたとしても、それは同じ町のなかで同じ階級の住む場所に居合わせたからというにすぎない。中世の初期にも、やはり同じようなことがあった。そのころ三人の人物が市場で出逢うと、一人の人間はローマ法にしたがい、他の一人はフランク族の習慣にしたがい、また三人目はゴートの風習によっていた、というような話をしばしば聞かされたことがある。ヒンズー教のインドや、また回数、キリスト教の世界では、今もってそうである。しかしながら一四世紀のフィレンツェや、ペリクレス時代のアテネや、エリザベス一世時代の英国では、けっしてそうでなかった。

市中といわず郊外といわず、おしなべて現代文明の世の中では、あまりに人間の数がふえすぎたため、〝隣人〟の感覚はすっかりなくなってしまった。が、現代の世界が渇望しているものは、まさにその隣人の感覚である。いくら交通が便利になったからといって、そうあちこち出歩いてばかりいたのでは、本当の人間らしい生活はできまい。

われわれは、すべからく自分自身を回復すべきである。さもないと、いつのまにか世界地理の単なる奴隷になって、唯物的な組織者の採取の手にさらされる目に逢うだろう。隣人としての感覚、および仲間の住民にないする友誼的な義務感、これが幸福な市民生活のための唯一の確実な基礎である。その結果は、やがて町から地方を通じて国にまで発展し、ついには世界の国際連盟にまで及ぶだろう。貧乏人のスラム生活も金持ちの退屈も、階級間や国家間の戦争も、たぶんみなこれによって解消できるはずだ。

原注

(1) 農民の評議会（soviets）がたまたま地方別に開かれたというのは、単なる一時的偶然にすぎない。これはさまざまな地域的利害をコミュニティーに結びつけるものではないので、真の意味の地域性をもつものとはいいかねる。

一九一九年一月二五日、ケドルセー(訳者注)の一事件について

この日は、パリ平和会議の第二回全体会議で、連合国の代表達が一堂に集まっていた。懸案の国際連盟やその他の事項について報告をするため、委員会を任命するという決議案が彼らの目の前に置かれていた。委員会の構成は、五大国（アメリカ合衆国、英帝国、フランス、イタリア、日本）からそれぞれ二名ずつ、それにその他の小国全部を合わせて計五名の委員を選出するというもので、この原案が五大国だけを代表する一〇人の会議《カウンシル・オブ・テン》で決定された後、いま裁決のために全体会議の場に上程されたわけである。

当然のことながら、五大国以外の諸国のあいだでは不満のささやきが起こった。そして、カナダの代表、サー・ロバート・ボーデンが、「いったい誰が、何の権威があって、こんな委員会の構成をきめたのか？」と質問した。むろんこの質問の内容は全体の討議にかけられなければならない。それで、ベルギー、ブラジル、セルビア、ギリシャ、ポルトガル、チェコスロバキア、ルーマニア、シャム（現在のタイの前の国名）および中華民国の各代表が次々と立ち上がって、それぞれの国の代表権を主張した。

そのときである。アメリカのウィルソン大統領と英国のロイド・ジョージ首相のあいだに坐っていたフランスのクレマンソー氏が、議長の席から言葉をさしはさんで、次の事実を指摘した。つまりこれらの五大国は、休戦が成立した当時一二〇万の兵員を戦場に送っていた。したがって本来なら彼ら

の考えだけで、世界の将来を決定することもできたはずである。にもかかわらず、その他の諸小国を招請して協力を求めるのは、とりもなおさず新しい理想のためである、と。それで決議案は、一字の変更も加えずに可決された。

法律家の主張するところにしたがえば、すべての主権国家は大小の区別なく、ことごとく平等の権利をもつことになっている。が、現実の世界を制するものが依然として力であることは、この例によっても知られる。われわれの国際連盟にしても、もしそれを永持ちさせるだけでなく、同時に有力なものにしようとおもうならば、まず現状にしっかり根をおろさなければいけないというのが、要するにこの本の論旨だった。

さらにつけくわえれば、現在の五大国の数は、戦前敵対関係にあった二国同盟（ドイツおよびオーストリア＝ハンガリー）と三国協商（英国、フランスおよびロシア）の両方を足したものに等しい。ここからもいえることは、現在同盟関係にある五大国が今後も協力をつづけるかぎり、国際連盟は維持できるだろう、ということである。この数は、五大国のうちいずれか一国ないし二国が覇権的な要求を起こしたばあい、それを阻止するに必ずしも充分とはいいがたい。将来新しいドイツと新しいロシアとがこれに加わって、七ヵ国となることもまた予想される。

また、はからずもこの事件をきっかけとして明るみに出た赤裸々な事実に気がついた小国のグループは、あるいはまた彼らのあいだだけで一種の同盟関係を結ぼうとするきざしが生まれるかもしれない。まず可能性として考えられるのは、スカンジナビア諸国のグループ、ポーランドからユーゴスラビアにいたる東欧の中間地帯のグループ、それにスペイン語系の南アメリカのグループなどである。

いずれにしても連盟は、現存の条約体制が時代遅れで使い物にならなくなる前に、よく人類全体の意見がその改正に反映されるように力を尽くさなければなるまい。が、いまさら「デモクラシーは現実を直視せよ」などという当り前のスローガンは、もうこれ以上口にしてもらいたくないものである。

訳者注

ケドルセーとは、パリのオルセー河岸のことで、フランス外務省の所在地をいう。

付録

(1) 地理学からみた歴史の回転軸（一九〇四年）
(2) 球形の世界と平和の勝利（一九四三年）

地理学からみた歴史の回転軸（訳者注1）（一九〇四年）

もし現在われわれがエジプトの王朝史を取り扱っているのと同様に、ずっと後世の歴史家達が、現にわれわれの経過しつつある近代の約四〇〇年間を遠近法的な感覚で振り返ってみるとしたら、彼らはたぶんこれを名づけて〝コロンブスの時代〟とでもいうだろう。そしてついでに、これは紀元一九〇〇年の直後で終わったと、注釈をつけるにちがいない。現に、ありきたりの意味での地球の地理的な探検事業は、もうあらかた終わってしまったというのが一般の見方である。したがって今後の地理学の目的は、一つにはより精細な、局地的な観測を続行することであり、またいま一つには、さらにこれを全体として学問的な総合を行なうための努力に振り向けるべきだろう。

地図のことに限っていえば、世界の地図は最近四〇〇年間にほぼ正確に近いものになった。のみならずスコットやナンセンなどの探検航海によって、南北両極地方のおおまかな様子が明らかになり、この方面においてすら、そう新しい劇的な発見は期待できない。むろん、これまでの成果は偉大だった。けれども今や二〇世紀の開幕は、まさにこの偉大な時代の終焉を告げるような予兆に満ち満ちている。たとえば宣教師、征服者、農業や鉱山等の経営者、それに近年ではさらに技術者までもが、次々と世界の隅々まで、旅行者の踵《きびす》に接して出かける。そして、その結果、どこかで新しい地名が発表されれば、すぐにそれが具体的な領有権の政治問題と結びつく、というのが今の世界の現状である。ヨーロッパ、南北両アメリカ、アフリカ、オーストラレーシア（豪州、ニュージーランドおよび南太平洋の諸島をふくむ区域）等々のどこを見渡しても、文明国ないし半文明国相互のあいだの戦争をともなわないかぎり、いまさら新たに所有権を主張できそうな場所はほとんど見当たらないといっていい。アジアにおいてすら、われわれは、おそらくイェルマクという名のコサック（すなわち騎馬征服者の代表）やヴァスコ・ダ・ガマ（大航海時代の先駆者）などが手をつけたところの、野心的な動きの最終段階に差し迫っているようにおもわれる。

ところで、いわゆるコロンブスの時代を、これに先立つ時代と比較対照してみたばあいに、それを本質的に特徴づけるものは、果たして何だろうか？　それは、ひとくちでいえば、ヨーロッパ的な世界の拡大に際して、ほとんど抵抗らしい大きな抵抗に出合わなかった、ということだろう。これに比較すれば、中世のキリスト教世界はずっと狭い所に押しこめられていたばかりでなく、常に外敵の劫《ごう》掠《りゃく》にさらされていた。

しかし現代以降、つまりコロンブスの時代以後の時代においては、われわれはまたふたたび一種の閉ざされた政治のシステムと交渉をもたなければならないようになった――しかも、それは世界的規模の現象である。およそあらゆる社会勢力の爆発は、周囲の未知の空間、野生的な無秩序のなかに吸収され、または拡散してしまうかわりに、地球の反対側からの鋭い反響をよぶ。同じ弾丸が落ちるにしても、土塁の上に落ちるのと、それから大きな建築物または船のような密閉された空間、ないしは堅固な構造物のあいだに落ちるのとでは、その結果においてたいへんな差異がある。おそらくは、この事実になかば気づいたからだろう。そのために、このごろの世界の政治家達は、おおむね領土の拡大から眼を転じて、もっと効率の良い実質的な意味をもった国際競争に心を奪われるようになってきている。

まずはこのような理由から、われわれはやっとこの二〇世紀の初めになって、これまでとちがったさらに完全な見方で、世界の地理と歴史のあいだの相関関係をしっかりととらえられる時期に遭遇したような気がする。つまり、われわれは、ようやく全世界的な規模であれこれの地形を比較考察したり、またさまざまな事件のあいだの真のつながりを考えたりすることができる時代になった、という意味である。これは言葉を変えていえば、すなわち世界史全体のなかにおける地理的な因果関係について、少なくともなんらかの特徴をしめす図式を発見するための努力だといってもいいだろう。そして、もしこの試みがうまくゆけば、現に国際政治のなかで競合しつつあるさまざまな勢力の成り行きについて、あるていどの見通しをもつために、この図式が現実に役に立ってくれることが期待される。たとえば、これまで帝国の発展はおおむね西向きの方向をたどるということがよくいわれてきた。が、これなどは不完全ながら、まさに経験的なやりかたで、上記のような図式化を試みようとした一例であるとおもう。

私が今夕提案したいのは、まずこのような人間の行動にたいして最大の強制的な効果を発揮するところの、世界の地理的な特徴について概説することである。そして、さらに歴史の主要な時期が、おおむねこれと有機的な関連をもつことを紹介したい。これは無論、当時の人達がどれほど具体的に地理の知識を持ち合わせていたかということとは無関係な事実である。私の今回の目的は、これらの特徴がそれぞれにどういう影響力をもったかを詳論することではない。また地域別の地理的な研究に深入りするつもりもない。ただ世界全体を一個の有機的な組織体としてみたばあい、人類の歴史は所詮その一部にすぎないということを示すのが、さしあたりの私の意図である。これから私がいおうとするところは、いわば事実の単なる一側面にすぎないので、極端な実証主義に陥ることは、この際できるだけ避けたい。とどのつまり人間に動機をあたえるものは自然であって、人間ではない。つまり人間の動きを支配しているものは、大部分が自然の力である。したがって私の目下の関心事は、世界史の動因が何かというようなことより、むしろ一般的にいって自然の物理的な力がいかに人間を支配するかをみることにある。いうまでもなく、私はただ事実にむかって、最初の一歩を進めることを期待しているだけにすぎない。大方の批判を、もとより歓迎する次第である。

故フリーマン教授の見解にしたがえば、およそ歴史の名に価するものは、ただ地中海の周囲とヨーロッパの諸民族に関連するものだけだ、ということだった。これは、ある意味では、もちろん正しい。なぜならば、ギリシャ、ローマの遺産を全世界に広めるような思想が生まれたのは、彼らのあいだにおいてだったからである。しかしながら、初めからこのような制約を設けることは、じつは非常に重要な点において、さらに別な角度から物をみる考え方のさまたげになる。そもそも国家とか国民とかいうものは、けっして単なる動物としての人間の集団ではないので、国家を組織しようという考えは、おおむね共通の苦難の洗礼を受けたところから生まれてきた。つまり、共同して外部の圧力に抵抗するという必要が、それぞれの国家の成立をうながしたわけである。

英国が七王国《ヘプターキー》の体制（訳者注2）のもとにどうやら国家としての姿をなしたのは、デンマークやノルマンディーからの闖入者のおかげだった。またフランスが国家として成立したのは、それまでたがいに戦っていたフランク族、ゴート族およびローマ人等がシャロンの戦場で一致団結してフン族と戦った経験がもとであり、さらに英国とのあいだの百年戦争が、彼らの国家意識をさかんにした。キリスト教社会の観念は、ローマの迫害のもとで生まれ、十字軍の征服行を通じて熟成された。アメリカ合衆国の観念が一般の人びとに受け入れられたのは、長い独立戦争の過程を通じてであって、それまでは、いわば植民地ごとの地域的な愛国心があったにすぎなかった。ドイツ帝国の思想は、フランスとの戦いにおいて、南ドイツの王国が北ドイツと連携した後に、はじめて不承々々ながらも受け入れられた。

ふつう文字通りな意味で歴史といわれるものは、いわばこうしたことの結果生じた観念なり文明なりに、とかくスポットをあてたがる傾向がある。が、そのため、ともすればさらに具体的な動き、つまり偉大な思想が生まれるもとになった衝撃的な事件、ないしは共同の努力でこれに対処した際の記憶などをないがしろにしやすい。時にはぞっとするような不愉快な人間が、敵を団結させるのに有益な社会的役割をはたすこともある。ともかくヨーロッパの文明が花開いたのは、あくまでも外民族の野蛮な行為にたいする抵抗の歴史を通じてだった。それで、私が今夕特に諸君にお願いしたいのは、しばらくのあいだ我慢してヨーロッパならびにヨーロッパの歴史を、アジアならびにアジアの歴史に従属するものとして見ていただきたいということである。事実、ヨーロッパの文明と称するものは、とりもなおさずアジア民族の侵入にたいする、ごくありきたりの意味の戦いの産物にほかならなかったからである。

さて近代ヨーロッパ政治地図を見て、まず最初に気がつくことは、一方において大陸のほぼ半《なか》ばを占めるロシアの広さと、それから他方ゴチャゴチャと狭い領土の上に成り立った西欧の国家群とのあいだの著しい対照である。さらにこれを地形の上から見ると、ヨーロッパの東側には一連の大きな低地帯があるが、一方その反対側では、山岳や渓谷、また半島や島々などがきわめて複雑な変化の状態のもとに配置されている。一見したところ、これはごくあたりまえの事実で、これらの自然環境とその上に成り立った政治形態とのあいだの相関関係については、あえて特記すべきこともないようにおもわれる。とりわけロシアの大平原にいたっては、厳寒と酷暑とがこもごも支配するいわゆる大陸型の気候で、そのために人間が生きてゆく環境もまた、とりたてて地域的な変化に乏しいようにおもえるからである。

しかしながら、たとえば『オックスフォード・アトラス』のような歴史的な地図帖を見ていると、いわゆるヨーロッパ・ロシアと東欧の大平原とがほぼ共通した概念になったのは、僅々ここ一世紀かそこらのあいだのことで、それ以前の時代には、これと異なる政治的な布置が、執拗に繰り返されていたのを知ることができる。つまり通常二つの国家群が、これを北と南の政治的システムに分けていたわけである。事実、ごく近年になるまで、ロシアにおける人口の移動ないし定着の傾向を規定してきたところの地理上の特徴を見るためには、単に土地の高低を表わした地図だけでは間に合わない。この平原では、冬の雪が南から北にかけて順々に地表から消えて行くと、やがて降雨の季節が訪れる。が、その中心の時期が黒海の周辺では五月から六月であるのにたいして、バルト海と白海の近辺では、これが七月から八月とずっと遅れている。そして南の方では、夏の終わり頃に乾期がある。このような気候的な構造のため、北部と北西部では森林地帯がところどころ沼沢によって途切れている

第１図――19世紀以前の東欧
（ベルクハウスの地形図による）

にすぎないが、一方、南部と南東部とは際限のない大草原《ステップ》地帯になっていて、木はただ川のほとりに生えているだけである。これらの両地帯を仕分ける線は、カルパート山脈の北端からその東北の方向に対角線的に走り、ウラル山脈の北よりはむしろ南の端の近くで終わっている。そしてモスクワはこの線のちょっと北側、いいかえれば、つまり森林の側に位置している。

一方、ロシアの外郭の部分では、大きな森林地帯がヨーロッパの地峡部――これはバルト海から黒海にかけて約八〇〇マイルの幅をもつ――の

第２図——第３次十字軍の当時の東欧の政治地図（オックスフォードの歴史地図による）

ほとんど中央を貫いている。そして、この森林はさらにヨーロッパの半島部にはいってから、北の方ドイツの平野部まで延び、また草原のほうは、その南側でカルパート山脈の一部分をなす大トランシルバニアの山魂を取り巻いて、ずっとダニューブ川の流域にまでつづいている。その延長が、いわゆる鉄門《アイアン・ゲーツ》で（訳者注3）ある。現在この草原の一部、とくにルーマニアの部分はすでに一大穀倉地帯に変化しており、また同地方の言葉で〝プスタ〟とよばれるハンガリーの平野でも、大部分耕作が進められている。ちなみに、このハンガリーの平野は、その周囲の大部分をカルパート山脈とアルプス山脈の森林で縁《ふち》取られているが、事実上これを中央アジアのステップの最終の部分と見なすことができる。

最近ロシアの西部では、ごく北の部分だけを除いて一般に森林の開拓が進み、また沼沢の干拓が行なわれ、それに草原の耕地化も促進された結果、しだいに土地の特徴が平均化してきた。それで、以前は人間の生活に甚大な影響を及ぼした自然の要素も、また漸次に消滅する方向にむかっている。しかしながら、初期のロシアやポーランドの建国の歴史は、すべて森林地帯の空間で展開されたことを忘れてはならない。

一方、大草原の舞台では、遠いアジアの反対の端から、ウラル山脈とカスピ海とのあいだの通路を通って、色とりどりなツラン系の遊牧民族が入れ替わり立ち替わりやって来た。そして、この状態が五世紀から一六世紀にいたるまで、ほぼ一貫してつづいた。いわくフン族、アヴァール人、ブルガリア人、マジャール族、ハザール族、パチナック人、クマン人、モンゴル族、カルムイク人等々、種々雑多な名前で呼ばれているものがそれである。そのなかでも、とりわけフン族はアッティラ大王のもとでハンガリーの平野のまんなかに本拠を据え、ここから北と西と南の三方向にむかってヨーロッパの定住民族にたいする攻撃に打って出た。ということは、つまり彼らの勢力がすでに草原地帯の末端のダニューブ川のほとりにまで及んでいたことを意味する。

まずはざっと以上のような理由で、ヨーロッパの近代史の多くの部分は、事実これらのアジア民族がもたらした変化にたいするところの、注釈として書かれてもさしつかえないだろうとおもう。われわれアングロ＝サクソン民族の祖先もまた、これらの襲撃による難を避けて、わざわざ海を渡りブリテン島にやってきた結果、英国がつくられたと見なすことも、また充分に可能である。他方でフランク族やゴート族は、アジア人の劫掠に対抗するために、歴史上で初めてローマの地方軍団と力を合わせて、文字通り肩と肩をすりよせるようにして、シャロンの戦場でアッティラの軍勢と戦った。それで、この死活の戦いから生じた共同の意識が、やがて近代フランスの成立につながったわけである。さらにベネチアという国は、同じフン族に滅ぼされたアクイレイアとパドヴァの町から逃れてきた人びとが建てた水上の都市から始まった。ローマ教皇のレオ一世ですら、そのミラノにおけるアッティラ大王との和解工作が成功したために、にわかに政治的な権威を回復したといわれる。まるで雲霞のように押し寄せたこれらの騎馬民族は、本来その性質が残忍で、政治思想のかけらも持ち合わせていなかった。しかしながら、彼らのまるで無人の荒野を駆けめぐるハンマーのような激しい襲撃の後で、これからヨーロッパが得たところの収穫は、ざっと以上のように大きかった。

フン族につづいてヨーロッパに侵入をくわだてたのが、アヴァール人達である。辺境伯領としてのオーストリアの基礎ができ、ウィーンの要塞が強化されたのは、シャルルマーニュの征戦行の結果だった。さらにマジャール族がこれにつづき、そのハンガリーの草原の基地からひっきりなしに攻撃をかけてきたので、オーストリアの前哨地帯としての価値はいよいよ高まり、またこれによって、ドイツがその政治の焦点を東方の辺境地帯に求める動きが促進された。またブルガリア人達は代々ダニューブ川の南の土地を支配したことによって、地図の上にその名を残した。が、彼らの言語は最終的には、その支配下のスラブ系民族の言葉によって取って代わられた。

けれども、これらの遊牧民族のなかで、ロシアの大草原地帯のまんなかに最も長く居すわっていた

第3図——カール五世（神聖ローマ皇帝）即位当時の東欧の政治地図
（オックスフォード歴史地図による）

のは、おそらくハザール族だろう。彼らの盛期は、ほぼサラセン民族の巨大な動きと時期的に一致している。それで、アラブの地理学者達はカスピ海のことをハザール海の名で記録していた。

　しかしながら、その後ついにモンゴル地方から新しい軍団がやってきて、北の森に住むロシア人達は、ほぼ二世紀のあいだモンゴル族のキプチャク（つまり〝ステップ〟の意味）の汗《ハン》に朝貢をしなければならなかった。そのためにロシアは、ヨーロッパの他の部分が著しい進歩をとげている時代に、非常に立ち遅れをとり、かつまた自然偏《かたよ》った国にならざるをえなかったのである。

ただし、ここで注意をはらわなければならないのは、あちこちの森林地帯から黒海またはカスピ川にむかって流れている諸河川の存在である。これらの川は、遊牧民族の通路である草原のすべてを横切っていた。それで、いわばこれら騎馬民族の運動と直角をなすさまざまな過渡的な動きが時折起こった。たとえば、ドニエプルの流れをキエフまで溯ったギリシャ正教の宣教師達のばあいがそれである。が、それよりさらに前に、スカンジナビアの方面から来たバラング族が、同じドニエプルの川の流れを下って、コンスタンチノープルにまで進出していた。さらにもっと早い時代にも、チュートン系に属するゴート族の一部が、一時ドニエストル川のほとりに姿を現わしたことがある。彼らは、バルト海の周辺から出発して、同じように南東の方向にヨーロッパを横切って来たわけである。

しかしながら、これらのことはおよそ先にのべた一般論をくつがえすほどの決定的な意味をもたない、所詮、一時的な動きにすぎなかった。約一千年ものあいだ、いろいろな騎馬民族がアジアの方角から入れ替わり立ち替わりやってきて、ウラル山脈とカスピ海のあいだの広い入り口からヨーロッパに接近し、南ロシアの無人の野を駆け抜けたかとおもえば、またハンガリーに本拠を据えて、まさにヨーロッパの心臓部をねらうといった時代がずっとつづいた。そして、これに対抗するというやむにやまれない事情から、ロシアや、ドイツや、フランスや、イタリアや、それにビザンチン時代のギリシャ人などといった、偉大な諸民族の歴史がかたちづくられたのである。が、概して騎馬民族の人達が本格的な専制国家をいとなむことなく、また広い場面にわたって陰惨な弾圧的政治を展開することもなしに、むしろヨーロッパ人のあいだに健全な、また強烈な反応を引き起こしたのは、いったいなぜだろうか。それはいうまでもなく、騎馬民族の機動的な性能が草原の地形によって制約を受けた上、さらに周辺の森林や山岳という限界にぶつかって、おのずからに終息せざるをえなかったからである。

一方でまた、これらの騎馬民族の動きに比較できるものに、独特な舟艇を操って暴れまわったヴァイキングの諸活動があった。ヴァイキングもまた、スカンジナビアからやって来て、ヨーロッパの海岸を北から南にかけて襲ったが、彼らが内陸に侵入する際にはもっぱら川の流れを利用した。ただし、彼らの勢力圏は概して海または河川の水路の周辺に限られていたから、その行動の範囲には、おのずから限界があった。

こうしてヨーロッパに定住した人びとは、東からはアジアの遊牧民族、そして他の三方面では海からの闖入者《ちんにゅうしゃ》という、いわば両面からの圧力に板ばさみにされたかたちで生活していたわけである。けれども、そのどちらの圧力も、それぞれに内在する理由から、ヨーロッパを圧倒するほどに大きな力を持ち合わせず、むしろヨーロッパの成立とその成長とを刺激するような結果に終わった。ここで強調しなければならないのは、ヨーロッパ社会の形成の動きにおけるスカンジナビア人の影響力は、少なくともアジア系の遊牧民族のそれにくらべれば、とどのつまり副次的なものでしかなかったということである。とりわけ英国とフランスとが徐々ながらも統一国家をかたちづくる契機となったのは、要するに後者の度重なる襲撃の結果だったといっていい。が、これと反対に、イタリアを中心とするヨーロッパの統一はかえって彼らのために破られてしまった。それ以前のローマ帝国は、その完備した道路網を使って、定住諸民族の戦力をあちこちに移動させていた。けれども、その後このローマの道路網は崩壊してしまい、これに代わるものができたのはやっと一八世紀になってからだった。

史料の上からはともかくも、じっさいにはアジア民族のヨーロッパにたいする襲撃は、フン族のずっと前からすでにあったとみるのが正しいという気もする。たとえば、ホメロスやヘロドトスの物語に登場するスキタイ人達は、馬の乳をしぼって飲んでいたというが、これなどは明らかに騎馬民族に特有な習慣である。これからみても、おそらく、彼らは後のステップの居住者と同じ系列の種族に属する人びとだったといっていいだろう。

ドン、ドネツ、ドニエプル、ドニエストル、それにダニューブといった諸河川の名前に見られるケルト的な要素も、あるいはまたひょっとすると別の同一系列に属する諸部族——彼らがすべて同一だったとは断定しないが——が、これらの地方を通過したことを物語っているのかもしれない。ただし、その後のゴート族やバラング族のばあいと異なって、ケルト族のばあいは、ただ単純に北の森からやってきたと考えるわけにはいかないだろう。人類学者達がいわゆる短頭型（brachy-cephalic）と名づけている骨格は、もともとアジア人に特徴的なものだが、これが中央ヨーロッパからフランスにかけて、いわば楔《くさび》状に浸透しているのが見受けられる。が、ヨーロッパの北部、西部および南部では長頭型（dolicho-cephalic）が典型的である(原注1)。これからみても、前者はおそらくアジアから来たものとみて、まずまちがいなかろうとおもわれる。

以上の経過のなかでも、ヨーロッパの形成におけるアジアの影響がとりわけはっきりしたかたちをとるのは、一五世紀におけるモンゴル民族の襲来から以後のことである。けれども、ここでわれわれはこれらの重要な事実の意味を深く考える前に、しばらくわれわれの地理的な観察の焦点をヨーロッパから他所に移して、旧世界《オールド・ワールド》をその全体において眺めてみたほうがいいだろうと考える。

いうまでもなく、世界各地の降雨量は海洋の気候によって支配される。したがって大きな大陸の中心部では、当然のことながら相対的に雨量が乏しい。これからみても、世界の人口の約三分の二までが、比較的大陸の周辺に近い、面積の狭い部分に集中していることは、あえて怪しむに足りない。たとえば、ヨーロッパでは大西洋の沿岸に、またインド諸国や中国ではインド洋および太平洋の沿岸地帯に、それぞれ多くの人口が集中している。これにたいして、サハラからアラビアにいたるまで、北アフリカの一帯に、ほぼ無人に近い地帯がずっと広がっているのは、この地域の降雨量が事実上ゼロに近いからにほかならない。こうした理由で、アフリカの中央部と南部とは、歴史のほとんどあらゆる時期を通じて、ヨーロッパおよびアジアから分け隔てられてきた。その意味において、サハラ砂漠より南のアフリカは、南北アメリカや豪州大陸と同様、いわば完全な別世界として観念されてきたわけである。事実、ヨーロッパの南の限界は、地中海よりもむしろサハラ砂漠だと見なしたほうが適当だろう。なぜならば、この大きな砂漠が白人の世界と黒人の住む世界とを完全に分けてきていたからである。

このようにして、外洋と砂漠によって取り囲まれたユーラシアの大陸塊の全面積はざっと二千百万平方マイルで、およそ地球上の陸地の面積のほぼ半分くらいにあたる――ただし、サハラとアラビアの両砂漠は、この計算から除外されている。これらのほかにも、シリアおよびペルシャから北東の満州地方にいたるまでのあいだに、ところどころに砂漠があるが、その規模においてサハラ砂漠に匹敵するものは無論ない。

一方でまたユーラシアは、全体としてみて、その河川の流域の構造によっても特徴づけられる。そのなかでも、とりわけその北部と中央部とを流れる川は、それらの流域に住む人達にとって、事実上まったく外界との交通の役に立っていない。ボルガとアムダリアおよびシルダリヤは、内陸の塩湖に注ぎ、またオビ、エニセイ、レナ等の川は、それぞれ北の氷海にむかって流れている——ちなみに、これら六つの川は、いずれも世界的にみて、最大級の河川に属する。さらに、このほかにも、たとえばタリム川、ヘルマンド川のような比較的規模は小さいながらも、地域的にかなり重要な意味をもった川があるが、いずれにしても外洋に注いでいない点ではまったく変わりがない。

このように見てくると、ユーラシアの中核《コア》となる部分は、ところどころに砂漠が点在するが、しかしながら全体としてみて異常な広がりをもったステップの連続であることがわかる。ただし、そのことごとくが必ずしも放牧に適しているとはいえない。また諸河川の流域には、オアシスの数も少なくないが、これらの川の一つとして、海につながる交通路としての役割をはたしていないのが最大の特徴だ。さらに言葉を変えていえば、この広大な地域はおよそ馬やラクダを機動力にする遊牧民族の生活に適したあらゆる条件をそなえている、とみることができる。むろん、彼らの生活の本拠は、かなりバラバラにあちこちに散在している。が、全体としてみれば、その総数はかなり侮りがたい数に達する。

ただし彼らの生活圏の北限は、北極圏に準ずる気候をもつ森林=沼沢地帯と草原との境目で終わっている。事実、その東西の両端の部分を除けば、これらの亜北極圏はあまりにも気候が厳しすぎて、農業人口の定着および発達を許さないからである。そして、この森林地帯は、その東側では南に延びて、沿海州および満州地方を経て太平洋にまで達しており、また西側でも、先史時代のヨーロッパにおいては、まだ非常に多くの地域が森林によって蔽われていた。

このように、その北東と北と北西とを森林や沼沢によって囲まれながら、ハンガリーの〝プスタ〟から満州地方の小ゴビ砂漠にいたるまで、一連のステップが約四〇〇〇マイルにわたって蜿蜒とつづいている。そして、ただその南の端だけを例外にすれば、ここを流れている川は一つとして航海のできる外洋につながっていない。むろん、きわめて近年になってからオビ川やエニセイ川の河口にいたる航路の開発が試みられているが、これらはほとんど度外視してもさしつかえないだろう。この大きなステップは、ヨーロッパや西シベリア、それに西部トルキスタン等では低地帯となり、所によっては海面よりもさらに低くなっているが、反対に東側のモンゴル地方に行くと、だんだんに高原に連なっている。ただし、この荒寥たるハートランド(訳者注4)には断崖絶壁のような急斜面はないので、ステップの端から端まで連続して旅することはさほどに困難でもない。

こうして一四世紀のなかばごろにヨーロッパに襲いかかった騎馬民族の一群は、はるばる三〇〇〇マイルも離れたモンゴルの大草原で、その最初の勢揃《せいぞろ》いをしたしだいだった。そして、それから数年のあいだ、彼らはポーランド、シレジア、モラビア、ハンガリー、クロアチア、セルビア等々の地方を次々と荒らしてまわった。ジンギス汗の名前としばしば結びつけられるこれら東方遊牧民族が、その前後に全世界に巻き起こした大きな衝動にくらべれば、これらは物の数でもない、いわばその部分的な飛ばっちりにしかすぎなかったといえるだろう。すなわち一方では、例の有名な黄金軍団《ゴールデン・ホード》がキプチャクの草原を占拠し、アラル海からさらにウラル山脈とカスピ海との中間を越えて、遠くカルパート山脈の麓まで支配していたかとおもえば、他方ではまた別の軍団が、カスピ海とヒンズークシ山脈のあいだを縫って南西の方向に進出し、ペルシャ、メソポタミアからついにシリアにまで侵入して、イル汗国の領土を拡大した。そして、さらに第三の軍団は北部中国に侵入し、とうとうカセイ王国(中国にたいする通称の一つだが、おそらくはタタール系の言語に由来するとおもわれる。)を滅ぼしてしまった。ただインドと中間の南部とが当面彼らの征服から守られていたのは、けだし世界に比類のないチベットという天然の障壁——これに比較できるものは、おそらくサハラの砂漠や北極海の氷群ぐらいのものだろう——のおかげだった。しかし、この偉大な障害物ですら、後になって中国ではマルコ・ポーロの時代、それからインドのばあいにはチムールの時代に、とうとう迂回されてしまった。これらは、いわば典型的な、かつまた史料によって充分に裏づけられた物語である。およそこれらの例を見てもわかるように、旧世界の周辺部に属するあらゆる定住民族は、遅かれ早かれ、中央アジアのステップに由来する機動戦力の勢力拡張の動きに戦《おのの》かざるをえない境遇におかれていたのである。ロシア、ペルシャ、インド、それに中国等は、いずれもモンゴル王朝の朝貢国となるか、それとも直接その支配を受けるか、どちらかの途をえらばなければならなかった。そのころ小アジアに台頭しかけたトルコ民族の勢力ですら、約半世紀のあいだはモンゴル族のために圧倒されていたくらいである。

　だが、このような移動戦力の動きはむろんモンゴル族だけに独特なものではない。ヨーロッパのぱあいと同様、その他のユーラシアの周辺部でも、これ以前にさまざまな侵略の記録がある。たとえば中国は、それ以前にすでに何回か北からの攻撃にさらされ、かつまた領土の征服を受けている。インドはまたインドで、北西の国境から侵入した敵に征服されること数回に及んだ。けれどもペルシャのばあいだけはやや特別で、少なくとも比較的早い頃にここを攻撃した民族の一つが、われわれの西欧の歴史と重大なかかわりをもっている。すなわちモンゴル族の大活動に先立つこと約三、四世紀以前に、中央アジアから出たセルジュークトルコ族がほぼ同じ経路を経て、カスピ海、黒海、地中海、紅海それにペルシャ湾という、五つの〝海〟に取り囲まれた大きな地域を荒らしまわっているのがみられる。そして彼らはケルマンにハマダン、それから小アジアに本拠を置いて、とうとうバグダッドとダマスカスに依拠するサラセン王朝を打ち倒してしまった。キリスト教社会が一括していわゆる十字軍とよばれる何回かの軍事活動を起こしたのは、少なくともセルジュークトルコ人がエルサレムでキリスト教徒に加えた迫害にたいする報復を、その表向きの目的にしたものだった。なるほどこれらの十字軍の動きは、結局その目的をはたすことに挫折した。けれども、これによって受けた刺激を通じてヨーロッパの各国は初めて統一の方向にむかったわけで、われわれはこれを近代史の始まりとみてもさしつかえない。アジアの中央部からの圧力に対抗しなければならないという衝動に駆られてヨーロッパが進歩したとすれば、これもまたその著しい前例の一つだったといえるわけである。

こうして、ようやくわれわれが到達したユーラシアの概念を要約すれば、それは大体次のようになるだろう。すなわち、この一続きの陸の塊《かたまり》は、その北部を氷で蔽われ、また他の部分を海洋によって取り囲まれている。その全面積はほぼ二千百万平方マイルで、大体北アメリカの約三倍ぐらいあるが、約九百万平方マイルに及ぶその中央部ならびに北部——これは、ヨーロッパの部分の二倍以上に及ぶ——には、外洋に出られるような水路が一つもない。が、その反面、この地域一帯は、亜北極圏に属する森林地帯を除いて、馬やラクダを利用する遊牧民族の運動にきわめて適している。そして、この中心地帯《ハート・ランド》の東側、南側および西側には、大きな半月弧《クレセント》の形をした周辺の諸地域があって、ここには世界の船乗り達が自由に接近できる。のみならず地形の区分にしたがって、この周辺の部分を見れば、それがおおむね四つの地域に大別され、しかもそのおのおのが世界の四大宗教といわれる仏教、ヒンズー教、イスラム教およびキリスト教のそれぞれの支配圏とほぼ一致しているのには、少なからず興味をそそられる。

以上のうち最初の二つは、通称モンスーン地域とよばれているもので、その一方は太平洋に面し、また他の一方はインド洋に面している。さらに第四番目がヨーロッパであり、これは西側の大西洋が降らせる雨によって潤《うるお》されているが、以上の三つを合算すると、大体七百万平方マイル足らずの面積となり、ここに地球の人口の約三分の二までが暮らしている。

ただし前にのべた五つの〝海〟に取り囲まれた地域——つまり通常中東とよばれる地方は、アフリカに近いせいで、その気候的な影響を受けて、ところどころにあるオアシスを除けば一般に水に恵まれず、したがってまた人口も自然稀薄にならざるをえない。が、ある意味で、それはユーラシア大陸の中心部の外縁に近い特徴をもっているといえる。ということはつまり、ほとんど森がなくて、そのかわりにあちこちに砂漠があり、遊牧民族の活動に適しているということである。ただし、それがユーラシアの中心と根本的に異なる点は、そのいたるところに良湾があり、また河口から溯行できる大きな川もあって、シー・パワーの活動にたいして開かれているばかりでなく、同時にまた同じ地域の内部からのシー・パワーの行使を可能にしていることである。その点からみれば、中東もまたユーラシアの周辺地域としての特徴を色濃くそなえているといっていい。

以上の結果として歴史上に時折、ここに本質的に大陸の周辺部に属する帝国の発生をみた。それは、おおむねエジプトやバビロニア等の大オアシスの農業人口を基盤にし、さらにそのうえ地中海やインド洋の文明諸国と自由な海上交通によって結ばれていた。けれども、これらの帝国は当然のことながら、しばしば激烈な政治革命にさらされなければならなかった。その理由のあるものは、中央アジアから来たスキタイ人、トルコ人およびモンゴル族等の襲撃にもとづくものであり、また他の地中海民族が西の海と東の海とを結ぶ陸上のルートを征服する目的でこの地方に殺到したこともあった。

いずれにしても、ここは初期の文明時代の連鎖の最も弱い部分である。そして、その最大の理由は、スエズ地峡がシー・パワーを東と西に大きく分けていたことにあった。のみならず、さらにその上、ペルシャの荒涼とした台地が、中央アジアからペルシャ湾のずっと近くまでせり出しているため、これが遊牧民族にたいして絶えず外洋の縁《ふち》まで進撃できる機会をあたえてきた。一方にインドや中国の文明世界があり、それから他方に地中海の文明社会があったにもかかわらず、両者のあいだに直接の接触が起こらなかったのは、もっぱらこれらの妨害によるところが多い。とりわけバビロニア、シリアならびにエジプト等のオアシスの勢力が弱かった時は、ステップから来た遊牧民族達がイランや小アジア等の高原を前進基地として占拠し、ここからパンジャブ地方を経てインドへ、またシリアを経てエジプトへ、それからさらにボスポラスとダーダネルスの両海峡を越えてハンガリーへというぐあいに、各方面に打って出た。ウィーンがヨーロッパの中心部への門戸であったということは、単にここが直接ロシアのステップから襲来してきた敵にたいする抵抗の拠点だったことを意味するだけではない。さらに、その他のカスピ海や黒海の南側を迂回してバルカン方面から攻めのぼってくる敵にたいしても、ウィーンは立派にその守りの役目をはたしてきたわけである。

以上で、われわれはサラセン民族とトルコ民族との中近東支配における方法の、本質的なちがいを明らかにした。サラセン民族はセム族の一支脈で、本来ユーフラテスおよびナイルの両流域や、それに下部アジアの中小オアシス地帯をその生活の本拠としてきたものである。彼らは、その国土が利用を可能した二種類の交通手段——すなわち陸上においては馬またはラクダ、それから海上においては船——を駆使して、その帝国を建設した。時として、その艦隊は、地中海はスペインにいたるまで、またインド洋はマレーの島々にいたるまで、同時に支配したこともあった。のみならず、その東西両方の海にまたがる戦略的中枢の地点から、彼らはさらに旧世界の周辺に属するあらゆる地域の征服すらくわだてたこともある。かつてアレクサンダー大王が、その先例を示し、またナポレオンにいたっては、その後塵を拝することになったわけである。あまつさえ、彼らは時として本来騎馬民族の領域であるステップまで脅かすにいたった。が、内陸アジアから来てこのサラセン文明を滅ぼしたツラン系の異教徒達(訳者注5)——すなわちトルコ人——は、ヨーロッパやインド、中国はもとより、アラビアの人達ともまったくちがっていた。

海上交通の機能は、馬やラクダ等を利用した大陸中心部の移動方式と本来対蹠的な関係にある。いわゆる河川文明といわれる段階(the potamic stage of civilization)は、つまり中国では揚子江、インドではガンジス川、バビロニアではユーフラテス川、それからエジプトではナイル川等を利用したわけで、これらの諸河川はいずれも海からの溯航が可能であった点に、すべてに共通した特徴があった。それからこれに次いで、ギリシャやローマ等のいわゆる内海型文明（the thalassic stage of civilization）とよばれているものは、事実上、地中海の海上交通をその主な基盤にしたものである。（訳者注6）が、これにたいして、サラセン民族やヴァイキング達は外洋の沿岸航海をする能力を持ち合わせていた。

ところで、喜望峰をまわってインド洋に出るルートの発見の意義は、これまで別々だったユーラシア大陸の東西の沿岸航路をひとつに結び合わせた点にある。もちろん、それは非常な遠回りをしなければならなかったことは事実であるが、それにしても、この発見は、少なくとも中央アジアの遊牧民族が占めていた戦略的な優位を、あるていどまで無力化する効果をともなった。なぜならば、それは海側から彼らの後背を衝くかたちになったからである。かくて、コロンブスやその前後の時代の偉大な航海者達が導入したところの交通革命は、キリスト教社会にたいして、当時考えられる最大限の機動力を付与したことになる。もしこれ以上のことを望むなら、さしずめ鳥のように羽根を生やして空を飛ぶしかなかっただろう。

世界の陸地がおたがいに離ればなれに存在しているのにたいして、これを取り囲んでいる海はすべてひとつにつながっているという事実は、やがて〝海を制する者は世界を制する〟という制海権の理論に地理学的な根拠をあたえた。事実マハン大佐やスペンサー・ウィルキンソン氏等が説いた近代海軍戦略ならびに政策理論の内容は、ほぼこれに尽きている。政治的にみたばあい、その大きな効果は、まさにこれまでのアジアとヨーロッパの勢力的な立場を逆転したことにあった。すなわち中世時代のヨーロッパを見ると、その南には越えがたい砂漠があり、その西側には未知の大海があり、また、その北と北東の方面には酷寒の大森林地帯があって、いわば鳥籠のなかに閉じこめられたようなかたちになっていた上、さらにその東と南東の方面では、馬やラクダのように優れた機動力をもった遊牧民族からの不断の攻撃に悩まされつづけていた。ところが、新しい交通手段を持ったヨーロッパの人びとは、これまで知っていた海や沿岸の陸地にくらべて、一挙に数十倍もの世界を獲得したばかりでなく、さらに一転して、これまで彼らの存在に脅威を与えていたアジアのランド・パワーを、こんどは逆に政治的、軍事的に包囲できる立場に立ったわけである。のみならず、新たに外洋の真っ只中に発見された無人の陸地には、いわばヨーロッパの分身ともいうべき領土が次々とつくられていった。そして、かつて英国やスカンジナビアが、ある意味でヨーロッパの付属物であったように、今やアメリカや豪州がユーラシア大陸全体の付属物のような観をすら呈するにいたった。さらにいえば、サハラ以南のアフリカですら、ユーラシアとの一体感を増したといえるだろう。こうして見てくると、現在の英国、カナダ、アメリカ合衆国、南アフリカ、豪州、それに日本などは、さしあたりユーラシアの地上兵力《ランド・パワー》の接近を許さない外周の島嶼性の基地群として、同大陸を遠回きに包囲したかたちになっている。

しかしながらランド・パワーのほうも、まだ依然として健在であるばかりか、最近の一連の事件は、ますますその重大さが増したことを物語っている。すなわち、その一方においてヨーロッパの海洋諸国が外洋を艦隊で蔽い、他の諸大陸にたいして植民活動を行ない、また、さまざまなかたちでアジアの海辺の諸地域をその属領化することを試みていた時代に、他方、ロシアはコサックの諸部族を組織して、にわかに北の森から姿を現わし、彼らの配下の遊牧民にタタール族の遊牧民を逐わせるというやりかたで、広大なステップをしだいにその支配下に置いていった。つまり西欧諸国が海上に勢力を拡大したチューダー王朝の世紀は、同時にまたロシアがモスクワを起点としてシベリアに発展をとげた時期でもあったわけだ。喜望峰を経由する航路の発見と、それから東方のアジアをめざす騎馬の冒険という、この二つの事件は、長いあいだそれぞれに別個のものと考えられてきた。が、これらの両者が持つ政治的な意味の重大さについては、どちらが優るとも劣るともいえない気がする。

ここでついでながら、かつてのヨーロッパの海側における発展とその大陸における発展とは、あたかも古代ローマとギリシャの対立の延長であったという点で、その歴史的な一致には非常に興味をそそられる。思うに、ローマ人がギリシャ人を完全にラテン化できなかったことは、史上にほとんど比類を見ないくらい大きな失敗で、その意味するところは甚だ重大だった。チュートン民族を文明化し、またこれをキリスト教化したものは、じつにローマ人である。けれども、スラブ民族に文明的な影響を与えたのは、主としてビザンティウムのギリシャ人達だった。そして、やがて後世になってから海洋の冒険に乗り出したのがローマ＝チュートン系の諸国民であったのにたいして、一方ギリシャ＝スラブ系の人達は、ステップで馬を乗りまわして、ツラン系の諸民族と戦い、ついに彼らを征服してしまった。このように近代のランド・パワーとシー・パワーとは、ただおたがいの理想を異にしているばかりでなく、同時にその機動力の基礎をなすところの物理的な条件においても、また対照的に異なっているわけである。(原注2)

さてコサック達がステップの掃討をだいたい荒《あら》ごなしにやってくれた後で、ロシア人は安心して、その北の森の隠れ家から姿を現わすことができた。一九世紀のヨーロッパに起こった社会的な変化のなかで、あまり眼にはつかなかったが、おそらく最大級の意味をもつものは、ロシア農民の南方移住という現象だろう。その結果、かつては森林地帯の縁にとどまっていた農民達が、今ではそのずっと南のほうに居住地域の中心を移すようになり、少なくともステップの西寄りの部分はしだいに麦畑に変わっていった。オデッサの勃興もまたほぼこれにともなっているが、この町の成長の早さにかなうものは、おそらくアメリカの新興都市ぐらいなものだろう。

　今から二、三〇年前までは、蒸気機関の発達とスエズ運河の開通とによって、シー・パワーの機動性がにわかにランド・パワーを凌駕したようにおもわれた。しかし、今では大陸を横断または縦断する鉄道網が発達をした結果、ランド・パワーの成立の条件が大きく変貌しつつある。そして、ことに道路をつくろうにも材木ひとつ、石ひとつままにならないユーラシア内陸のハートランドにおいては、鉄道が発揮する効果は絶大である。ともかくも鉄道はステップに大きな奇跡をもたらした。なぜならば、ここでは道路建設の時代を飛び越して、いきなり鉄道が馬やラクダの機動力に取って代わったからである。

　商業輸送の問題と関連して忘れてはならないのは、海上交通はなるほど運賃そのものは比較的安いが、そのかわり、もとの製造工場から輸出用の埠頭、それから輸入用の埠頭、そして最後に小売り向け発送用の内陸の倉庫というふうに、通常最少限に見つもっても四回もの荷物の積み卸し作業をやらなければならないということである。(訳者注7)これに反して大陸内部の鉄道では、輸出元の工場から輸入先の倉庫にいたるまで、直接に線路で結ばれるばあいもある。したがって、比較的近距離の海上輸送においては、最近次のような傾向が見られる。すなわち他の条件に変化がないかぎり、大体において海上輸送運賃と四回の荷役の費用にさらに最寄りの港からの鉄道運賃を加算したものが、二度の荷役の費用プラス大陸内部の鉄道運賃とほぼ等しくなる点を列ねると、これがつまり海上輸送の内陸に滲透しうる限界の線になる、ということである。英国とドイツのヨーロッパ大陸における輸出用石炭のシェアは、おおむねイタリアのロンバルディア地方にいたるまで、右のようにして引いた中間の線をめぐって競争をつづけているといわれる。

ロシアの鉄道は、西はヴィルバレン（旧リトアニアの東プロイセンとの国境に近い町）から東はウラジオストックにいたるまで、まるまる六〇〇〇マイルの距離を走っている。あたかも南アフリカにおける英国の陸軍がそのシー・パワーの顕著な証拠であるのと同様に、満州地方におけるロシア陸軍の存在は、そのランド・パワーの移動機能をまざまざと証明して見せている。もとより現在のシベリア鉄道は単線で、したがって戦略的な輸送の手段としてはまだ頼りない気がする。しかしながら、やがてアジアの全体が鉄道で蔽われる日が来るには、今世紀の終わりを待つまでもないとおもわれる。なにぶんにも面積は非常に広く、さらにそのなかの人口や小麦、綿花、燃料および金属類等の潜在的資源の力は、それこそ測り知れぬくらいに大きい。したがってまた、ここにおよそ海上貿易とは無縁で、多かれ少なかれ外界から孤立したところの膨大な経済単位が成立するのは、ほぼ確実とみていいだろう。

以上で、われわれは歴史のなかの二つの大きな流れをざっと概観してきた。が、ここで地理的な要因がこれらを一貫して支配してきたとみなすことはできないだろうか？　つまり、かつては騎馬民族の活動にまかせられ、そして現在では急速に鉄道網で蔽われようとしているところの、このユーラシア大陸の広大な部分が、まさに国際政治の回転軸《ピボット》に相当する地域だと私はいいたいわけだが、これにたいするみなさんの見解は、およそいかがなものであろうか？　現在またふたたび、ここにすぐれた

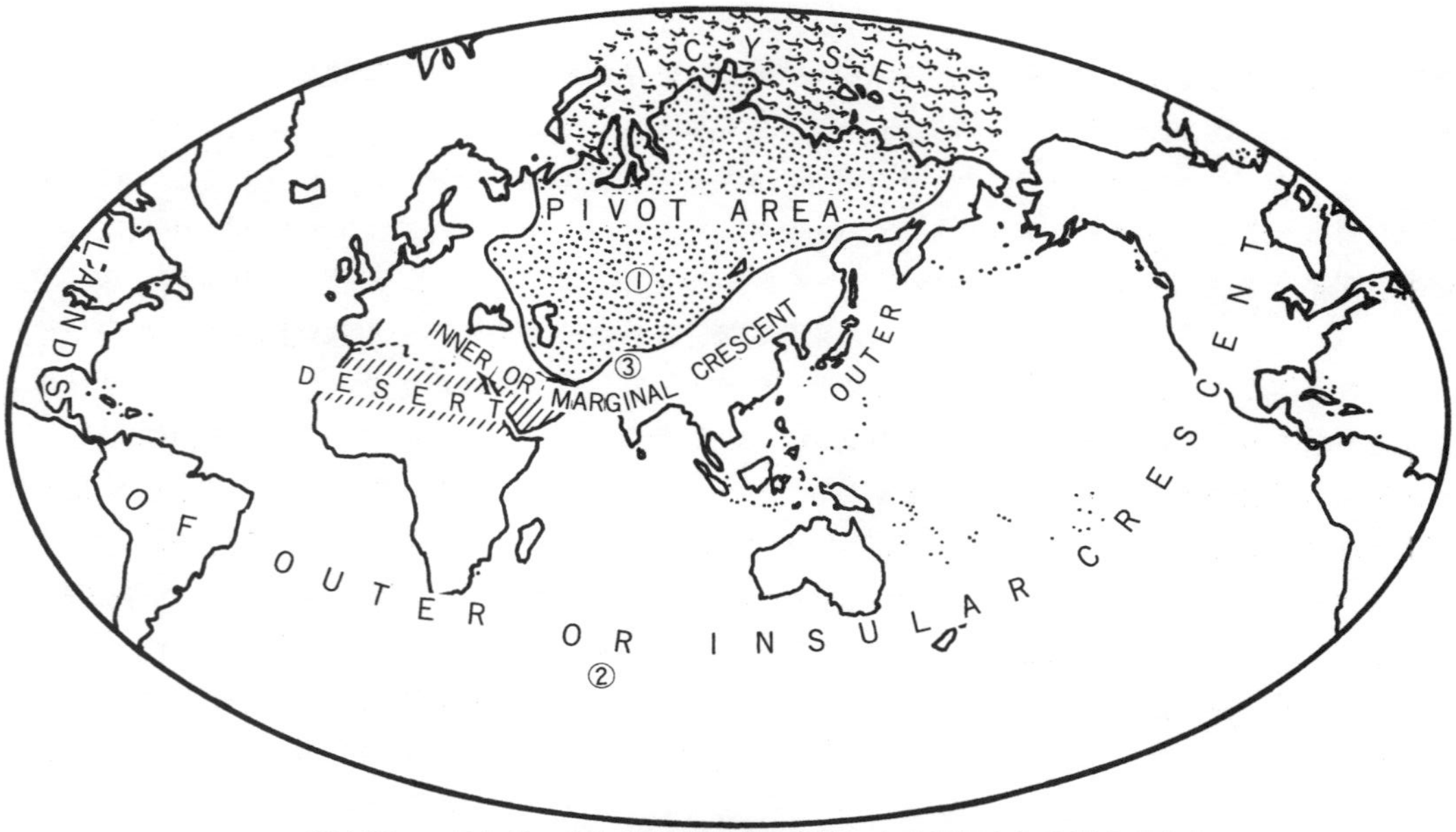

第4図——これは、あらゆる地政学の文献によく引用される極めて有名な図であるので、あえてそのまま紹介することにした、すなわち、①は〝完全に大陸的〟な回転軸の地域、②は〝完全に海洋的〟な外周の半月弧であり、③は〝なかば大陸的、なかば海洋的〟な内周の半月弧である、と解説がつけられている。

機動性能をもった軍事力ならびに経済力のための条件が具備されつつある。これらはまだ限られたものではあるが、しかしながら、その影響する範囲はきわめて大きいといわなければならない。いわばロシアはかつてのモンゴル帝国に代わるべき存在である。昔は騎馬民族がステップを中心にして、遠心的に各地に攻撃をかけていた。が、今ではロシアがこれに代わって、フィンランドに、スカンジナビアに、ポーランドに、トルコに、ペルシャに、インドに、そしてまた最近は中国というふうに、次々と圧迫を加えてきている。あたかもドイツがヨーロッパにおいて占める地位に似て、ロシアは世界全体との関係において、戦略上中枢の地位を占めているとはいえないだろうか？　ということは、つまりロシアは、その北の方角だけを除いて、他のあらゆる方向に打って出られると同時に、またどちらからも攻撃を受ける可能性を秘めているというわけである。その近代的な鉄道設備が完成するのも、そう遠い先の話ではないだろう。もっとも考えようによれば、いずれ近い将来にロシアに社会的な革命が起こって、これまでこの国の発達を制約してきた地理的な要因をめぐる考えかたに大きな変更を迫ることになるかもしれない。一八六七年当時のロシアの支配者がアラスカを手放したのは、要するにみずからその力の限界を認めたかたちだが、これは賢明な措置だった。なぜならば、ロシアが海外に何も領土を持たないことは、ちょうど英国が海に君臨するのと同じように、一種の政策上の鉄則と考えられるからだ。

さてまた話を本論に戻すが、以上の回転軸の外側に、ドイツ、オーストリア、トルコ、インドおよび中国等の国々があって、これらが大きな内周ないし縁辺の半月弧（inner or marginal crescent）を形成し、また、さらにその外側にある国々、すなわち英国、南アフリカ、豪州、アメリカ合衆国、カナダおよび日本等々によって、外周ないし島嶼性の半月弧（outer or insular crescent）が成り立っている。が、現在の勢力バランスのもとでは、回転軸の国つまりロシアは、まだ周囲の諸国すべてに対抗する力にはなりえない。それと同時に、フランスがこれと勢力的に拮抗する余地が残されている。ただし最近のアメリカ合衆国は、その勢力を主にアジアに指向しているため、直接ヨーロッパの力関係に影響を与えることは少なく、もし仮に影響があるとすれば、それは同国の対ロシア外交を通じて、むしろ間接的に表現されているとみることができる。それにまずアメリカは近々にパナマ運河を完成させて、そのミシシッピ以西ないし大西洋岸の資源の力を太平洋側で利用できるようにすることだろう。この観点からみれば、今後、真に東と西の世界を分けるものは、じつは大西洋であろうかとも考えられる。

さて、ところで今の勢力関係を破壊して、回転軸となる国家に有利な地位をあたえることは、やがてユーラシア大陸周辺の諸地域にたいするその勢力の膨張をうながし、ひいてはまた莫大な大陸の資源をその艦隊の建設に役立てさせる結果にもなる。もし万が一ドイツとロシアとが合体したら、たちまちこの可能性が現実化する恐れがある。したがって、もし仮にこのような不幸な事態が発生したら、フランスとしては万やむをえず海外の諸国と同盟をしなければならなくなるだろう。そのばあいフランス、イタリア、エジプト、インドや朝鮮半島などは、ことごとく有力な橋頭堡になり、ここでは列国の海軍がそれぞれ上陸部隊を支援して、内陸の同盟国家群に地上兵力の拡散を強いるかたちとなり、これによって回転軸の勢力がその艦隊の建設に専念できないようにすることが予想される。これをさらに規模を小さくして考えれば、半島戦争《ペニンシュラー・ウォー》（一八〇八〜一八一四年）に際して、ウェリントン公がそのトレス・ヴェドラス（ポルトガル）の沿岸基地を中心に展開した作戦は、まさに同様な効果を達成したものといえる。英帝国の組織におけるインドの戦略上の役割は、もともとこれであるといえないだろうか？　かつてエーメリ氏（L.S.Amery）は、英国の前線は喜望峰からインドを通過して日本にまで達している、といっていた。が、その考え方の背景にあるものもまさに同じことではないかと考えるしだいである。

　またもし南アメリカの莫大な資源が開発されれば、あるいはこのシステム全体にたいして、ある種の決定的な影響を及ぼす結果になるかもしれない。それは、おそらくアメリカ合衆国の勢力を強化することになるだろう。けれどもその反面、もしもドイツがモンロー主義への挑戦に成功したばあいを考えると、あるいはベルリンの政府が内陸指向の政策――私はこれを〝回転軸の政策《ピボット・ポリシー》〟とよぶことにしたい――を改める機会があるかもしれない。いずれにしても、どことどこの国が結んでバランスを形成するかということは、この際必ずしも本質的な問題ではない。私がいいたいのは、要するに地理学的な観点からみて、いずれ世界のバランスは一定の回転軸となる国をめぐって展開されるだろう、ということである。その国は常に大国である。けれども、これを取り囲む周辺の国々ないしは多くの有力な島国に比較すれば、それは交通の手段において制約されている、といわざるをえない。

　これまで私は、ずっと一人の地理学者として発言してきた。いうまでもなく歴史の各時期における政治的勢力のバランスは、一つには地理的な条件――これには経済的な意味と戦略的な意味とがある――の産物である。が、同時にそれは、その当時たがいに競争し合っているさまざまの国民の数や、またそれぞれの生活力、装備の能力、また社会的な組織力等の相対的な要因によっても規定される。もしあらかじめこれらの数字的な比較ができるだけ正確に行なわれていれば、その度合に応じて武力に訴えることなしに争いを解決する公算もまた大きくなる。しかもその際、地理的な要素は、人間的な要素にくらべて、わりあいに数量化しやすい。その理由からも、われわれはこの方式を今後ただ過去の歴史にあてはめるだけでなく、現在の政策にもまたこれを適用することを希望したい。これまでの全歴史を通じて、人類社会の動きは常に原則的に一定不変な自然の諸特徴によって左右されてきた。たとえば、アジアやアフリカの乾燥地帯化がしだいに進んでいる、というような説もある。しかしながら、もし仮にこれが証明されたとしても、人類の記録された歴史の期間中に、この現象がそう基本的な変化を環境にあたえたともおもわれない。また、いわゆる帝国の西進説にしても、これはただ回転軸地域（pivotal area）の南西および西端をめぐって、周辺の勢力が短い周期の変動を繰り返しただけのことにすぎないと考えられる。さらにまた中近東や極東の問題にしても、これらはすべて周辺の半月弧の内外の諸国のあいだにおける不安定な均衡状態と関連があるので、今回はさしあたり詳論する必要がないとおもう。

結論としていえるのは、たとえ現在のロシアに代わって新しい勢力が内陸の一帯を支配する地位に立ったとしても、同地域の回轉軸としての地理的な重要性がもつ意味はすこしも変わらない、ということである。たとえば日本人が中国人を支配し、また彼らを組織してロシアの帝国を倒し、その領土を征服したと仮定してみよう。そのばあいは、おそらく黄禍が世界の自由を脅かすことになるだろう。というのも、そのばあい、彼らは広い大陸の資源を背景にした上、さらにこれに加えて海の正面をもつ結果になるからだ。

原注

(1) See "The Races of Europe," by Professor W.Z.Ripley (Kegan Paul,1900).

(2) この部分の発言は、ペーパーの朗読後の討論の際に批判を受けた。が、その後さらにこのパラグラフを読み返してみて、私は今もって、やはりこれが基本的に正しい見方だと考えている。もしもローマが古代のギリシャを完全にその従属下に置いていたとしたら、おそらくはビザンティウムのギリシャ人ですら、それまでとちがったものにならざるをえなかっただろう。ここでいいたいのは、つまり彼らが説いたのは要するにビザンチン風の理想で、けっしてローマの理想ではなかったということである。

訳者注

(1) この論文は、もともとマッキンダーが一九〇四年の一月二四日、すなわち日露戦争勃発の直前に英国の王立地理学協会で行なった講演の記録である。したがって文体が何となく口語調になっているが、演説調に訳すと冗長になるので、あえてこれを避けることにした。

(2) この七王国とは、五世紀から九世紀ごろまでのいわゆるアングロ＝サクソン時代に競い合った Kent,Sussex,Wessex,Essex,Northumbria,East Anglia,Mercia の総称である。

(3) 鉄門（Iron Gates）とは、ルーマニアとユーゴスラビアの国境のところでダニューブ川がカルパート山脈を貫いている、約三キロメートルにわたる部分につけられた歴史的な呼称である。

(4) この講演に出てくる〝ハートランド〟は、『デモクラシーの理想と現実』で取り扱われた戦略的な中心概念になる以前の、いわば単にユーラシアの内陸地帯を意味するだけの地理的な用語にすぎない。が、そのニュアンスの相違は、実質上それほど気にかける必要もないだろう。

(5) Tūrān とは、もともとイランの側からみてアムダリヤ川の対岸一帯の地方を指したものであるが、現在ではウラルアルタイ地方ということが多い。

(6) "potamic" とか、"thalassic" というようなギリシャ語源の形容詞は、何もマッキンダーに独特なものではなく、他の多くの学者や理論家によってもしばしば使われている。

(7) 近年コンテナ船やロール・オン、ロール・オフ方式の発達によって、海上輸送面におけるこれらの欠陥がずっと少なくなったことは、周知の事実である。これによって、海上輸送は、ふたたびその利点を回復したといえる。

(8) 全般的にみて、マッキンダーは、当時、鉄道輸送の可能性をやや過大にみていた傾向がある。ただし、彼がこの講演をしたころは、いわば世界中が鉄道建設の熱に浮かされていた時代だったから、これも無理はないといえるだろう。したがって、現代の読者達はこれを適当に航空機や自動車、戦車等におきかえて読めば、彼の文意は現代にも充分に生かされるとおもう。

球形の世界と平和の勝利（訳者注1）（一九四三年）

I

最近私は自分が過去に書いたもののなかで取り扱ったテーマのいくつかについて、さらに敷衍《ふえん》するように依頼を受けていたが、その中心となる問題は、とりわけ〃ハートランド〃の戦略的な概念が近代的な戦闘の諸条件のもとで、いくらかその意味を失ったのではないか、どうだろうかということであった。ただし、この概念をその正当な文脈のなかに位置づけるためには、私はまずそれが元来どのような経過から形成をみるにいたったかを、手短かにのべることから出発しなければならない。

私が国の政治的な事件について最初に意識をもったのは、そもそもやっと地方のグラマー・スクールにかよいはじめた少年の頃にさかのぼる。それは一八七〇年の九月のことだった。私は郵便局のドアに貼ってあった電報の文面から、ナポレオン三世とその配下の全軍がセダンでプロイセンに降服したことを知って、そのニュースを家に持ち帰った。これは、まだトラファルガーの勝利の夢とナポレオンのモスクワ遠征の失敗の記憶から脱却できないでいた当時の英国人にとって、たしかに大きなシヨックだった。けれども、その結果が充分のみこめるようになるまでには、まだ何年かの歳月を必要とした。いまだに英国の海上における優位にたいして挑戦できるものはなく、その海外の帝国にたいする唯一の脅威とみなされるのは、ただアジアにおけるロシアの野望ぐらいのものだったからである。この間、ロンドンの各紙は、コンスタンチノープルから流れてくるあらゆる噂話《うわさばなし》のなかにロシア帝国の陰謀を嗅ぎつけていた。またインドの北西国境地帯ぞいに発生したすべての民族的なトラブルのなかには、英国のシー・パワーとロシア帝国のランド・パワーとの国際的な対決がその大きな影を落としていた。

それから三〇年がたって、世紀の変わり目頃に、フォン・ティルピッツ提督がドイツの外洋艦隊の建設に乗り出した。が、そのころの私はオックスフォードとロンドンの両大学の教壇に立っていて、政治および歴史地理の教案を考える仕事に忙殺されており、時事問題を観察するばあいにも、おのずから教師の立場で、どう物事を一般化し、また要約できるかを常に考えようとする癖がついていた。それで私の眼からみたとき、当時のこのドイツの動きは、すでに組織された最大のランド・パワーを保有し、かつまたヨーロッパの中枢に戦略的な位置を占めるこの国が、さらにその上に英国のシー・パワーの影響力を相殺するために、それに匹敵できるような自国の海軍を建造しようとする意図をもつものと判断されたのである。さらにこれとならんで、アメリカ合衆国もまた、着実に大国としての地位を固めかけていた。もとよりその地位の上昇は、まだやっと統計的な数字を通して知られる段階にすぎなかった。が、私が物心がついたころ、一部の人びとは、すでにアメリカ人の着想の斬新さに眼を見張っていたようである。というのも、われわれの学校の教室には〝メリマック〟と〝モニター〟の戦闘の場面をえがいた画がかかっていたのを思い出すからである。前者は最初の装甲艦であり、また後者は最初の砲塔を備えた艦であった。（訳者注2）こうしてドイツとアメリカ合衆国とが、英国およびロシアと並んで、世界の大国の列にはいりかけていた。

なかでも、別してハートランドの思想の誘い水になった事件は、英国の南アフリカにおける戦争と、それからロシアの満州における戦争である。南ア戦争は、一九〇二年に終わったが、一九〇四年の春になると、すでに日露対決の気分が濃厚になっていた。したがって私が一九〇四年の早い頃に王立地理学協会で行なった「歴史の地理学的な回転軸」（The Geographical Pivot of History）という題名の講演は、このことに触れて自然話題の種になった。が、その背景となった考察自体は、すでに長年の積み重ねを経たものである。

六〇〇〇マイルの海をへだてて行なわれたボーア人にたいする英国人の闘争と、ほぼこれに比較できるほどに遠いアジアの彼方で行なわれたロシア人の戦争とは、きわめて鮮かな対照をなしていた。この対比からしてわれわれがすぐ頭に思い浮かべるのは、一五世紀の末期にヴァスコ・ダ・ガマが喜望峰を迂回してインド洋に到達した航海の一件と、それから一六世紀の早い頃にイェルマクという名のコサックが騎馬の一隊を率いて、ウラル越しにシベリア入りをした事件とのあいだの、歴史的な平行現象である。この比較はまたわれわれに、中央アジアのさまざまな遊牧民族が古典的な時代から中世にかけて、ユーラシア大陸の周辺の半月弧の部分――すなわちヨーロッパの半島、中東、インド諸国および中国本部等――に定住する諸民族にたいして行なってきた一連の襲撃のことを想い起こさせる。じつは、このような時代が歴史上約一千年間も続いたわけである。それで私が得た結論は、およその次のようなものだった。

「われわれは、やっとこの二〇世紀の初めになって、これまでとちがったさらに完全な見方で、世界の地理と歴史のあいだの相関関係をしっかりとらえられる時期に遭遇したような気がする。つまりわれわれは、ようやく全世界的な規模で、あれこれの地形を比較考察したり、またさまざまな事件のあいだの真のつながりを考えたりすることができる時代になった、という意味である。これは言葉を変えていえば、すなわち世界史全体のなかにおける地理的な関係について、少なくともなんらかの特徴をしめす図式を発見するための努力だといってもいいだろう。そして、もしこの試みがうまくゆけば、現に国際政治のなかで競合しつつあるさまざまな勢力の成り行きについて、あるていどの見通しをもつために、この図式が現実に役に立ってくれることが期待される。」

ちなみに、この一九〇四年のペーパーでも、すでにハートランドという言葉が二、三度登場している。ただし、それはたまたま性格描写の用語として使われたので、まだ理論上の用語としての自覚はなかった。そのかわりに、〝回転軸となる地域、または国家〟("pivot area" or "pivot state")というような表現方法が使われていた。以下の部分が、すなわちその例である。

「今の勢力関係を破壊して、回転軸となる国家に有利な地位をあたえることは、やがてユーラシア大陸周辺の諸地域にたいするその勢力の膨張をうながし、ひいてはまた莫大な大陸の資源を艦隊の建設に役立てさせる結果にもなる。もし万が一ドイツとロシアが合体したら、たちまちこの可能性が現実化する恐れがある……。

結論としていえるのは、たとえ現在のロシアに代わって新しい勢力が内陸の一帯を支配する地位に立ったとしても、同地域の回転軸としての地理的な重要性がもつ意味は、すこしも変わらない、ということである。たとえば日本人が中国人を支配し、また彼らを組織してロシアの帝国を倒し、その領土を征服したと仮定してみよう。そのばあいは、おそらく黄禍が世界の自由を脅かすことになるだろう。というのも、そのばあい、彼らは広い大陸の資源を背景にした上、さらにこれに加えて海の正面をもつ結果になるからだ。」

そして第一次大戦の末期に、私の『デモクラシーの理想と現実』と題する本が、ロンドンとニューヨークで公刊された。が、この大戦争は、それまでの戦争とちがって、いわば世界全体の構造を変革する革命的な意味をもっていた。それで、今世紀の初めには学問的な用語としてまだ適当と思われていた〝回転軸《ピボット》〟という標語が、この一大危機を通り抜けた後の国際政局を表現するには、いかにも弱々しく、かつ不充分なものに感じられた。まずはこのような理由から、〝理想〟とか、〝現実〟とか、ないしは〝ハートランド〟といった一連の用語が誕生した次第である。同時にまた、かなり多くの補充的な説明もつけくわえられた。しかしながら一五年の歳月を経過した今日においても、一九〇四年に発表された命題は、今日の状況評価の基礎として、依然その有効性を失ってはいないと確信している。その意味で、年来私が求めていた図式が、今ここに得られたわけである。

II

次いでわれわれは、この論文の主題とするところ、つまり今回の大戦の事後処理の前提として現在の世界状況を概括する上で、ハートランドの概念がさしあたりどういう価値をもちうるか、ということの検討にとりかかりたい。ここで了解ねがいたいのは、いま私が問題にしているのは、ただ単に戦時中ばかりでなく、同時に平和が回復された暁にも、やはり役に立つ戦略だということである。現在すでに、今後何十年あるいはそれ以上の将来を見越した壮大な論争が巻き起こっている。が、私はさしあたり、そういうものに加わる気は全くない。カサブランカの会談（一九四三年一月一四日から二四日にかけてルーズベルトとチャーチルの間で行なわれた会談のことで、このときドイツと日本にたいして、無条件降伏を求める方針が決定された。）の表現を借りれば、今や敵の戦争哲学は、まさにこの地上から抹殺されつつあるという。とすれば、さしあたりその間どうして敵の勢力回復をおさえたらいいか、という点にもっぱら私の神経を集中してみたい。

ハートランドとは、ユーラシアの北の部分であり、かつまた主としてその内陸の部分である。それは、北極海の沿岸から大陸の中央の砂漠地帯に向かって延びており、バルト海と黒海とのあいだの大きな地峡が、その西側の限界になっている。が、この概念は、もとより地図上で明確に限定することができない。それは、その基礎になっている三つの地形的な要素が、相互に補充しあいながら、しかも地域的にたがいに完全に一致しているとはいいがたいからである。

まず最初にいえるのは、この部分には、地球上で最も大きな、かつまた平坦な低地帯が存在するということである。第二に、ここには、いくつかの航行可能な大河が流れている。が、その一部のものは北極海に注ぎ、したがってその河口は氷に閉ざされているので、外洋からここにはいることはできない。そして、その他の諸河川は、たとえばカスピ海のような内陸の海に流入しているため、これらもまた海洋への出口をもっていない。そして三番目にあげられるのが内陸の大草原地帯だが、ここでは最近の過去約一世紀半の時代にいたるまで、もっぱらラクダや馬を利用した遊牧民族の独特な機動性を発揮させるのに、いわば理想的な環境が存在していた。

以上にのべた三つの特色のなかで、地図上に最も示しやすいものは河川の流域である。北極海に向かって流れる川とその他の〝大陸型〟の川のすべての分水界をつなぎ合わせると、これによって囲まれた膨大な一連の地域がすなわちハートランドである、と一義的に説明することができる。これに反して、海上交通やシー・パワーとの関連の希薄さを指摘することは、とどのつまり消極的な基準だとしかいいようがない——もとよりこれは重要なことではあるけれども。それよりもむしろわれわれが注目しなければならないのは、ハートランドを東西につらぬく一大草原地帯の存在で、これが海上交通とはまったく異なる独自な機動力を生むのに積極的な役割をはたしてきた。これは、われわれが北米の中央部で"prairie"とよんでいるものに似たものだと思えばいい。むろん、この大草原はハートランドのすべてを蔽っているわけではなく、これはただその南側についてだけいえるところの特徴である。したがって、ハートランドの定義には、一見してやや統一のとれない部分も出てくる。にもかかわらず、ハートランド全体としての地形的な特徴は、これを戦略的な思考の基礎とするのに充分である。これ以上にしいて地理的に単純化した説明を加えようとすると、かえって誤解をまねくことになるだろう。

当面の目的からいえば、さしあたりソ連の領土をもって事実上ハートランドと同義とみなしてさしつかえない。ただ一つの方向だけを除けば、これで充分に正確な概念の把握ができる。そして、この大きな例外の箇所を明らかにするために、われわれはまずベーリング海峡から西に向けてルーマニアにいたるまでの大きな直線——その全長は、約五五〇〇マイルに及ぶ——を引いてみることにしよう。すると、ベーリング海峡から約三〇〇〇マイルの所で、この直線はエニセイ川と交差する。このエニセイ川は、モンゴルとの境界から北に向かって北極海の方向に流れているが、この大きな川の東側は一般に起伏の多い山地や高原、それに渓谷地帯の連続で、その大部分が針葉樹林で蔽われている。このエニセイ川から東の地方については、その最大の特徴がレナ川の流域にあるところから、これを私はレナランドとよぶことにしたい。そして、このレナランドは、本来のロシアのハートランドには含まれない。レナランドの総面積はおよそ三百七十五万平方マイルばかりだが、その人口はわずかに六〇〇万前後に過ぎず、しかも、そのうち五〇〇万人近くはもっぱらイルクーツクからウラジオストックにいたる鉄道幹線の沿線に住んでいる。けれども、その他の部分のレナランドの人口密度は、平均して約三平方マイルに一人ぐらいの割合である。それで、この地方の天然の資源——すなわち森林資源、水力および鉱物資源等——は、事実上手つかずの状態にあるといっていい。

そしてエニセイ川から西に、私がハートランド・ロシアと名づける地域が存在している。これは東西、南北ともに、それぞれ約二五〇〇マイルにわたる平らな地帯である。その全体の面積はほぼ四百二十五万平方マイルくらいだが、人口総数は一億七千万以上に達する。のみならず、その人口は年間平均ほぼ三〇〇万人の割で増加しつつある。

ロシアのハートランドがもつ戦略的な価値を如実に説明する、最も手軽で、かつまた効果的な方法は、これをフランスのばあいと比較してみることだろう。ただしフランスについては、その歴史的な背景をもっぱら第一次大戦の際に求めるほかにない。が、ロシアに関しては、むろん今回の第二次大戦の環境に即してこれをみることにする。

フランスの国土は、その東西、南北の比例において、ロシアに似たコンパクトな、かなりまとまりのよい構成を取っている。けれども、その地形は、ハートランドほど四周を自然の障害によって守られていない。したがって比較上、その面積の割には人為的に守らなければならない国境線の長さが大きい。その北東部だけを除いて、フランスの国土は海と山とによって囲まれている。が、一九一四年から一九一八年にかけての戦争に際しては、フランスはアルプスとピレネーの背後に敵を持っていなかったから、その艦隊は同盟国の海軍とともに海上を支配することができた。したがってまた北東部の国境を越えて展開したフランスの陸軍および同盟国の軍隊も、その両翼をよく守られ、かつまた後方の心配をすることなしに、安心して戦える状態にあったわけである。

ところで、歴史上彼我の軍隊が何回となく出たり入ったりした北東の国境は、ボージュ山脈から北海のあいだにかけて、約三〇〇マイルの幅をもっている。そして一九一四年の戦線は、ボージュ山脈を回転軸としてマルヌ川の線まで後退を余儀なくされた。が、戦争も末期の一九一八年には、やはり同じ回転軸によって形勢を挽回し、前方に進出している。つまり四年間の戦争をつうじて、この弾力性に富む戦線は撓《たわ》んだり曲がったりしたが、しかしながら一九一八年春のドイツ軍の大攻勢にも結局もちこたえることができた。これはつまり当時のフランスの国内に、縦深的な防御と戦略的な後退を行なうに充分な余地があった、ということを意味する。ただしフランスにとって不幸だったのは、その主な工業地帯が、まさにその北東部という、間断なく戦闘の行なわれた地域にあったことだった。

現在のロシアもまた、基本的にはフランスと同じパターンを繰り返している。ただちがう点は、その戦線の規模が大きく、かつまたその開かれた国境が北東ではなくて西側に向いているということである。けれども、その背景には、やはり縦深防御と戦略的後退のために用意されたハートランドの広大な平原が存在している。そして、この平原は、さらにその東部で、海からの接近が困難な北極海の沿岸地帯、エニセイ側の向こうの荒涼としたレナランド、それにアルタイからヒンズークシにいたる一連の山並み等によって構成された自然の一大障壁につながっており、かつまたこれらの山々の背後には、ゴビの砂漠やチベットおよびイランの大高原がひかえているといったしだいである。これら自然の三大障壁は、その広さとその実質において、フランスを取り囲こんでいる海や山にくらべれば、およそ比較にならないぐらい桁外れに大きな防衛的価値を有している。

いうまでもなく厳密な意味では、北極海の沿岸は、接近が絶対的に不可能だとはいえない。この点は、ここ数年来やや事情が変わってきており、現在ではすでに強力な砕氷船の力を借りたり、あるいはまた前方航路の氷群を偵察する航空機の誘導を受けたりすることによって、あるていどの規模の船団がオビ川やエニセイ川に出入することもできるようになった。のみならず、レナ川の溯航も一定の限度まで可能である。しかしながら、外部の敵にとってみれば、およそ北極圏を取り囲む大きな氷海を突破した上、さらに北部シベリアの凍土帯《ツンドラ》やタイガ（亜寒帯の針葉樹の大密林）を越えて本格的な侵入をくわだてることは、地上を基地とするソ連の防空軍が健在であるかぎり、まずほとんど不可能だとみてさしつかえない。

フランスとロシアとの比較をより完全なものにするために、以下いくつかの照応する事実を挙げてみよう。まず第一に、ハートランド・ロシアの人口はフランスの約四倍だが、その開かれた国境線の長さも、またほぼ四倍にあたる。けれども、その面積にいたっては、じつにフランスの約二〇倍である。このように開かれた国境線の長さはほぼ人口の数に比例している。したがって、そこに広く展開されたロシアの兵力に対抗するために、いきおいドイツの側では限られたマン・パワーを、従属的な国々から引き抜いてきた、より劣弱な兵員で、希釈して使わなければならない。ただひとつの重要な点で、ドイツと二度目の戦争を始めたときのロシアは、一九一四年当時のフランスと同じような不利な状況におかれていた。ということは、つまりフランスのばあいと同様に、ロシアの最も発達した農業および工業地帯が、大部分侵入者の通路にあたっていたという意味である。もしドイツの侵略がもう二、三年遅れていたら、たぶん第二次五ヵ年計画のおかげで、この欠陥がいくらか補われていたかとおもわれる。が、ヒトラーが一九四一年にスターリンとの条約を破棄したときには、おそらくこのことをも充分考慮にいれていたであろうと推測される。

とはいうものの、ハートランドがもつもろもろの潜在力は、戦略的にきわめて都合よく配置されている——ただしここでは、レナランドの天然資源についてはあえて触れない。近年、南ウラル地方のような所にも工業が盛んに発達しているが、これは回転軸とみなされる地域全体のなかでも、さらに中枢の要《かなめ》のような重要な意味をもつ。そして、その工業の基盤をなすクズネックの大炭田地帯は、エニセイ川上流の山懐《やまふところ》のような自然の要害のなかにひそんでいる。(訳者注3) 一九三八年のソ連は、以下のような品目の食物の生産で、それぞれ世界の最高位を記録した——小麦、大麦、からす麦、ライ麦および砂糖大根等。マンガンの生産高においても、またソ連は世界第一位を占めている。製鉄業においても、ソ連はアメリカ合衆国と首位を争うあいだがらにあり、その石油の生産量は世界第二位だ。さらに石炭についても、ミハイロフの説明によれば、クズネックとクラスノヤルスクの両炭田のどちらかひとつだけで、優に世界全体の需要を三〇〇年間ささえられるはずだという。(原注1)ソ連政府の政策では、いわゆる第一次五ヵ年計画の期間中に、その輸入と輸出の均衡をはかろうとした。が、いずれにしても、きわめて例外的な品目だけを除けば、およそこの国が必要とする産物で自国で生産できないものはひとつもないという状況である。

これらすべての条件を考慮にいれた上で、仮にもしソ連が今回の戦争でドイツを征服して、勝利者として生き残ったばあいのことを考えれば、この国がやがて地上最大のランド・パワーになることは疑う余地がない。のみならずソ連という国は、防衛戦略的にみても、けだし最強の地位を占めることになるだろう。かくてハートランドは、この地球上で最大の天然の要塞を形成することになる。その上、この要塞は史上に初めて質的にも量的にも充分に満ちたりた守備兵力をもつことになったわけだ。

III

今私はこの小論のなかで、世界最大の大陸国家の牙城ともいうべきハートランドの意義について、すべてをいい尽くそうとするつもりはない。が、いわばこのハートランドに対抗する別の概念を紹介するために、もうすこしだけ書き足したいとおもう。

最近のカサブランカ会議では、ナチス・ドイツの戦争哲学を絶滅するという趣旨の声明が発せられた。ただしそのためには、これを打ち消すだけの力をもった思想の清水でドイツ人の心を洗い流してやることが必要である。想像するところ、連合国軍は停戦の命令が出てから少なくとも二年やそこらのあいだベルリンを占領し、戦争犯罪人を裁判にかけ、そしてまた現場検証にもとづいて国境の画定をやる、といったような行動を取る時代がつづくだろう。そして、その上さらに、復讐心に燃えるドイツの旧世代が若い世代に向かって歴史を歪曲《わいきょく》して教える心配がないように、その他もろもろの外科手術を施すことも、また考えられる。しかしながら自由主義の理論をドイツ人に教え込むために外国人の教師を派遣することは、百害あって一利がないことが明らかである。自由は、それを使う能力のある者に限って与えることが可能である。ただし一度汚された水路も、その両側に強力な堤防を築くことによって、きわめて効果的に清潔にたもつことができるかもしれない。その堤防の片側に、ハートランドのランド・パワーがあり、また片側に北大西洋の周辺のシー・パワーがある。将来そのどちらの方面に向かってふたたび戦争をくわだてても、ドイツ人には絶対に勝ち味がないことを徹底して教え込んでやれば、あとはドイツ人自身が問題を解決するだろう。

以上のことを実現するためには、しかしながらまず第一にアメリカ、英国およびフランスの三国のあいだで、効果的かつ永続的な協力をすることが不可欠である。すなわち、このばあいアメリカは縦深的な防御の面を担当し、英国はちょうどマルタ島を拡大したような、外濠をそなえた前進基地としての役割をはたし、さらにフランスは防御に耐えられる橋頭堡としての役目を担当することになるだろう。なかんずく、この最後の役目は、その重要性において決して前二者に劣らない。なぜならば、シー・パワーがランド・パワーと均衡をたもつためには、結局において水陸両用的《アンフィビアス》な性格を帯びるほかにないからである。それから次の順序として、もしも平和が脅かされるようなばあいには、前記の三国とそれから第四の征服者すなわちロシアとがただちに協力できる約束が必要である。こうしておけば、たといドイツ人が将来悪い気を起こしても、絶対に手も足も出せなくなるにちがいない。

現在、一部の人達は、世界的な空軍力《エア・パワー》の発達によって、すでに艦隊や地上軍の出番は全くなくなったと考えているようだ。しかしながら私が現に或る現実的な考え方をする空軍の人から聞いた話では、「空軍の力は、その地上施設の組織の良し悪しによって、決定的に左右される」ということである。これはきわめて含みの多い発言であって、私もおおいに感心して話を聞いた。ただしこの問題は、ここで取り扱うのにはあまりにも大きすぎる。これまでのあらゆる戦史をみても、攻撃と防御の戦術的優位の関係は要するにイタチごっこで、これが戦略の基本条件に永久的な変化をもたらした例は、あまりなかった。それで空軍もまた、この歴史の後を追わないという確実な保証はどこにもない。さしあたり私がいえることは、ただそれだけである。

今の私には、人類の今後のことについて予言をする意図は全くない。ただ私がここで問題にしているのは、もしわれわれが勝利を収めたばあい、平和を確実にするためにいったい何と何をしたらいいか、ということだけである。このごろようやく戦後の世界のありかたについて、研究をする人達がふえてきた。が、この際大切なのは、理想主義的な青写真とそれから現実的また学問的な構図――つまりなかなか変わりにくい事実にもとづいて、政治的、経済的また戦略的等々の概念を提示するもの

——とのあいだに、注意深く一線を画することである。

まず以上のことを念頭におきながら、世界の地理の上に見られる一つの大きな特徴に眼を向けてみることにしたい。それは、ちょうど北極圏を帯のように取り巻いている一連の大きな地域の存在である。この地域はサハラの砂漠から始まって順々に東向きに、アラビア、イラン、チベットおよびモンゴルの砂漠ないしは高原地帯から、さらに前出のレナランド、アラスカおよびカナダのローレンシアン楯状地《シールド》——これらのすべては自然の条件が厳しく、人間が住むにはあまり適当でない所ばかりだ——を経て、アメリカ合衆国西部の半乾燥地帯にまで達している。この一連の砂漠その他によって構成された荒涼とした地域の存在は、およそ世界全体の地理を考える上で、第一義的な重要性をもつ特徴だとおもわれる。すなわちそのベルトの囲いのなかにハートランドがあり、また内陸海《ミッドランド・オーシャン》(北大西洋)とその四つの付属的な海(地中海、バルト海、北極海およびカリブ海)の沿海地方があるが、これらの両者はたがいに歴史的な関連をもち、それぞれに劣らぬ大きな意味をもっている。そして、このベルトの外側に、大洋圏《グレート・オーシャン》(太平洋、インド洋および南大西洋)ならびにこれに注ぎ込む河川の流域の諸地方(アジアのモンスーン諸国、豪州、南アメリカおよびサハラより南のアフリカ)がある。(訳者注4)

アルキメデスは、彼の挺子をささえる支点さえあれば、地球でも動かしてみせるといった。が、全世界を元通りの繁栄に立ち戻らせることはなかなか難しい。さしあたり優先的に復活させる必要があるのは、ミズーリ川とエニセイ川のあいだの地域——ここにはシカゴからニューヨーク、またロンドンからモスクワといった商業航空の幹線ルートがある——だろう。というのも、この地域の経済的な発展は、戦後の世界の復興のための支点の役割をはたすとおもわれるからだ。日本にたいする攻撃を当面先に延ばしたのは賢明だった。いずれ遠からず中国は、その東でもなくまた西でもない独自な文明——これは人類の四分の一をふくむ壮大な、ロマンチックな実験だ——の発達をとげるために、豊かな資金を提供されるだろう。これは、名誉な借金だといってもいい。中国とアメリカ合衆国と連《ユナイ》合王国《テッド・キングダム》とが組んで道を開けば、旧世界の秩序の再建は比較的に容易だろう。ちなみに英米両国は、それぞれ背後にちがった歴史を背負ってきたようにみえる。が、そのいずれもがたがいに自由な諸国民の共同体をリードしてきているので、結果的にみれば目標は同じである。ともあれ、まず最初に心がけなければならないのは、ベルトの内側の地域の経済的な復興である。もしこれを早急にやらなければ、あらゆる文明が崩壊して、混沌とした状態に陥る恐れがあるからだ。想えば、かつてベルサイユ会議の直後に話題にのぼった英、米およびフランス間の同盟が実現しなかったのはたいへんに不幸な出来事だった。もしこれさえ成り立っていたら、どんなに多くの衝突や悲運が回避できたことだろう。

IV

さて、最後にこの丸い地球の姿について私の画くイメージを完成させるために、以上にすでに説明した二つのものに加えて、さらに三つの概念を手短かに紹介しておくことにしたい。アメリカ人の書いたもののなかには、しばしば〝基本戦略《グランド・ストラテジー》〟という言葉が登場する。が、これを完成させるためには、歴史や経済問題ばかりでなく、地理的な面でもまた、これを大きな一般的概念で整理しておくことが必要である。

これまで私は、いわゆるハートランドの概念について縷々とのべてきた。これが二〇年ないし四〇年の歳月を経た今日でも、いまだに有効であるばかりでなく、むしろますます迫真の力をおびてきた、と自信をもって主張するのに私はやぶさかでない。これまで私がのべたところによれば、このハートランドは、氷に閉ざされた北極海と、起伏の多い森林山地のレナランドと、それに中央アジアの山々や荒涼たる高原ないしは砂漠といった、数々の天然の防壁によって大きく取り囲まれている。しかしながら、この障害物のベルトは必ずしも完全とはいえない。なぜならば、バルト海と黒海とのあいだの約一〇〇〇マイルの幅をもつ大きな地峡を通じて、ヨーロッパの半島部から内陸の低地帯に出たり入ったりする路が開かれているからだ。けれども、今のソ連の時代になってから歴史上に初めて、この膨大な自然の要塞を守るに足りるだけの兵力が誕生し、これによってドイツ軍の侵入を阻止することができた。この事実があり、またその両側面と背後とに有力な障壁が存在する以上、ハートランドに出入する通路が広いこと自体は、むしろソ連の利益にこそなれ、けっしてマイナスにはならないだろう。つまり、ここを通過して侵入しようとする敵側は、いきおい広大な戦線に兵力を散開することをしいられるから、ただそれだけでみずからの敗因を構成することになる。のみならず、ハートランドの地上と地下には、耕作を待つ豊かな土壌と、それから今後の開発を期待されるもろもろの鉱石や燃料の宝庫とがある。これらは、アメリカ全土とカナダとを合わせたものにほぼ匹敵するだろう。

私はまた絶対に破れない力をもった堤防を築き上げ、そのあいだを通じてナチスの戦争哲学に対抗して洗浄的な効果をもつ別の思想を流し込むことによって、彼らの黒魔術をおのずからに追放することを提案した。が、敗戦ドイツ国民の心の中から悪霊をはらってやるために、外国人の教師を派遣するほど気の狂った人は、まずいないだろう。それに私は、最初の何年間か懲罰的な駐兵が行なわれることは、まずやむをえないと考える。しかしながら、たとえデモクラシーの諸国が戦勝の余波に乗って、それ以上敗戦国に駐屯をつづけたところで、その精神的な影響力においてもドイツ人の範とするに足りるだけの充分な兵力を維持できるかどうか、その点は私にとって大きな疑問である。だいいちデモクラシーの信奉者にむかって、その趣旨ならびに本質に反するような態度や行動を期待するわけにはいかない。ドイツ人の再生とその心の浄化は、ドイツ人自身にまかせたほうがいい。ただそれが横道にそれないように、前にもいったように、片やハートランド、そして片や英、米そしてフランス等の水陸両用的勢力の、しっかりした堤防を築いておくべきだ、と私はいうのである。むろんこれらの両勢力は、その流れをはさんで、いつでもたがいに均衡し、そして常に所要の行動をとれる態勢にいなくてはならない。そうすれば、たとえドイツ人がその条約の禁を破って、戦争の具体的な準備を始めても、また、たとえそれ以外の方法で青年をあらぬ途に駆り立てるようなことを試みても、所詮は絶えず両面戦争の必然性という夢魔のなかで暮らさなければならないだろう。それゆえデモクラシーの軍隊は、むしろその祖国にとどまったほうが、かえって彼らの教師たるにふさわしい——これは、一種の実物による教訓である。

以上の提案につづくものが、私の次の地理学的な概念、すなわち内陸海《ミッドランド・オーシャン》（大西洋）と、その付属の諸海ならびに諸河川の流域という思想である。が、これについては、もうくどくどしく説くことをやめて、ただその三つの要素だけをここで改めて繰り返しておこう。その第一はフランスという橋頭堡であり、第二が英国という外濠をもった飛行基地であり、それから第三がアメリカ合衆国東部およびカナダにおける熟練したマン・パワーならびに農業、工業等の潜勢力である。戦争遂行の潜在的な能力という観点からみれば、アメリカもカナダも、いずれも大西洋の国々である。また常時地上の戦闘を行なう態勢が必要だとすれば、そのための橋頭堡と外濠をそなえた飛行基地の存在が絶対に欠かされない。

残りの三つの概念については、ただ私の地球にたいする考えかたを一応完結し、またこれに均整をあたえるという目的のために、ごくかいつまんでのべておくことにしたい。ハートランドと北大西洋（前述のミッドランド・オーシャン）の沿岸諸国とを取り囲んでいる一連の過疎地域は、全体として約一、二〇〇万平方マイルばかりの面積になるが、これは地球上の全陸地の面積のほぼ四分の一にあたる。にもかからず、その総人口は三、〇〇〇万人以下で、これは地球全体の人口の七〇分の一にしかあたらない。むろん、この無人地帯を飛びこえる飛行機のルートは将来ふえるだろう。また自動車の幹線道路も、おそらく何本かここを通るにちがいない。けれども、この自然の障壁がその両側にある主要な地球上の社会の連続性を大きく妨げているという現実は、今後といえどもなかなかそう簡単に変わる日がこないだろうとおもわれる。（原注2）

私の四番目の構想は南大西洋の両側、つまり南アメリカとアフリカの雨量の豊富な熱帯性森林地帯をめぐるものである。もしもこれらが開墾され農業に適するように改造されたばあいには、やはり熱帯に属する現在のジャワとほぼ匹敵する程度の密度の人口を養うことができるようになるだろう。これを私は約一〇億とふんでいる。ただし、これには熱帯医学の発達によって、温帯と同様に人間の生産的エネルギーが発揮できるようになることが必要条件である。

最後に五番目にのべたいのが、インドや中国等のモンスーン諸国に住んで、古い東洋文明の血統をひく、同じく約一〇億の人びとに関することである。これからドイツや日本が文明世界に順応するのと時期的に平行して、これらの国民達もまた徐々に繁栄におもむくことが期待される。そしてこれが達成された暁《あかつき》には、彼らとミズーリ川およびエニセイ川の中間に住む他の一〇億人の人びとのあいだの均衡状態が、はじめて成立するだろう。全人類の生活が均衡に達したとき、はじめて幸福な世界が生まれる。均衡《バランス》こそ自由《フリーダム》の基礎である。

原注

(1) N. Mikhaylov, "Soviet Geography," London: Methuen, 1937.

(2) いつか遠い将来の日に、もしも石炭と石油の資源がすべて枯渇したら、あるいはサハラ砂漠が太陽熱を直接捕獲するための場所になるかもしれない。

訳者注

(1) この論文は、第二次大戦の中頃に米国の雑誌『フォーリン・アフェアーズ』の一九四三年七月号に掲載されたもので、いわば地政学者マッキンダーの絶筆とみなしていい。

(2)南北戦争中の一八六二年三月九日にこの両艦のあいだで行なわれた戦闘は、史上最高の装甲艦どうしの戦闘ということで、海軍史上きわめて有名である。ちなみに、当時〝メリマック〟は南軍に属し、また〝モニター〟は北軍に所属していた。両者のあいだに、決定的な勝負はなかった。

(3)原著者はここで、どうやらクズバスの炭田をクズネックと混同して書いているようにおもわれるが、大意に影響はないので、しばらくそのままにしておいた。

(4)〝内陸海〟(the Midland Ocean)とか、〝大洋圏〟(the Great Ocean)とかいう概念は、マッキンダー自身もただここで使っているだけで、他でもほとんど使われたケースがない。したがって定訳など無論ないが、ここでは仮に右のような訳語をつけておいた。どちらもやや耳馴れない感じはするが、しかしながら、その後の北大西洋条約の構想ないし太平洋経済圏の問題の発生などと考え合わせれば、彼のいったこともまんざら的を得ていないとはいえないだろう。

訳者解説（旧版　訳者序文）

世の中には幻の名著という言葉があるが、およそマッキンダーの『デモクラシーの理想と現実』ぐらい、これまでこの表現にぴったりあてはまっていたものはないだろう。地政学を口にする人で、マッキンダーの名を知らぬ者は、まずいないとおもう。けれども、日本人のなかで実際にこの本を読んだという人の話は、かつて耳にしたことがなかった。いやそれどころか、わが国では、いったいどこにその原本があるのかすら、なかなかわからないような始末だった。

ところで、昨年、私はたまたま国会図書館に一九四九年にロックフェラー財団から寄贈された原本があることを知った。それで、とりあえず一読した結果、従来マッキンダーの所説が、かなりゆがめられた不完全なかたちでしか、紹介されていないことを実感した。これは、ある意味で非常な驚きだった。そもそも、この原本ですら実は初版ではなく、一九四二年の春にアメリカで再版されたものである。一九四二年の春といえば、いうまでもなく太平洋戦争が始まった直後だ。そして、この再版の時期こそ、マッキンダーの理論が当時アメリカの戦略家達によっていかに注目されたかという背後の事情をよく物語っている。およそデモクラシーの陣営の側からみて、これに勝る基本戦略の教科書はほかになかっただろうとおもわれるからだ。

一見してわかる通り、『デモクラシーの理想と現実』が最初一九一九年に発行されたとき、それは、そのころ始まりかけていた国際連盟の実験にたいする、大きな警告の意味を秘めていた。そのなかでは、とりわけロシアで政権を取ったボルシェビキの官僚独裁化する懸念がありありと表明されている。ただしマッキンダーがさしあたり最も恐れたのは、ドイツの軍国主義が再燃して、これとボルシェビキ政権下のロシアとが、なんらかのかたちで合体することだった。それでマッキンダーは、この本のなかで、シー・パワーの諸国がこれにたいして取るべき対策を重点的に指示している。

けれども、その後、第二次大戦の時代に突入するまで、戦略理論家としてのマッキンダーの名はほとんど忘れられていた。それは、彼自身もあらかじめ指摘していたように、もともとデモクラシーには、万やむをえず自己防衛をする必要に迫られないかぎり、およそ戦略的に物を考えることを拒否しようとする傾向があるからだった。また、この間に英国の国際的な発言力が相対的に低下したことも、たしかに英国の地理学者、そして政治家としてのマッキンダーの存在が比較的にかえりみられなかった大きな理由の一つだったろう。

これと反対に、ドイツの退役将軍であるカール・ハウスホーファーの一派の〝地政学《ゲオポリティーク》〟は、かなりあちこちの注目を浴びていた。しかしハウスホーファーの『太平洋の地政学』などの主要著作を読んでもわかるように、元来、彼自身がマッキンダーから大きな刺激を受けていたことは、後者の著作からの頻繁な引用の度合によっても知られるとおりに明らかである。ハウスホーファーに限らず、おしなべてドイツの戦略家達の多くは、当初アングロ＝サクソンのシー・パワーとの全面的対決を慎重に避けようとしていた。さらに一時はドイツとの軍事的提携を試みたソ連のスターリンでさえも、そのシー・パワーの分野では、アメリカの協力を得ようとして外交的な工作を展開したことがあった。

が、一方そのアメリカにも、当時はまだグローバルな意味でのシー・パワーの戦略の用意ができていなかった。マッキンダーの理論が久しぶりに脚光を浴びたのは、まさにそのような思考の欠落をおぎならためだったろうと考えられる。

今あらためてマッキンダーの著作を読み返してみると、そこから感じられるものは、つい最近まで終始一貫して変わることのなかった海洋国家としての英国の息吹きである。かつて、ある日本海軍の先輩が、「英国人の頭のなかには地球儀がそのままはいっている」といわれたが、これはまさに至言だとおもう。その発想のスケールの大きさにくらべると、アメリカのシー・パワーの教祖マハンの影もほとんどかすんでしまうくらいである。

第二次大戦後のアメリカで地政学(geopolitics)という言葉がしきりに使われるようになったのは、明らかにヨーロッパ大陸の影響であって、マッキンダーの著作のなかには、そのどれをとっても、こういう表現は一度も出てこない。むろん、彼がこの言葉を知らなかったはずはない。が、はたして意識的にこれを避けたのかどうか、その点は不明である。結局において、それはどうでもいいことだが、ともかくもアメリカの理論家達が地政学の先達の名を挙げるに際しては、マハンとマッキンダーの両者を併記するのが例である。しかしながら現代に通用する戦略家という評価の点では、ほとんどのばあいマッキンダーのほうに軍配を挙げている。というのも、彼はマハンの充分に説き尽くさなかったシー・パワーの基地《ベース》の問題について、まさに遺漏のない論理を展開してくれているからである。

ともあれ現在いわゆる地政学とよばれているものは、事実上マッキンダーによって始められたとみてさしつかえない。彼自身は、自分は地理学者だと称していた。が、その地理学の目的は、この地球上に住む人類の生活に均衡と幸福をもたらすことにあると、常に強調していた。彼はまた、戦略《ストラテジー》という言葉をよく使ったけれども、その戦略とは、要するに、どうしてデモクラシーの世界に安定と平和をもたらすか、ということに尽きるものであった。ただし、彼は地理学者として、諸国民の動きが自然の要因によって大きく左右されることを知っていたので、その点をよくふまえた上で計画を練らなければならない、といっていたわけである。その点が、およそ世の空想的または観念的な平和主義者達と大きくちがっている。

まずはそのようなわけで、私は彼の『デモクラシーの理想と現実』を読んでから、およそ地政学ということを口にする以上は、彼の本を必ず一読しておく必要があると痛感した。これは地政学と称するものが迷路に踏みこんだり、また邪道に陥ったりしないためにも、ぜひとも希望されることである。どういう学問研究の分野でも、本来の志さえしっかりしていれば、たとえ一度道に踏み迷っても、また元の立場に戻ることができる。それで、原書房社長の成瀬恭氏から本書の邦訳について相談を受けたとき、あえて受諾した次第である。

ここにその全訳文がある以上、いまさらその詳細な解説は無用だとおもう。ただ念のため、一、二の点について読者に注意をうながしておきたいことがある。それは、彼が演説の名手で、その文章もまたきわめて演説調であり、直接相手のふところに飛びこむような、簡潔で直截な表現に終始しているということである。彼はおそらく世の大多数の専門家達とちがって、物を書くばあいも、ろくに参考文献を見ずに、日ごろ考えていることを一気に書き流す癖があったのだろう。したがって、誰でも調べればすぐにわかるような、細かい事実にはあまりこだわっていない。数字の引用なども、きわめて大雑把である。論文としてのこまごました技術的な欠点を数え立てれば、おそらくきりがないだろう。私も年代などの明らかなまちがいは、わざとことわらずに正しておいたが、それはほんのわずかな場所だけである。

　われわれとして何よりも必要なのは、まずマッキンダーの方法から何物かを学ぶことである。その経歴をみればすぐわかるように、彼は学究であると同時に実務家であり、また言葉の真の意味での教師でもあった。マッキンダーの生誕百年記念に際して、ロンドン大学の政治経済学院（the London School of Economics and Political Science）で講演をしたオックスフォード大学の地理学教授、E・W・ギルバート氏はマッキンダーの学者としての業績を、あたかも海洋学の先駆者としてのキャプテン・クックのようなものだった、といっている。つまりジェームズ・クックが二度にわたって南太平洋や南極海を探検航海したおかげで、オーストラリアやニュージーランドその他の太平洋の島々の形状がほぼ明らかになった。そして、その後を受けて、英国の海軍が太平洋やインド洋の海路図誌《ハイドログラフィー》を徐々に完成していった。ちょうどそのように、マッキンダーは格別な後継者をきめることなしに、ただ数々の地政学の基本的概念を世の中に残していって、その細部をきわめることは後の不特定多数の人間にまかせた、というわけである。

　およそこれくらいマッキンダーにふさわしい墓碑銘はないだろう。彼以前にも、また彼と同時代にも、むろん政治と地理の関係を論じた真摯な学究はかなりたくさんいた。それらの人達のあいだにはおたがいどうしの影響の関係もあった。たとえば、ふつうよく地政学の先駆者といわれるドイツ人のフリードリッヒ・ラッツェル（Friedrich Ratzel, 1844—1904）は、元来アメリカに留学して地理学を学んだというくらいだから、アメリカにはもともと地政学的な考え方の育つ土壌があったのかもしれない。フランスにはまたフランスで、独特な地政学の流派がある。けれども、マッキンダーのように国境を越えて、持続的な影響力をもっている例は他にない。

それとともに、その名前が有名なわりには、公刊された著書の数が甚だ少ないのも、また彼の特徴である。もとより、彼は英国の地理学会の機関誌にはしばしば投稿している。が、いわば英国の体系的な地理学の源流とみなされる『英国と英国の海』(Britain and the British Seas, 1902) を除けば、今回私が訳出した三篇の著書、論文が、事実上彼の労作のほぼすべてだといっていい。次に読者の参考のために、前出のギルバート氏の講演記録を参照しながら、マッキンダーの生涯の大要を紹介しておこうとおもう。

＊＊＊

サー・ハルフォード・J・マッキンダー (Sir Halford John Mackinder) は、一八六一年二月一五日、イングランドの東部にあるリンカンシャーのゲインズバラで、一田舎医者の長男として生まれた。その家系は、もともとスコットランドの出身だが、先祖が一七四五年の反乱の後でイングランドに亡命してから、マッキンダー姓を名乗るようになったらしい。少年の頃の彼は、北海の高潮がトレント川を遡って奏でる大きな波の音を聞きながら、もっぱら海洋国民としての夢を育てた。ちなみに彼が生まれる前の年に出版されたジョージ・エリオットの『フロス河畔の水車小屋』に出てくるセント・オッグズの町は、このゲインズバラをモデルにしているということである。

彼の最初の九年間の学校生活は、ゲインズバラのグラマー・スクールで送られた。この間に起こった世界的な大事件としては、アメリカの独立戦争と、それからプロイセンとフランスのあいだの戦争とがあるが、そのいずれもが彼の若い心に大きな刺激をあたえたことは、彼の論文のなかにも触れられているとおりである。時あたかも英国では、いわゆる〝黒い艦隊〟(the Black Battlefleet) と称する装甲艦から成る近代的海軍に移行しつつあった時期で、英国のシー・パワーという言葉は、政治的な概念としても、文字通りの実感的な響きをもっていた。また彼がグラマー・スクールに在校中に読んだキャプテン・クックの航海記が、生涯、世界旅行の歴史に興味をもちつづけるもとになった。

グラマー・スクールを出た後、彼は最初父親の希望にしたがって、医者の子弟を教育するエプサム・カレッジにはいったが、やがてオックスフォードの奨学生となり、生物学を専攻しようとした。当時の英国の大学の制度は日本と非常にちがうので、われわれ現代の日本人にはいくら説明を受けてもなかなか理解しにくい。が、その後の数年間に彼は、オックスフォードにおいて地質学を学び、さらに歴史や法学をも学んで、そのいずれにも頭角をあらわした結果、史上に有名な大学拡張運動 (the Oxford Extension Movement) の中核的なリーダーになった。これは、単にパリ大学の例にならってロンドンのような大都会の中心に大学の研究施設を拡大しようとするだけでなく、同時に労働者などのような、ふだん学問に接する機会に恵まれない人びとにも講座を公開し、これによって大学の学問が現実から遊離する傾向を防ぐという、いわば一石二鳥的な効果をねらったもので、英国の大学の歴史に革命的な影響をもたらしたばかりでなく、国民の政治意識の高揚という面でも、大きな画期的意義をもった運動だった。

彼のばあいには、その直接の武器になったのが、彼自身の提唱したいわゆる〝新しい地理学〟(the New Geography)である。これは、地理や歴史の研究をこれまでのアカデミックな閉鎖的環境から切り離して、直接国民生活の役に立てようというもので、その考えかたの一端は、『デモクラシーの理想と現実』の終わりのほうの部分によく現われている。

そのころ、ちょうど英国の王立地理学協会(the Royal Geographical Society)では、従来の大学における地理学研究の旧式なやりかたを改良し、これを新しい学問的研究の軌道に乗せようとしていたので、マッキンダーの公開講座の評判――彼は、一八八七年から八八年の二年間だけで、英国の各地で一〇二回の講演をしている――を聞いた協会では、彼に『地理学の領分とその方法』(the Scope and Methods of Geography)と題する講義を依頼した。これは、まだ彼が二五歳のときの話である。(これは、マッキンダーの思想の成長過程を知る上では大事な草稿だとは思うが、しかしながら当時の地理学界の状況を知らない現代の読者にとっては、かなり退屈な話だとおもうので、あえて本訳書では採り上げないことにした。)

その翌月に彼はオックスフォード大学の地理学の講師《リーダー》に就任したが、彼は自分がエリザベス朝のリチャード・ハックルート以来二代目の地理学の講師である、としばしば他人にむかって自慢げに語っている。ハックルートは当時の有名な航海史家で、しかもマッキンダーと同じクライスト・チャーチの出身だったという点で、奇妙な縁につながっている。そして、彼は一九〇五年までこの地位にいたが、その間一八九九年にオックスフォードの地理学院(the Oxford School of Geography)が開設されたとき、その初代の院長《ディレクター》になった。ちなみにオックスフォードが地理学の学位を創設したのは、一九〇一年のことである。さらに後年ロンドン大学の政治経済学院とよばれるようになったもの――当初は単に London School of Economics といっていた――が発足したのも、ほぼこの前後のことであり、彼は一八九五年から始めて以来三〇年間にわたって、ここでも教鞭をとっている。のみならず、一九〇三年から四年間にわたってその院長をつとめたあいだに同学院の基礎ができあがったので、その功績はけっして少なくない。シドニーおよびビアトリス・ウェッブ夫妻との密接な交友関係が生まれたのも、またそのころのようである。

けれども、地理学者としてのマッキンダーを語るばあいに、けっしてはぶくことのできないエピソードは、その一八九九年における東アフリカ旅行のことだろう。その準備のために、彼はその前年にアルプス登山を行なって慎重にウォーミング・アップをし、同年にヨーロッパ人としては初めて標高一万七千フィートのケニア山の登頂に成功している。そして彼は、その〝冷厳な、女性的な美しさ〟に深く感動した。自然の美を離れて彼の地理学はありえなかった。

彼のオックスフォードにおける講義も、また非常に有名なものだった。そのころ毎回必ず拍手喝采に終わる講義の名人は、彼のほかになかったという伝説がある。その聴衆のひとりは、「彼はきわめて複雑な問題をズブの素人にもわかりやすく説明しただけでなく、同時に聴く者が必ずその主題をめぐって、自分の頭の中で問題をいくつかの方向にパラレルに発展させられるように仕向けた」と、いっている。また他の者は、彼がたった一枚の地図を相手に、ノートも何も持たずに、あたかも生きた自然を目前に見るように雄弁に語りかけた印象を忘れることができない、といっていた。こうした傾向は、彼の著書のなかにもふんだんにあらわれている。

本訳書に収録した一九〇四年の王立地理学協会における講演、「歴史の地理学的な回転軸」(the Geographical Pivot of History) も、このような彼の人柄や人気を背景において考えれば、およそその反響の程度が推測されるだろう。その直後に行なわれた討論のなかで、マッキンダーは、少なくとも二つの点で非常に強烈な感銘を聴衆にあたえた。その一つは、すなわち、すでに世界は一つになりつつあり、もはや英国の〝光栄ある孤立〟の時代は終わったということであり、それからいま一つは、近代におけるロシアの発展と拡張がもつところの世界史的な意義であった。

それから次に摘記しておかなければならないのは、マッキンダーと英国の政界とのかかわりであるが、この点については、当時の英国の政界の実情に精通していないとなかなかわかりにくい。なかんずくアイルランドの独立運動と英国内部の政界の編成との関係など、外部の人間には最も取りつきにくいものの一つだが、これを避けて通ると、彼のばあいほとんど説明にならない。しかしまた、その背景をここにのべることは事実上不可能なので、ここではただ彼が学生時代から政治にきわめて熱心な興味をもち、そして一九〇〇年に自由党から立候補して一度失敗をした後、一九一〇年に保守党と自由党の一部が参加した統一党《ユニオニスト》として下院に当選をなしとげ、それから一九二二年の選挙で敗退するまで下院に議席をもっていた、という簡単な経歴を書きとどめておくほかにない。が、教室での彼の雄弁はどうやら議会ではあまり通用しなかったようで、彼の演説に耳を傾ける者の数は少なかったという話もある。どこの国でも、二足のワラジはあまりよく通用しないものらしい。

ただし彼が第一次大戦に際して戦争の遂行に傾けた熱情はたいへんなもので、議員として英国の戦時財政の再編に精力を傾けたばかりでなく、さらにそれまでもっぱら志願者だけを主体にしていた英国の陸軍にたいしてスコットランドからの募兵を強化するために、何回となく弁説をふるったといわれる。また戦後の一九一九年から二〇年にかけては、南ロシアにおける英国の高等弁務官としてオデッサに駐在し、ボルシェビキに対抗する白ロシア軍の勢力をまとめることに苦労したが、これはむろんうまくいかなかった。けれども、このような国家的功績によって、彼はナイトの称号を授けられた。その後、彼はいくつかの公職を歴任しているが、その最も主なものは、一九二六年に枢密顧問《プリヴイ・カウンシ》官《ラー》に就任したことと、それから一九二〇年以降一九四五年にいたるまで英国の船舶統制委員会の議長をつとめたことなどだろう。その他に、彼は一九二六年から一九三一年にいたるまで、英帝国経済委員会の議長をもつとめている。が、そのときの彼の考えかたの要点は、彼の『デモクラシーの理想と現実』を読むことによって、およその見当がつくだろう。ひとことでいえば、政治家としての彼は要するに英帝国の漸進的な改革派だった、といえるだろうか。

　彼が最後に八二歳のときに、米国の雑誌『フォーリン・アフェアーズ』（一九四三年七月号）に寄稿した、「球形の世界と平和の勝利」（the Round World and the Winning of the Peace）と題する論文に関しては、かなり大方の評価が分かれている。しかし、これはマッキンダーの自伝としても記念すべき論文だと考えるので、そのまま省略せずに付録に加えることにした。その予言的な価値の点については、読者各位の判断にまかせるしかない。いずれにしても、これには、その生涯を海洋国家としての英国の繁栄とその安否の問題にゆだねた一学究のプロフィルが色濃く画かれているとおもう。

米国海軍の一現役士官としてのアルフレッド・マハンのシー・パワー論は、世界の各国なかんずくドイツの海軍拡張熱を刺激して、ユトランド海戦（一九一六年）においてその絶頂に達する大艦巨砲主義時代の幕を開いたといわれる。しかしながら、彼のばあいは、近代海軍戦術の発展にたいする見通しに欠け、したがってまた、その哲学は二〇世紀の戦略的状況に必ずしも適していたとはいいがたい。これにくらべると、マッキンダーの所説のなかには、シー・パワーはもとより、およそ二〇世紀の国際政治学のあらゆる基本的命題がすでに含まれている、といっても過言ではあるまい。民主主義に固有な弱点や南北問題およびマン・パワーの組織の問題等々、およそ現代の政治学者が対処しなければならないほとんどの問題が、そこにある。これは、読者自身が自分の眼で確かめられるように希望する。その点でも、彼は偉大な先達だった。

彼は一九四七年の三月六日にドーセットの自宅で逝去したが、その直前に書きかけていた自伝の内容を、かいつまんで前記のギルバート氏に話した。それで、これが同氏の記念講演の材料になったわけだ。

＊＊＊

日本でも、かつて太平洋戦争時代に、地政学という言葉が一時流行した時代があった。そして最近にまた、これが新しい衣をまとって。ぼつぼつ流行しかけている。前大戦時代の日本の地政学は明らかにドイツの影響下にあった。が、しかしながら、今回はアメリカの戦略論の影響によるところが多いとおもわれる。ところで、マッキンダーがドイツやアメリカの地政学にどういう影響をあたえたかということについては、すでに拙著『地政学入門』（中央新書）のなかでも概説しておいたので、それを見られることを希望する。ここで私が本書との関連で、アメリカの地政学における必読文献として挙げておきたいのは、さしあたり第二次大戦中にエール大学の国際問題研究所で戦略の研究に従事していたニコラス・J・スパイクマンの『世界政治におけるアメリカの戦略』（N. J. Spykman, America's Strategy in World Politics, 1942）ぐらいのものである。

ところで、スパイクマンは、かつてマッキンダーがユーラシア大陸周辺の〝内周の半月弧〟（the Inner Crescent）と称したものをただ縁辺の諸国（Rimlands）と呼びかえ、そしてこれらと共同してハートランドの勢力の拡大を阻止することを訴えただけで、その主旨にいたっては、マッキンダーがその最後の論文でのべたところと実質上大差がない。要するに西側自由主義の戦略論の基礎としては、ただマッキンダーの論文を読み、あとはその考えかたの流れを汲んで、自分の頭でよく事実を整理し、現代に適合するような議論の発展をはかればいいというのが、私のいつわらぬ感想である。

日本人とちがって、いわゆる討論《ディベート》の好きな英語国民のなかには、マッキンダーの所説の細部の技葉末節にわたって、さまざまな論評を加えようとする人の数も少なくない。その議論の一端は、たとえば、コリン・S・グレイの『核時代の地政学』（Colin S.Gray,The Geopolitics of the Nuclear Era, 1977 ――紀尾井書房版の邦訳書あり。）などにも紹介されているから、参考にされるといいだろう。けれども、グレイ氏がいっていることの核心は、どうやら、要するに核時代、宇宙時代の今日になって、マッキンダーのハートランド理論がますますその光を放ってきた、ということにあるようだ。

誰もがいうように、地政学的な物の考え方は、およそ政治というものが始まって以来、必ずこれについてまわっているといってもいいだろう。ただし、そのなかでもマッキンダーの理論ぐらい隠然たる影響と持続的な生命力をもっているものは、まず他にあるまい。とくに本書に収めた一九〇四年の論文のなかで、「たとえ現在のロシアに代わって新しい勢力が内陸の一帯を支配する地位に立ったとしても、同地域の回転軸としての地理的な重要性がもつ意味はすこしも変わらない」といっている点が、まさに今日世上の注目を浴びているゆえんである。現にソ連の最高エリート達のあいだではマッキンダーが必読の参考文献になっているという人もあるが、その説の真否にいたっては、私はむろんあずかり知らない。私自身の所見や部分的な批判は、本文の訳文のところどころにつけた注のかたちでのべておいた。が、読者はその各自の見識において、今日の実情に照らしてマッキンダーの所説を評価されることを期待してやまない。

終りに、本書の邦訳を提案された原書房社長の成瀬恭氏ならびにその刊行に尽力された同社の各位にたいし、一言感謝の言葉を申しのべたい。

一九八四年一二月

訳者あとがき

一、本訳書の底本としては、Halford J. Mackinder, Democratic Ideals and Reality, 1942 をもちいた。

二、原文中、著者の英国の政治にたいする批評のなかで、今の日本の読者には、そのままでは全く意味が理解できないとおもわれる部分について、若干削除した個所がある。が、その分量は全体としてわずか一ページにも満たない。

三、世の中には、いわゆる直訳とか意訳とかいう表現がある。が、私自身は、必ずしもそうしたことにはこだわらない。要するに日本語として意味のわからない訳文は、いずれにしても用をなさないからである。ところでマッキンダーの文章自体は、読めば比較的わかりやすいが、その発想と叙述には、ところどころ非常に飛躍的な箇所が多いので、本当に訳しづらかった。そのため、いきおい説明的な語句を加えることにより、訳文が原文より長くなってしまったようなところが随所にある。要するに、これがマッキンダーの原書にたいする私の一種の解釈だとおもって、読んでいただければ幸いである。

ハルフォード・ジョン・マッキンダー（Sir Halford John Mackinder）
1861-1947年。オックスフォード大学で法律を学びさらに地理学に転じた。オックスフォード大学地理学院初代院長。ロンドン大学政治経済学院院長等を歴任。1910-1922年、下院議員。現代地政学の祖。

曽村保信（そむら・やすのぶ）
1924年（大正13）東京生まれ。1947年（昭和22）東京大学法学部卒。元東京理科大学教授、著述業。著書に『近代史研究──日本と中国』、『海洋と国際政治』、『地政学入門』、『海の政治学』、『ペリーは、なぜ日本に来たか』、翻訳書にノイマン『現代史』、クーパー『タレイラン評伝』ほかがある。2006年（平成18）没。

マッキンダーの地政学《ちせいがく》
デモクラシーの理想《りそう》と現実《げんじつ》

●

2008年9月27日　第1刷
2023年9月5日　第14刷

著者………ハルフォード・ジョン・マッキンダー
訳者………曽村保信《そむらやすのぶ》
発行者………成瀬雅人
発行所………株式会社原書房
〒160-0022　東京都新宿区新宿1-25-13
電話・代表03(3354)0685
http://www.harashobo.co.jp
振替・00150-6-151594

装幀………和田悠里・沢辺均（Studio Pot）
印刷………株式会社平河工業社
製本………東京美術紙工協業組合

ISBN978-4-562-04182-4

本書は1985年小社刊『デモクラシーの理想と現実』の新装版である。

歴史と戦略の本質　歴史の英知に学ぶ軍事文化　上・下

W・マーレー、R・ハート・シンレイチ編著／今村伸哉監訳

現地の歴史を無視した米軍のイラク侵攻後の失政に明らかなように、軍の指導層が歴史を学ぶ重要性や歴史家の軍事史研究の問題点を解明。軍事専門家、軍事史学者が世界史と軍事史の読解の基本を解説する。　各2400円

新戦略の創始者　マキアヴェリからヒトラーまで　上・下

エドワード・ミード・アール／山田積昭・石塚栄・伊藤博邦訳

世界を動かした三十五人の戦略・戦術家の思想と行動を解説。戦略が単に軍隊指揮を意味した時代から、平時の政治、経済、外交を含む国家戦略に発展するまでの系譜を体系的に跡づけた戦略思想史の名著。　各2800円

マキアヴェリ 戦術論

ニッコロ・マキアヴェリ／浜田幸策訳

ルネサンス期の自由都市フィレンツェ防衛のため、「戦争」に勝利するためになすべき支配・管理・統制の実際を、時代を超えた人間関係学として展開し、フランス革命後の国民軍構想を予言した先駆的名著。　3200円

マハン海上権力史論

アルフレッド・T・マハン／北村謙一訳／戸高一成解説

クラウゼヴィッツ『戦争論』、リデルハート『戦略論』とならび、世界の海軍戦略に影響を与えてきた不朽の名著。平和時の通商・海軍活動も含めた広義の「シーパワー理論」を構築したマハンの代表的著作。　3200円

フラー 制限戦争指導論

J・F・C・フラー／中村好寿訳

戦争の真の目的は平和であり、勝利ではない。無制限戦争を回避するため、どのような戦争指導をすべきか。フランス革命以降の無制限戦争を分析し、いかなる戦争指導が戦争を拡大させたかを解明する。　3800円

（価格は税別）